KB252743

식이장애에 대한 모든 것

식이장애에 대한 모든 것

All About Eating Disorders

원인부터

회복까지,

30년간 쌓은 치유의 여정

김준기 지음

수오서재

4장   **식이장애 가족을 위한 가이드**

우연한 시작

1991년 전공의 과정을 마치고 정신과 의사로서 막 첫발을 내디뎠을 때, 나는 아직 식이장애 환자를 단 한 명도 경험하지 못한 애송이 의사였다. 임상 현장에서 식이장애 환자를 거의 만나기 어려웠기 때문이다. 당시에는 사회 전반적으로 '먹고살기도 힘든 나라에서 식이장애가 웬 말이냐'라는 인식이 만연했다. 심지어 치료자조차 대부분 식이장애를 심각한 질환으로 여기지 않았다. 결국 환자들은 적절한 치료를 받기가 어려웠다. 나 역시 그때는 식이장애에 거의 관심이 없었다. 그래도 가족 갈등으로 혼란스러워하는 청소년들을 만나면 도와주고 싶은 감정이 자연스럽게 일어났다.

그러던 중 1994년 일본 정신과 병원으로 연수를 갔다가 그곳 입원 병동에서 놀라운 장면을 마주했다. 청소년 병동 입원 환자 중 절반 이상이 식이장애를 앓고 있는 게 아닌가. 몹시 마른 몸에 창백한 얼굴로 말없이 벽만 바라보던 그 아이들. 삶의 의지가 사라진 듯한 그 눈빛은 오래도록 내 머릿속에 남았다. 나중에 알고 보니 식이장애는 다이어트 열풍이라는 사회문화적 압력과 깊은 관련이 있었다. 서구에서는 1970년대 후반부터, 일본에서는 1980년대 후반부터 환자가 급증하고 있었다. 그때 나는 직감했다. 한국에서도 곧 식이장애 환자가 늘어날 거라고.

그 병동에서 나는 키 175cm에 몸무게가 32kg에 불과한 한 남자 식이장애 환자와 친해졌다. 그는 자신의 음식은 물론 다른 환자들의 음식까지 몰래 가져다 먹고 토하는 행동을 반복한 탓에 병동 사람 모두에게 미움을 샀다. 그는 누구와도 가까이 지내지 않았고 병원 구석에 혼자 앉아 마치 세상 모든 것을 원망하는 듯한 눈빛을 하고 있었다.

나는 그에게 적극 다가가기보다 그의 표정과 행동을 유심히 관찰하며 그가 마음을 열 때까지 기다렸다. 함께 산책하거나 탁구 치는 시간이 늘어나면서 그는 조금씩 마음을 열었고, 내게 자신의 이야기를 들려주기 시작했다.

어린 시절 부모에게 버림받은 그는 할머니와 살았다. 어려서

부터 그는 자신이 사랑받을 자격이 없는 무가치한 존재라서 부모에게 버림받았다고 믿었다. 청소년 시절 조금이라도 가치 있는 존재가 되기 위해 기울인 노력이 하나둘 실패하자 그는 갑자기 살을 빼는 행위에 집착했다. 1년 동안 거의 먹지 않아 체중을 절반으로 줄인 뒤부터는 폭식과 구토를 하기 시작했다. 저체중 상태를 유지하고자 먹고 토하는 행위는 점점 더 잦아졌고 그는 점차 일상생활을 유지하는 것마저 어려워졌다. 결국 그에게 강제입원 조치가 내려졌고, 입원 기간이 길어질수록 그의 폭식과 구토는 오히려 더 심해졌다. 그렇게 그는 병동에서 갈수록 고립되고 있었다.

한번은 병동에서 크리스마스 연극을 준비했는데, 뜻밖에도 그는 〈레 미제라블〉의 미리엘 신부 역할을 맡았다. 연극에서 미리엘 신부는 물건을 훔쳐 달아난 장 발장이 경찰에게 붙잡혀 왔을 때, 그 물건들은 자신이 장 발장에게 준 선물이라고 말하는 인물이다. 그는 말보다 행동으로 용서를 실천하는 인물이었는데, 자신은 물론 다른 누구와도 용서나 화해와 거리가 멀었던 그 환자가 그런 역할을 맡았다는 사실이 처음에는 역설적으로 느껴졌다.

그런데 놀랍게도 연극 연습을 하면서 가장 먼저 변한 사람은 그 환자였다. 그는 제일 먼저 연습실에 와서 공간을 정리했고, 대사를 못 외운 다른 환자들을 도와주며 가장 열심히 연극 연습을 주도했다. 마침내 공연 날, 미리엘 신부 역을 맡은 그가 장 발장에게 "나는 당신을 이해하고 용서합니다"라고 말하는 장면은 병동 안에 묘한 감동을 남겼고, 모두의 마음속에 오래 머물렀다. 어쩌면 그 말은 자신을 버린 부모에게, 자기 마음을 닫게 한 냉정한 세상에, 그리고 한 움큼의 사랑이라도 받고 싶어 했던 혐오스러운 자신에게 건넨 첫 번째 인사였는지도 모른다.

연극이 끝난 뒤 그 환자의 증상은 눈에 띄게 호전되었다. 그는 다른 환자들과 웃으며 식사하고, 병동 스태프의 일도 솔선수범해서 거들었다. 그리고 그의 체중은 서서히, 자연스럽게 회복되었다.

그 변화는 내게도 매우 감동적인 경험이었다. 연극을 계기로 일어난 그의 변화를 지켜보며 나는 약물이나 식사 교육만으로는 식이장애를 해결할 수 없다는 사실을 깨달았다. 연극을 하며 마음 깊이 가라앉아 있는 자기혐오와 외로움, 분노 같은 감정이 조금씩 녹아내리면서 그는 처음으로 자기 자신은 물론 세상과 화해하는 경험을 한 것 같았다.

일본 연수를 마치고 한국으로 돌아온 나는 식이장애 클리닉을 열기로 결심했다. 단순히 새로운 치료 기술을 선보이는 게 아니라, 환자의 마음을 진심으로 이해하고 다가가는 치료를 해보겠다고 다짐하면서 말이다. 주변의 도움이나 조언도 없이 혼자 시작하려다 보니, 나는 절박한 심정으로 많은 관련 서적을 찾아모았다. 때마침 미국에서 출간한 폭식증의 인지행동치료(C. G. Fairburn,《Overcoming Binge Eating》, 1995) 교재와 새롭게 나온 항우울제 프로작Prozac이 내 초기 임상 경험에 큰 도움을 주었다.

치료자로서의 여정: 인지행동치료에서 정서적 접근으로

처음 식이장애 클리닉을 시작했을 때, 나는 그동안 배워온 인지행동치료와 약물치료로 많은 환자를 회복시킬 수 있으리라고 믿었다. 인지행동치료를 단계적으로 적용하며 논리 있게 설명하면 환자들도 잘 이해하고 따라올 거라고 생각했다. 당시엔 그것이 치료의 정석이라고 믿었기 때문이다.

그런데 임상 현실은 그렇게 간단하지 않았다. 호전되던 환자가 갑자기 치료를 중단한 뒤 상태가 급격히 나빠져 자해하거나 입원을 반복하는 사례가 이어졌다. 일시적 호전과 재발을 반복하는 환자들을 보면서 나는 점점 혼란스러워졌다. 내가 믿는 치료법이 정말 환자들에게 맞는 방식인지, 내가 파악하지 못한 숨은 감정이 있는 건지, 내가 닿지 못한 환자의 내면세계가 있는 건 아닌지 의문이 들었다. 그런 의구심과 회의감은 날로 커졌다.

특히 자존감이 낮고, 감정을 표현하고 조절하는 데 어려움이 많으며, 애착 관계에서 상처를 반복 경험한 환자일수록 인지

행동치료만으로는 문제를 해결하기 어려웠다. 도리어 그들은 구조화된 인지행동치료를 부담스럽게 여기는 경우가 많았다. 치료 구조를 잘 따라가지 못한다는 이유로 자책하고, 결국 치료를 포기하는 환자도 적지 않았다.

그러한 임상 경험이 쌓이면서 나는 인지행동치료라는 틀 안에서만 환자의 회복을 기대하는 데는 한계가 있음을 깨달았다. 이 치료법은 분명 강력한 도구지만, 환자의 내면 깊이 뿌리내린 복잡한 감정과 삶에 각인된 오랜 상처를 다루기에는 구조적으로 부족할 수 있다는 생각이 점점 더 확실해졌다.

2000년대 초반부터 나는 치료 방향을 조금씩 바꾸기 시작했다. 눈에 보이는 증상만 쫓기보다 그 증상이 반복해서 나타나는 이유를 탐색하기 시작했다. 자연스럽게 환자들이 살아온 삶 전체의 이야기에 관심이 갔다. 왜 이 사람은 계속 저체중을 유지하려 이토록 애쓰는가? 왜 폭식과 구토를 끝없이 반복하는가? 그 행동은 어떤 감정을 대신 표현하고 있는가? 그 감정 아래 숨은 외로움, 분노, 말하지 못한 상처는 무엇인가? 나는 이 모든 것을 함께 들여다보는 일이 더 중요하다고 느꼈다. 그때부터 내 치료는 증상을 없애려는 작업에서, 증상 아래에 숨은 근본 원인을 이해하는 여정으로 조금씩 이동했다.

외상 기억으로 접근하기

식이장애 증상의 근본 원인을 찾아가다 보니 자연스럽게 환자들의 과거 경험에 초점이 맞춰졌다. 최근에 겪은 스트레스보다 오래전에 경험한 상처 기억이 문제의 핵심이라는 느낌이 점차 강해졌다. 특히 어린 시절의 상처 기억은 현재의 감정 반응뿐 아니라, 자기 정체성과 삶을 바라보는 방식에도 뿌리 깊게 영향을 미치고 있었다.

이러한 상처 기억을 직접 다루고자 나는 EMDR^{Eye Movement Desensitization and Reprocessing}(안구운동 민감소실 및 재처리) 치료를 체계적으로 습득해 실제 임상에 적용하기 시작했다. EMDR은 트라우마 기억을 떠올려 그 기억에 얽힌 감정, 신체 반응 그리고 부정적 자기 믿음을 함께 재처리하는 치료법이다. 어린 시절 기억이 현재의 자기 인식과 행동 방식에 어떤 영향을 주고 있는지 환자와 같이 들여다보고, 그 기억에 새로운 의미를 부여하도록 돕는다는 점에서 EMDR은 상처 기억이 많은 식이장애 환자에게 효과적이다.

많은 식이장애 환자들은 '나는 무가치한 인간이다' 혹은 '나는 사랑받을 수 없는 존재다' 같은 부정적 믿음과 직접 연결된 다양한 기억들을 갖고 있었다. 가령 아버지에게 혼난 기억, 형제와 비교당한 기억, 학교에서 놀림 받은 기억, 차별당한 기억 같은 일상 속 작은 상처Small Trauma부터 부모의 이혼, 가족의 죽음, 학대, 방임에 이르는 더 큰 상처Big Trauma까지, 그 기억들은 그들이 자신을 바라보는 시각과 사랑받을 자격을 판단하는 기준이 되었다.

나는 환자의 무의식에 깊이 새겨진 그러한 기억들을 EMDR 치료로 하나하나 재처리해 나갔다. 그 영향으로 환자들의 부정적 자기 인식은 점차 더 객관적이고 균형 잡힌 관점으로 변화하기 시작했다. 나아가 식이장애 증상을 넘어 일상생활에도 서서히 긍정적인 변화가 나타났다.

그러나 모든 환자가 같은 변화를 경험하는 것은 아니었다. EMDR 치료도 식이장애의 모든 문제를 해결해주진 않았다. 어떤 환자는 자신이 겪는 증상의 원인이 단 하나의 외상 사건에 있는 건 아니라고 했고, 또 어떤 환자는 뚜렷하게 기억나는 상처 경험이 별로 없다고 했다. 그들은 특정 사건보다 일상생활에서 반복적으로 자주 비난받고 비교되고 계속 무시당하며 자신은 '부족한 사람' '사랑받지 못할 존재' 같은 믿음을 자연스럽게 내면화한 경우가 많았다. 이럴 때는 단일 외상 기억에 중점을 둔 전통 EMDR 치료만으로는 충분하지 않았다.

반복해서 누적된 부정적 경험으로 형성된 부정적 자기 인식이 있는 환자는 복합외상complex PTSD(복합 외상후 스트레스 장애)이라는 더 깊고 복잡한 상처를 안고 살아온 사람들이다. 이들의 내면에 뿌리 깊게 자리 잡은 강한 수치심과 자기 비난을 이해하려면 세심하고 깊이 있는 접근이 필요했다.

내면의 목소리: 수치심과 자기 비난 다루기

식이장애를 겪는 이들의 내면에는 강한 수치심을 느끼는 마음과 그 수치심을 수시로 자극하며 압박하는 자기 비난의 목소리가 공존하는 경우가 많다. 내면의 그 갈등 상태를 환자들은 이렇게 표현한다.

"제 안에 서로 끊임없이 싸우는 내면의 목소리가 있어요. 하나는 자꾸 제게 완벽해야 한다고 몰아붙이고, 다른 하나는 너무 힘드니 그냥 다 포기하고 싶다고 말해요."

두 목소리가 서로 밀고 당기며 하루에도 수없이 충돌하면, 일상생활에서 자신을 객관적으로 바라보기가 매우 어렵다. 나중에 설명하겠지만 사실 자기 비난의 목소리는 수치심을 덜 느끼도록 보호자 역할을 하려고 생겨난 것이다. 그런데 시간이 지나면서 그 역할이 점점 왜곡되어 오히려 수치심을 더 깊게 강화하는 악순환을 일으킨다. 식이장애 증상이 호전되려면 수치심이라는 이 고통스러운 감정을 외면하는 게 아니라 정면으로 바라보며 풀어나가는 과정이 꼭 필요했다.

나는 환자의 복잡한 내면 구조를 다루는 자아상태치료Ego State Therapy, EST와 내면가족체계치료Internal Family Systems, IFS를 공부하고 이를 임상에 적극 적용하기 시작했다. 치료 중에 나는 수치심이나 자기 비난의 목소리를 억누르거나 없애기보다 그 존재를 하나하나 이해하고 조율하는 내면의 대화를 이끌어내는 일이 중요하다는 것을 깨달았다.

그러한 접근법으로 치료를 반복하자 환자들은 자신이 왜 그렇게까지 스스로를 무가치하게 여겼는지, 왜 변화를 그토록 두려워했는지 조금씩 이해하기 시작했다. 나아가 가혹한 자기 비난 속에서도 마음 어딘가에서 자신을 지지하는 작은 목소리가 조심스럽게 고개를 들기 시작했다. "겨우 그 정도밖에 못 해!" 하는 자기 비난 목소리에 "이 정도면 충분히 괜찮은 것 아냐?"라고 응답하는 소리가 조금씩 커지면서 환자는 서서히 수치심을 견뎌낼 수 있었다.

물론 이 작업은 생각보다 시간이 꽤 필요한 과정이다. 그래도 자기 내면에 있는 서로 다른 마음과 조금씩 소통하고 이해하는 과정을 거치면서 환자들은 점차 회복을 향해 나아간다. 사실 식이장애 환자에게 수치심과 자기 비난 다루기는 가장 중요한 치료 작업이다. 이는 이 책에서 3장이 매우 중요한 이유 중 하나이기도 하다.

가족과의 여정 : 함께하는 치유

식이장애 치료에서 가족의 역할은 매우 중요하다. 특히 청소년 환자는 가족의 영향을 크게 받기 때문에 치료 과정에 가족이 적극 참여해야 하는 경우가 많다.

부모는 대부분 자기 나름대로 최선을 다해 아이를 사랑으로 키운다. 그런데 그 사랑이 항상 아이에게 따뜻하게만 전해지는 것은 아니다. 지나치게 통제하거나 부모의 불안을 그대로 담은 방식으로 사랑을 전하면 불행히도 아이는 자신을 비난하고, 억제하고, 상대방 기대에 맞추려는 삶의 방식을 먼저 배운다.

이런 현상은 어느 한 사람의 잘못이라기보다 몇 세대를 거치며 반복된 서툰 사랑의 방식이 빚어낸 결과인지도 모른다. 그 사랑의 방식이 지금 아이에게 어긋나게 전해진 셈이다. 그 어긋남이 반복될 경우, 아이는 결국 식이장애 증상으로 자신의 아픔을 드러낼 수밖에 없다.

또한 가족이 환자의 증상을 유발하거나 악화하는 요소로 작용하는 일도 적지 않다. 환자의 오랜 증상 탓에 많은 가족이 이미 불안과 좌절감에 지쳐 있다. 이들은 이해할 수 없는 식이장애 증상에 따른 혼란과 답답함 때문에, 아이를 도우려 할수록 오히려 아이에게 상처를 주는 일을 반복한다. 그래서 나는 환자의 증상에만 집중하는 게 아니라, 가족의 혼란과 불안을 다루는 일 역시 치료의 중요한 과제로 여긴다. 때론 가족이 치료팀의 일원이 되도록 돕고, 또 때론 가족 구성원 각자를 위한 개별 심리치료를 병행했다.

가족이 먼저 자신의 감정과 혼란을 이해해야만 아이의 고통을 새로운 시선으로 바라볼 수 있다. 가족이 식이장애에 대해 더 많이 이해하고 아이의 마음에 더 세심하게 귀 기울일 때, 가족은 가장 강력한 회복 자원이 된다. 따라서 가족이 치료의 중심에 함께 서는 일은 꼭 필요하다.

이 책의 구성

이 책은 30년간의 내 치료 여정 중에 축적한 임상적 통찰 과정을 담고 있다. 각 장은 내가 의사로서 겪어온 주요 임상적 전환점을 중심으로 구성했으며, 그 시기마다 나와 환자에게 중요한 질문이 무엇이었는지를 반영하고 있다.

1장. 식이장애 알아가기

이 장에서는 식이장애에 대한 객관적이고 과학적인 내용을 정신의학적 관점에서 설명한다. 오랜 다이어트가 신체와 마음에 미치는 영향부터, 놓치기 쉬운 식이장애의 초기 증상, 식이장애

의 종류와 명확한 진단 기준 그리고 간과해서는 안 될 위험 징후
에 이르기까지 상세한 내용을 다룬다.

2장. 식사 행동 바로잡기

이 장에서는 인지행동치료Cognitive Behavioral Therapy, CBT 원칙에
따라 식사 행동을 실질적으로 어떻게 변화시킬 수 있는지 알아
본다. 거식과 폭식과 구토 증상에 대한 이해, 이들 증상에 효과적
으로 대처하는 방법, 그리고 변화에 대한 두려움과 회복 동기를
어떻게 다뤄야 하는지 자세히 살펴본다.

3장. 식이장애의 핵심 감정, 수치심 파헤치기

앞서 말했듯 거식과 폭식의 이면에는 대개 수치심이 강하게
자리하고 있다. 이 장에서는 수치심이 어떻게 증상을 악화하고
삶을 왜곡하는지를 심리학적 관점에서 살펴보며, 수치심을 다
루기 위한 실제적 접근도 소개한다. 환자가 자기 내면을 더 깊이
이해하고 회복 가능성을 찾도록 돕는 내용도 담고 있다.

4장. 식이장애 가족을 위한 가이드

가족은 식이장애 환자의 회복 과정에서 매우 중요한 회복 자
원이다. 이 장에서는 가족이 환자의 여정에 어떻게 동행하고, 그
마음을 어떻게 지지할 수 있는지를 설명한다. 식이장애를 둘러싼

가족의 혼란과 죄책감, 소통의 어려움을 이해하고, 가족이 변화 주체로 서도록 돕는 따뜻하면서도 실용적인 지침을 담고 있다.

진정한 회복으로 나아가기 위해

지난 30년 동안 나는 많은 식이장애 환자를 만났다. 1995년 식이장애 클리닉을 처음 연 순간부터 지금까지 약 만 명의 환자를 만났고, 그들의 삶이 얼마나 복잡하고 고통스러운지 가까이서 지켜봤다. 환자들의 이야기에 귀 기울이다 보면 그들이 겪는 고통이 내 마음에 깊이 스며들었다. 그때마다 나는 어떤 말이 환자의 진심에 가닿을지, 어떤 치료 방식이 정말 힘이 되어줄지 끊임없이 고민했다.

그렇지만 실제 임상에서 식이장애 환자를 치료하는 과정은 늘 복잡하고 풀기 어려운 수수께끼 같았다. 의학적 진단을 정확히 내리고 적절한 약물치료를 하는 것만으로는 환자가 충분히 회복되지 않았다. 공감과 따뜻한 위로를 전하는 정신치료만으로는 환자가 변화를 시도하는 용기에 큰 영향을 주지 못할 때도 많다. 솔직히 현재의 정신의학과 심리학만으로는 식이장애 환자가 겪는 정신적 고통을 온전히 이해하고 치료하는 데 여전히 한계가 있다고 느낀다. 어쩔 수 없이 임상 현장에서는 항상 시행착오가 따랐고, 때론 치료자로서 깊은 혼란과 무력감, 좌절을 겪었다. 그러나 그 시간조차 내게는 소중한 배움이었고 그 과정을 지나며 나 역시 치료자로서 느릿하지만 분명 변해갔다.

임상 현장에서 겪은 혼란 속에서도 내가 배운 가장 중요한 점은 환자들의 회복 과정이 내가 생각한 것보다 훨씬 더 다양하고 복잡하다는 것이었다. 회복은 모든 식이장애 증상이 사라지는 것이 아니다. 더 근본적으로는 강한 수치심으로 인한 두려움과 불안 속에서도 하루하루를 살아가는 것이다. 불안과 두려움이 다시 고개를 들고 혼란과 고립감이 찾아오더라도, 그 속에서 자기 자신을 있는 그대로 받아들이고 살아갈 힘을 조금씩 쌓아가는 것이 바로 진정한 회복이다.

또한 그 회복은 진료실 안에서만 이뤄지는 게 아니었다. 오히려 진료실 밖, 그러니까 일상의 삶에서 환자들이 어떤 선택을 하고, 어떤 관계를 맺고, 어떤 경험을 하는지에 따라 회복의 방향은 천차만별로 달라졌다. 진료실 안 치료는 긴 회복의 여정을 지지하는 출발점일 뿐이다.

이 책은 지난 30년 동안 환자들과 함께 울고 웃으며 얻은 통찰과 치료자로서 걸어온 여정을 담은 기록이다. 이 책이 두려움과 절망감 속에서도 한 걸음 더 내디딜 용기를 찾는 이들에게 작지만 분명한 등불이 되어주기를 바란다.

1장

식이장애 알아가기

1

식이장애란 무엇인가

"오늘부터 다이어트 좀 해야겠어." 이런 평범한 다짐으로 시작하는 다이어트는 대부분 더 가벼운 몸, 더 건강한 신체 또는 외모에 대한 자신감을 회복하려는 바람에서 시작한다. 그런데 이 평범한 결심이 때론 예상하지 못한 방향으로 흘러가기도 한다.

'식이장애Diet Disorder'는 바로 그 지점에서 시작된다. 체형과 체중에 지나치게 집착하면 이는 극단적 다이어트로 이어지고, 그 과정을 반복하면서 점차 정상적인 식사 습관이 무너진다. 그 결과 신체 손상은 물론 정서적 고통과 사회적 기능 저하 등 다양한 문제가 함께 나타난다. 이는 단순한 다이어트의 문제가 아니라, 전문가의 도움이 필요한 정신의학적 질환이다.

예를 들어 환자들은 음식을 극도로 제한하거나 반대로 많은 양의 음식을 한꺼번에 폭식하는 행동을 반복한다. 체중이 이미 위험한 수준으로 낮아졌음에도 불구하고 "체중이 조금이라도 늘어나면 큰일난다"는 두려운 마음 때문에 구토, 과도한 운동, 이뇨제와 변비약 남용 같은 극단적 방법으로 체중을 조절하려 한다. 주변에서 "너무 말랐다"라고 걱정해도 거울 속 자신의 모습은 여전히 뚱뚱해 보인다. 이러한 증상이 계속 이어지면 학업, 직장, 대인관계 등 일상생활 전반에 심각한 장애가 발생한다.

임상적으로 식이장애는 크게 세 가지 유형으로 나뉜다. 심각한 저체중을 특징으로 하는 신경성 거식증, 정상 체중을 유지하면서도 폭식과 구토를 반복하는 신경성 폭식증 그리고 과체중 혹은 비만을 동반하면서 조절되지 않는 폭식을 반복하는 폭식장애가 그것이다. 이 세 가지 식이장애의 중심에는 모두 체중과 음식에 대한 왜곡된 인식과 불안이 자리하고 있다.

식이장애가 반드시 과도한 다이어트만으로 발생하거나 악화되는 것은 아니다. 다이어트는 증상 발현을 유발하는 계기이긴 하지만 발병 원인을 전적으로 설명하지는 못한다. 특히 증상이 만성화되면 개인에게 영향을 미치는 다양한 생활 스트레스, 인간관계에서 비롯된 갈등, 가족 간의 긴장, 억제된 분노, 완벽주의와 강박, 강한 자책감, 우울감 등이 복합적으로 작용해 거식·폭식·구토 같은 증상을 반복해서 유발하는 양상으로 발전한다. 여기에 더해 일부 환자에게는 기질적 특성, 유전 요인, 충동 조절 기능과 관련된 신경생물학적 취약성이 영향을 미치기도 한다.

다시 말해 생물학적 소인을 바탕으로 심리적 요인과 환경의 영향이 결합되면서 이것이 식이장애를 형성하고 유지한다. 그러므로 이 복합 요인들을 함께 다루지 않으면 식이장애 증상에서 벗어나기가 쉽지 않다. 또한 거식, 폭식, 구토 같은 행동을 단지 다이어트 실패나 의지 부족으로 해석하면 이 질환의 본질을 놓치고 만다.

정신의학에서는 이러한 문제를 좀 더 포괄적으로 설명하기 위해 '섭식장애Eating Disorder'라는 용어를 사용한다. 이는 의학적인 진단명으로 신경성 식욕부진증, 신경성 폭식증, 폭식장애 등을 포함하며 진단 기준과 치료 지침을 명확히 정립하고 있다. 다만 섭식장애가 일반 독자에게 다소 생소할 수 있어서 임상이나 일상에서는 보다 직관적 표현으로 식이장애를 널리 사용한다.

실제로 많은 환자들이 다이어트를 계기로 증상이 시작된다는 점을 고려할 때, '식이장애'라고 명하는 것도 타당한 표현이라 할 수 있다.

식이장애는 누구든 경험할 수 있는 다이어트나 체중 체형 스트레스와 달리, 명확한 개입이 필요한 치료 대상이라는 점을 분명히 하고 싶다. 극단적 다이어트와 폭식 구토의 반복, 외모와 체형에 보이는 과도한 집착은 많은 현대인에게 어느 정도 익숙한 경험일 수 있다. 그래서 폭식과 구토를 반복하고, 극단적인 다이어트를 지속하면서도 정작 본인은 "나만 문제가 있는 건가? 다른 사람도 다들 살 빼려고 다이어트하지 않나?" 하며 자신의 상태를 문제로 인식하지 못하는 경우가 많다. 가족과 친구들 역시 환자의 상태가 얼마나 심각한지 판단하기 어려워 어떻게 조치해야 할지 혼란스러워하는 일이 흔하다. 다음 지침을 참고하면 이런 혼란을 다소 덜 수 있다.

식이장애의 주요 판단 기준

1. 지속적인 다이어트와 그에 따른 부작용

다이어트를 장기간 지속한 결과, 다이어트 자체가 고통스럽고 다양한 부작용이 나타나는데도 이를 중단하지 못하는 상태라면 식이장애를 의심해볼 필요가 있다. 음식 섭취를 과도하게 제한해 만성적 허기, 기력 저하, 무기력 상태를 지속하면서도 체중 증가가 두려워 다이어트를 멈추지 못한다면 이미 주요 식이장애 증상이 나타나고 있을 가능성이 크다.

2. 실제 배고픔과 감정적 허기의 혼동

배고프면 먹고 배부르면 그만 먹는 자연스러운 신체 신호가 아닌, 감정이나 생각에 따라 식사를 결정한다면 식이장애가 진행 중일 확률이 높다. 배가 고프지 않아도 외로울 때 폭식하는 경우, 스트레스를 받을 때 음식으로 위안을 찾는 경우, 성취감이나 자기 통제감을 느끼기 위해 식사를 극도로 제한하는 경우 등이 여기에 해당한다. "과자 한 조각만 먹어도 살이 확 찔 것 같다"라는 비현실적 두려움 때문에 음식을 극단적으로 회피하는 행동 역시 식이장애에서 흔히 볼 수 있는 양상이다.

3. 일상생활의 방해

식사와 체중에 과도하게 신경 쓰고 그 생각이 일상을 지배하기 시작했다면, 식이장애의 위험 신호가 이미 나타난 상태로 보아야 한다. 예를 들면 과자 하나를 먹은 뒤 "왜 그걸 먹었을까?"라며 하루 종일 자책하거나, 친구들 모임에 참석할 때 '여기서 뭘 먹을 수 있을까?' '남들이 내가 먹는 걸 어떻게 볼까?' 등의 생각에 불안을 느낀다. 강의나 업무 중에도 칼로리 계산에 몰두하느라 집중하지 못한다. 심지어 친구들과 함께하는 식사 자리를 피하면서 점차 사회적으로 고립된다.

4. 신체적·정신적 부작용

불규칙한 식사 습관을 지속하면 신체와 정신에 다양한 이상 증상이 나타나기 시작한다. 여성의 경우 생리가 불규칙해지거나 완전히 중단되며 구토를 반복해 치아나 식도에 손상이 생기기도 한다. 또한 다이어트 실패로 자책이 더욱 심해지면 불안과 우울이 악화되고, 이는 반복적 자살 사고나 자해 행동으로 이어질 수 있다. 이 상태는 식이장애의 위험 단계를 넘어선 수준으로 적극적인 치료 개입이 필요하다.

본래 다이어트라는 말의 어원은 고대 그리스어 δίαιτα Diaita로, 그 의미는 '균형 잡힌 삶의 방식'이다. 이는 단지 체중을 줄이는 게 아니라 건강한 신체와 평온한 정신을 유지하기 위한 생활 전반의 조화를 뜻했다. 그런데 언제부턴가 날씬한 몸, 작은 얼굴 등 외모 중심의 기준이 강조되면서 다이어트는 본래의 의미를 잃고 '수단과 방법을 가리지 않고 체중을 줄이는 행위'로 인식되기 시작했다. 이렇게 변질된 다이어트는 결국 자연스러운 식사 행동을 무너뜨리고 신체와 정서의 균형을 뒤흔들어 식이장애를 일으킨다.

◆

용어 정리: '섭식장애'와 '식이장애'

식이장애란 무엇인가

임상적으로 '섭식장애'가 정신의학에서 사용하는 공식 질환 명칭이다. 이 용어는 DSM-5(《정신질환 진단 및 통계 편람》)나 ICD(《국제질병분류》) 같은 국제 진단 체계에 명시되어 있으며 대표적으로 식욕부진증(거식증), 신경성 폭식증(폭식증), 폭식장애 등을 포함한다.

섭식장애는 단순히 다이어트와 관련된 극단적 행동이나 왜곡된 사고의 문제가 아니라, 신체와 정신 측면에서 명확한 위험 상태에 이르러 진단과 치료가 필요한 정신의학적인 질환이다. 다만 이 책에서는 독자에게 보다 직관적이고 친숙한 표현을 사용하고자, 학술적으로 더 정확한 용어인 섭식장애가 아닌 '식이장애'를 주로 쓴다. 책에서 언급하는 식이장애는 임상에서 정의하는 '섭식장애'와 동일한 의미로 이해해도 무방하다. 실제로 전체 섭식장애 환자의 95% 이상이 무리한 다이어트를 시작하면서 증상을 경험하기 때문에, 두 용어는 현실적으로도 거의 동일한 개념으로 사용한다.

2

현대 사회에서 식이장애 환자가 증가하는 이유

식이장애는 오늘날 급속히 증가하고 있는 질환 중 하나다. 실제로 환자가 늘어난 것인지, 아니면 겉으로 드러나고 인식하는 빈도가 많아진 것인지 단정하긴 어렵다. 아무튼 병원을 찾는 환자 수와 전체 인구 중 이 질환을 겪는 인구의 비율(유병률)은 모두 증가 추세다. 국민건강보험공단 자료에 따르면 국내 식이장애 진단 환자 수는 2016년 7,647명에서 2021년 약 13,000명으로 5년 사이 70% 정도 증가했으며, 환자의 80% 이상이 여성이다.

이 증가세는 한국에만 국한된 현상이 아니다. 전 세계 유병률은 평균 2.8%로 추정하고 있으며, 특히 아시아 지역이 약 3.5%로 더 높은 수치를 보인다. 이는 100명 중 3~4명은 식이장애를 겪고 있거나 과거에 겪었다는 의미다. 미국의 경우 전체 여성의 약 0.9%가 신경성 식욕부진증, 1.5%가 신경성 폭식증을 경험하며 남성은 각각 0.3%, 0.5%의 유병률을 보인다.

물론 식이장애 발병에는 개인의 기질 요인이나 정서 민감성도 영향을 미친다. 그렇지만 현대 사회에서 식이장애 환자의 급격한 증가세를 설명하려면 사회 전체의 구조적 압력을 살펴봐야 한다. 특히 현대 사회의 외모 중심 문화, 미디어의 영향력, SNS 확산 등 사회문화적 환경이 식이장애 증가를 가속화하고 있다. 이제 그 사회문화적 요인을 구체적으로 하나씩 짚어보자.

첫째, 미의 기준이 점점 더 마른 체형으로 편향되고 있다. 오늘날 '마른 몸'은 외모를 넘어 자기 관리의 상징이자 사회적으로 높은 평가를 받는 조건이 되었다. 지하철 광고판에 등장한 "날씬해서 예쁜 게 아니라, 예쁘니까 날씬한 거예요"라는 문구는 외모와 사람에 대한 평가를 어떻게 연결하는지 단적으로 보여준다.

이제 '말라야 한다'는 기준은 더 이상 모델이나 연예인에게만 요구되지 않는다. 취업 면접, 소개팅, 동창회, 직장 생활 등 외모와 체형은 일상에서 끊임없이 평가받는다. 한 연구에 따르면 능력이 같을 경우 지원자의 체중이 많이 나가면 채용 가능성이 작았고, 그 차별은 특히 여성에게 더 뚜렷하게 나타났다. 체중과 체형을 평가받는 일은 특정 계층이나 직업에 속한 사람만의 문제가 아니다. 이것은 이제 누구에게나 일상적인 일이 되었다.

둘째, 끊임없이 비교하는 환경에 놓여 있다. 현대 사회는 개인이 자신의 몸을 타인의 몸과 끊임없이 비교하게 만든다. SNS는 개인이 자신의 이미지를 조정하고 선택해서 보여줄 수 있는 공간이다. 동시에 조정한 그 이미지와 현실의 자신을 비교하게 만드는 공간이기도 하다.

20대 여성 A는 인스타그램을 열 때마다 연예인이나 인플루언서의 완벽한 몸매 사진을 접한다. 그들이 필터와 보정을 사용했다는 것을 알면서도 A는 자신의 실제 모습과 그들의 이미지를 비교하며 불안과 열등감을 늘 느낀다. 그 감정은 "나도 더 열심히 노력하면 저렇게 될 수 있을까?"라는 생각을 불러오고, 이는 결국 극단적 다이어트로 이어진다. 이런 현상은 특히 성장기 청소년에게 더 위험하다. 이상화한 신체 이미지에 반복해서 노출될수록 현실의 자기 몸을 향한 불만은 더 커지고 그 불만은 다이어트나 폭식, 절식 같은 식사 행동의 왜곡으로 이어지기 쉽다. 최근 연구에 따르면 하루에 SNS를 3시간 이상 사용하는 청소년은 그렇지 않은 청소년보다 식이장애에 걸릴 위험이 약 2배 높은 것으로 나타났다.

셋째, 불안하고 스트레스가 많은 현대 사회에서 식이장애는 감정을 조절하는 하나의 방식으로 나타나고 있다. 현대인은 과거와 달리 생존 위협보다는 일상의 불안과 스트레스, 그리고 자신의 가치에 대한 의구심 같은 심리적 어려움에 더 많이 노출되어 있다. 학업과 업무가 주는 압박, 경쟁 사회에서의 불안정한 지위, 인간관계에서 오는 긴장감은 계속해서 스트레스를 유발한다.

이런 상황에서는 많은 사람이 자신의 체중이나 식사 습관을 조절하는 데 집착하게 된다. 외부 세계는 복잡하고 견디기 힘든 스트레스를 유발하기 때문에, 식욕이나 체형 같은 자신의 내부 세계를 조절함으로써 감정을 통제하려 하는 것이다.

대학생 B는 시험 기간만 되면 자신도 모르게 폭식 행동이 심해진다.

"제가 조절할 수 있는 건 오직 먹는 것뿐이에요. 시험공부는 아무리 노력해도 결과를 장담할 수 없지만, 음식만큼은 제 마음대로 할 수 있으니까요."

반대로 직장인 C는 업무 스트레스가 심할 때 아무것도 먹지 않는 방식으로 반응한다.

"적어도 제 몸은 제가 통제할 수 있다는 느낌이 중요해요. 일이 뜻대로 되지 않아도 체중만큼은 제가 결정할 수 있으니까요."

이처럼 식사 행동과 체중 조절은 혼란스러운 감정을 다루는 하나의 방식이다.

넷째, 다이어트 산업은 현대인의 신체 불만족감을 적극 이

용해 이익을 창출한다. 사실 다이어트 산업은 상상 이상의 거대한 시장이다. 식품부터 건강보조제, 피트니스 산업, 온라인 콘텐츠에 이르기까지 다이어트 산업은 매우 다양하게 상품화되어 있다. 2023년 기준 국내 다이어트 시장 규모는 약 10조 원으로 추산하고 있으며, 매년 10% 이상 성장하고 있다고 한다(한국보건산업진흥원, 2023년 보고서).

이 다이어트 산업은 끊임없이 "지금의 당신은 여전히 부족하다"라는 메시지를 전달한다. 수많은 광고 역시 "이번 여름, 진짜 바뀌어보세요" "2주 만에 확실히 달라진 몸매" 같은 문구로 소비자의 불안과 열망을 자극한다. 패션 브랜드는 점점 더 작은 사이즈의 옷을 '표준'으로 제시하고, 체중 감량 앱은 "목표까지 3kg 남았습니다"라는 알림으로 사용자의 불만족을 지속시킨다. 이런 메시지가 범람하는 환경에서는 누구나 "살을 좀 빼고 싶다"는 생각을 갖게 될 수밖에 없다.

다섯째, 외모를 지나치게 중시하는 가족 환경에서 자라는 경우이다. 어린 시절부터 가족이 반복해서 외모를 평가하면, 아이는 자신의 몸을 있는 그대로 받아들이기보다는, 항상 누군가가 점수를 매기는 대상이라는 것을 배운다. 이럴 경우, 아이는 가족에게 인정받기 위해 다이어트에 과도하게 집착하는 경향을 보이기 쉽다.

중학생 E의 가족은 저녁 식사 시간에 늘 비슷한 대화를 반복한다. "너 살 좀 빼야지, 그렇게 먹으면 뚱뚱해진다." "그 옷은 네 체형에 안 어울려." 부모는 사랑과 걱정을 담아 하는 말이지만 E에게 식사 시간은 점점 자기 몸을 평가받는 시간으로 느껴진다. 그녀는 점차 가족과의 식사를 피했고 결국 몰래 음식을 먹고 토하는 행동을 반복하기 시작했다.

아동기에 체중이나 외모와 관련해 부정적 이야기를 자주 들은 사람은 성인이 되어 식이장애에 걸릴 위험성이 3배 이상 높다는 연구 결과가 있다. 특히 부모와 친척의 잦은 비난과 은근한 무시는 아이의 자존감 형성에 깊은 영향을 미치며 이는 훗날 식이장애의 토대가 될 수 있다. 비록 상처 주려는 뜻은 없었더라도 무심코 던진 그런 말들이 반복되면 아이는 자기 몸을 수치심의 대상으로 인식하기 시작한다. 그 수치심은 식사 행동의 변화로 이어지기 쉽다.

여섯째, 성 정체성gender identity과 신체의 불일치에서 기인한 어려움이 있다. 자신이 인식하는 성 정체성과 실제 몸이 일치하지 않을 때, 식사나 체중 조절로 그 불일치를 조정하려 할 가능성이 크다.

임상 현장에서는 트랜스젠더 정체성(태어난 성별과 자신이 인식하는 성별이 일치하지 않는 정체성)을 지닌 청소년들도 유사한 어려움을 겪고 있음을 보고하고 있다. 이들에게 식이장애는 단순한 자존감 저하나 자기혐오 문제가 아니며, 성 정체성과 신체의 불일치에서 기인한 근본적인 고통의 표현인 경우가 많다. 실제로 성소수자 청소년은 그렇지 않은 또래에 비해 식이장애 발병률이 약 4배 높은 것으로 나타났다.

중학생 G는 자신을 남성으로 인식하지만 여성의 몸으로 태어났다. 어릴 때부터 자신의 몸이 자기 정체성에 부합하지 않는다고 느꼈고, 사춘기 이후 여성적 신체 특징이 두드러지면서 불편감이 더욱 심해졌다. 그는 체중을 줄이면 몸이 더 단단해지고 중성적으로 보일 거라고 생각해 식사량을 제한하면서 하루에 몇 시간씩 운동을 반복했다. 그 행동은 단지 체중 감량이 아니라 자신의 성 정체성에 맞는 몸을 만들기 위한 필사적인 시도였다.

일곱째, 관계의 결핍에서 비롯된 고립감과 외로움이다. 현대 사회는 스마트폰과 SNS 덕분에 언제든 누군가와 연결될 수 있지만, 정작 진정한 대화와 교감은 줄어들고 있다. 화면 속 '좋아요'는 늘어나도, 실제로 마음을 나눌 수 있는 친밀한 관계는 오히려 감소하는 추세다. 그래서 사람들은 외로움에 점점 더 취약해지고 그 감정을 달래기 위해 음식에 의존하게 되는 경우가 많다.

대학생 G는 코로나-19 팬데믹 이후 원격 수업이 늘어나면서 일상에서 만나는 인간관계가 급격히 줄었다. 집에서 혼자 보

내는 시간이 늘어날수록 그는 공허함을 달래기 위해 음식에 의
존하기 시작했다.

"친구들과 만나지 못하는 날에는 음식이 유일한 위안이었어
요. 배달 앱으로 음식을 주문하고 넷플릭스를 보면서 먹는 순간
만큼은 외로움을 잊을 수 있었죠."

그런데 그 패턴을 반복하면서 그는 점점 폭식과 자기혐오의
악순환에 빠져들었다. 여러 연구에 의하면 사회적 고립감과 외
로움은 식이장애 발병과 악화에 뚜렷한 영향을 미친다. 정서적
안정감과 소속감을 얻지 못한 사람일수록 음식으로 고립감과 외
로움을 달래려는 경향이 높다. 그러나 이 방식은 대부분 일시적
인 위안에 그칠 뿐이며 장기적으로는 식이장애 증상을 더욱 고
착화할 수 있다.

식이장애는 단순한 개인의 심리적 문제가 아니며 우리 사회
가 만들어낸 문화적 병리의 표현이라고도 할 수 있다. 위에서 살
펴본 일곱 가지 요인은 현대 사회가 어떻게 마른 몸과 자기 통제
를 이상적 가치로 설정하고, 이를 바탕으로 개인에게 어떤 압력
을 가하는지 보여준다. 따라서 식이장애를 효과적으로 예방하고
치료하려면 "그냥 마음가짐만 고치면 된다"는 식의 피상적인 접
근으로는 결코 충분하지 않다. 우리는 마른 몸을 이상화하고 몸
을 끊임없이 평가하는 문화에 비판적 시각을 가질 필요가 있다.

나아가 다양한 체형과 외모를 있는 그대로 수용하는 문화를 확산시키며, 미디어가 전하는 몸의 이미지를 객관적으로 바라볼 수 있도록 돕는 사회적 노력이 필요하다. 예를 들면 미디어를 비판적으로 보는 사고 교육, 몸을 있는 그대로 존중하는 사회적 캠페인, 그리고 식이장애를 빨리 알아차리고 바로 개입할 수 있는 지원 체계의 확장이 그 출발점이 될 수 있다.

◆

식이장애 현황: 주요 통계

국내 현황

국민건강보험공단 자료에 따르면 식이장애로 진단받은 환자 수는 2016년 7,647명에서 2021년 약 13,000명으로, 5년 사이 70% 정도 증가했다. 전체 환자 중 80% 이상이 여성이며 10대와 20대가 약 60%를 차지한다. 특히 코로나-19 팬데믹 이후 2년간(2020~2022년) 청소년 식이장애 환자는 이전 2년 대비 약 35% 증가한 것으로 나타났다.

세계 현황

서구 국가에서는 전체 인구의 약 2.8%, 즉 100명 중 3명꼴로 식이장애를 경험한 것으로 보고하고 있다. 아시아 지역은 유병률이 평균보다 높은 약 3.5%로 보고하고 있는데, 이는 사회문화적 변화와 진단 기준 확대의 영향을 반영하는 수치다. 미국 여성의 평생 유병률은 신경성 식욕부진증 0.9%, 신경성 폭식증 1.5% 수준이며 남성은 각각 0.3%와 0.5%다. 유럽 지역도 국가별 차이는 있지만 전체적으로 미국과 비슷한 수준의 평생 유병률을 보고하고 있다.

주목할 만한 경향

- 발병 나이가 점점 낮아지고 있다. 과거에는 10대 후반과 20대 초반에 많이 발병했으나 최근에는 10세 전후의 초등학생 환자 수도 늘어나는 추세다.
- 남성 환자의 비율이 꾸준히 증가하고 있다. 식이장애는 오랫동안 여성 질환으로 인식되어 왔지만, 최근에는 남성의 진단과 치료 사례가 점차 늘고 있다.
- 치료를 받으면 50~70%는 증상이 많이 호전된다. 그러나 20~30%는 회복에 오랜 시간이 걸리거나 만성적 경과를 보인다.
- 식이장애는 정신질환 중에서도 사망률이 높은 편이다. 특히 신경성 식욕부진증은 치료하지 않고 방치할 경우, 전체 환자의 5~10%가 사망에 이를 수 있다고 보고하고 있다.

3

'의지가 약해서'라는 착각

다이어트를 하다 보면 머릿속이 온통 음식 생각으로 가득찰 때가 있다. 또 체중 감량 과정에서 짜증이 늘고 사람 만나는 것도 귀찮게 느껴질 때가 있다. 이러한 현상은 단순한 기분의 변화가 아니라 다이어트로 인한 생리적 반응으로, 과학적으로 입증된 사실이다.

식사량을 절반으로 줄이면 우리 몸과 마음에 어떤 변화가 일어날까? 1945년 제2차 세계대전이 끝나갈 무렵, 미국 미네소타 대학교에서는 이 질문에 답하기 위해 한 실험을 계획했다. 이는 일정 기간 음식을 제한하면 사람의 신체와 심리에 어떤 변화가 나타나는지 관찰하기 위한 연구였다.

다이어트 개념조차 널리 알려지지 않은 당시에 이 실험을 수행한 데는 분명한 배경이 있었다. 전쟁 중 포로수용소에서 중노

동과 극심한 식량 부족에 시달린 사람들의 신체와 심리 변화를 과학적으로 분석하고자 한 것이다. 이 실험은 후에 '기아 상태 연구A Study of Starvation State'로 명명했다.

이 실험은 오늘날의 엄격한 다이어트 프로그램처럼 체계적으로 진행되었다. 먼저 신체와 정신이 건강한 젊은 남성 36명을 선발했고, 이들은 처음 3개월간 평소처럼 식사하며 생활했다. 그리고 이후 6개월 동안 음식 섭취량을 절반으로 제한했는데 그 과정에서 4명이 중도 탈락했고, 나머지 참가자는 실험을 끝까지 견뎠다. 식사 제한이 끝난 뒤에는 3개월간 정상 식사를 하게 했고 연구진은 실험의 시작부터 회복기에 이르기까지 이들의 행동, 성격, 식사 습관을 지속적으로 관찰하고 기록했다.

실험 결과는 매우 충격적이었다. 음식 섭취량을 줄인 것만으로도 체중 감소는 물론 정서, 사고, 사회적 행동 등 제반 영역에서 뚜렷한 변화가 나타났다. 그리고 정상 식사를 재개한 후에도 그 여파는 쉽게 회복하지 못했다. 이 실험은 음식 섭취를 제한하는 것만으로도 신체는 물론 정서와 사고, 사회적 행동에 걸쳐 전반적 변화가 나타날 수 있음을 단적으로 보여준다.

음식에 보이는 태도와 식사 습관 변화
가장 극적이고 놀라운 변화는 음식에 집착하는 행동이었다. 건강한 청년들이 단지 식사량이 줄어든 것만으로 그처럼 극단적인 변화를 보이리라고는 연구진조차 예상하지 못했다.

식사 제한이 길어질수록 일상 대화는 음식 이야기로 가득했고, 읽는 책도 음식 관련 서적이 많아졌으며, 상상과 공상 주제마저 음식이 되었다. 꿈속에서도 음식을 먹는 장면이 반복해서 나타났다. 이성과 미래에 관한 관심은 점차 사라졌고 식사 방식이나 끼니 구성 고민이 일상의 중심이 되었다. 일부 참가자는 음식을 빠르게 삼키거나, 반대로 지나치게 천천히 음미하는 등 식사 행동 자체에 강박적 양상을 보였다.

음식 집착은 점점 일상생활 전반의 집중력을 떨어뜨렸다. 기아 상태가 심해지자 참가자들은 제한된 식사로도 먹는 만족감을 조금이라도 오래 느끼기 위해 다양한 행동을 보였다. 가령 일부는 식탁에서 남은 음식을 침대로 가져가 만지작거리거나, 여러 음식을 섞어 새로운 조합으로 먹는 방식으로 식사 시간을 연장하려 했다. 다른 사람이 음식을 먹는 모습을 유심히 관찰하거나, 음식 냄새를 맡는 것만으로도 큰 만족을 느끼는 경우도 있었다.

이러한 변화는 몸이 극심한 영양 부족 상태에 적응하는 과정에서 뇌가 생존을 위해 음식에 과도하게 집착하게 하는 반응으로 이해할 수 있다.

음식 집착은 실험이 끝난 이후에도 다양한 방식으로 이어졌다. 전체 참가자의 약 40%가 계속 요리를 하고 싶다고 밝혔고, 그중 3명은 실제로 요리사가 되었다. 일부는 요리책, 식기, 잔 같

은 음식과 관련된 물건에 집착하다가, 이후 음식과 관계없는 볼
펜·낡은 책·옷·캔 등을 수집하는 행동까지 보이기도 했다.

식사 습관에도 뚜렷한 변화가 나타났다. 대개는 뜨겁고 짜
고 매운 자극적인 음식을 선호하게 되었고, 여러 가지 음식을 섞
어 먹는 방식에도 익숙해졌다. 커피나 차를 자주 마셨으며 껌을
과도하게 씹는 사람도 있었다. 어떤 참가자는 하루에 껌 40통을
씹다가 입안이 헐기도 했다. 거의 모든 참가자가 "무언가를 계속
먹고 싶다"라며 강한 식욕 증가를 호소했다. 일부는 이를 억제했
으나 상당수는 폭식 충동을 견디지 못했다. 식사를 정상화한 뒤
에도 폭식은 3개월 이상 이어졌고, 일부는 정상 식사를 시작한
지 8개월이 지나도록 폭식과 과식을 반복했다.

정서적·인격적 변화

음식 집착과 행동 변화는 결국 감정과 성격에도 뚜렷한 영향
을 미치기 시작했다. 실험 전에는 대부분 정서적으로 안정된 상
태였으나 실험을 진행하면서 참가자 전원이 정서적으로 불안정
해져 갔다. 이 중 약 20%는 일상 활동에 심각한 지장을 줄 정도
의 정서적 어려움을 호소했다.

초기에는 정신이 맑아지고 기분이 좋아진다는 반응도 있었
으나, 시간이 흐를수록 우울감, 초조감, 짜증, 분노, 신경과민 등
부정적 정서가 두드러지게 증가했다. 평소에는 침착하고 참을성

있던 사람들조차 스트레스를 견디지 못하고 손톱을 물어뜯거나 줄담배를 피우는 행동으로 감정을 해소하려 했다. 일부는 무감 각, 무관심, 무책임, 무감동 상태에 빠지면서 몸을 씻거나 옷차림 을 챙기는 등 기본적인 생활 관리마저 소홀해졌다.

절식이 장기화하면서 심리적으로 매우 불안정한 양상을 보 인 참가자도 있었고, 심리검사에서는 우울, 히스테리, 건강 염려 척도가 전반적으로 상승했다. 일부는 현실감이 떨어진 듯한 멍 한 반응을 보이기도 했고, 타인과의 관계를 완전히 차단한 채 정 신적으로 깊은 고립된 상태에 빠지기도 했다.

안타까운 사실은 다시 정상 식사를 시작한 후에도 정서적 불안 정감이 즉시 회복되지 않았다는 점이다. 오히려 일정 시간이 지난 뒤에도 우울, 짜증, 반항 같은 반응이 더 심해지는 경우도 있었다.

사회적·성적 변화

피실험자는 대부분 실험 전에 대인관계에 적극적이었고 유 머 감각도 갖추고 있었다. 그러나 식사 제한을 지속하자 점차 자 신감을 잃고 소극적으로 변했으며 사람과의 접촉도 피했다. 그 뿐 아니라 말수가 줄고 웃음을 잃었으며 의견을 표현하거나 활 동에 나서는 일도 현저히 감소했다.

성적 변화도 뚜렷하게 나타났다. 성적 충동, 공상, 자위행위 같은 성적 관심이 전반적으로 줄었으며 일부는 그 변화가 오히려 성적 긴장감이나 압박감에서 벗어나는 데 도움을 주었다고 느꼈다. 한 참가자는 실험 일지에 이렇게 기록했다.

"음식을 평소대로 먹던 시절엔 그녀가 매일 보고 싶었다. 하루라도 못 보면 견딜 수 없을 만큼 사랑했다. 그런데 6개월간 식사를 제한하니 그녀를 가끔 보는 것도 부담스러웠다. 오랜만에 만나도 예전처럼 설레거나 재미있지 않았다. 영화를 보러 가도 음식 장면만 눈에 들어왔다."

이 기록은 식사 제한이 단지 신체에만 영향을 주는 게 아니라, 정서적 관계와 일상의 즐거움까지 변화시킨다는 것을 보여주는 생생한 사례다. 줄어든 성적 관심은 식사를 재개한 후에도 쉽게 회복되지 않았다. 실험 참가자는 대부분 3개월간 정상 식사를 하고 난 뒤에도 성적 관심이 돌아오지 않았고, 8개월이 지난 이후에야 서서히 회복하는 양상을 보였다.

인지적 변화

식사 제한이 거의 끝나갈 무렵 대다수 피실험자는 집중력, 이해력, 판단력이 모두 떨어지는 것을 경험했다고 보고했다. 독서에 집중하는 시간이 현저히 줄었고, 책을 읽어도 내용을 제대로 이해하지 못하는 경우가 많았다. 일부는 멍하니 앉아 있거나 잡념이 많아져 타인의 말에 집중하는 데 어려움을 겪었다.

증상이 심해진 일부 참가자는 음악이나 TV조차 감상하기 힘들어했고, 방 안을 끊임없이 돌아다니는 행동을 반복했다. 그러나 표준화된 심리검사에서는 이들의 지적 능력 자체에 심각한 손상이 있는 것으로 나타나진 않았다.

신체적 변화

피실험자는 대개 식사 제한 기간이 길어질수록 다양한 신체 증상을 호소했다. 소화장애, 수면장애, 어지러움, 두통, 빛과 소리에 민감한 증상, 근력 저하, 운동 능력 감소, 부종, 탈모, 추위 과민 반응, 감각 이상 등 다양한 증상을 보고하였다. 쉽게 피로해지고 무기력해져 일상의 움직임도 현저히 줄었다.

피실험자의 기초대사량은 평균 40% 줄어들었다. 이는 신체가 제한된 에너지로 생존하기 위해 심박수, 호흡, 체온 등을 모두 낮추는 방향으로 적응했기 때문이다. 이처럼 몸이 극단적인 절약 모드로 들어간 상태에서 회복하려면 충분한 양의 음식을 꾸준히 섭취해야 했다. 안타깝게도 식사량을 조금 늘리는 것만으로는 몸이 다시 원래 상태로 돌아가기 어려웠고 회복 속도도 매우 느렸다.

체중 구성의 변화도 뚜렷했다. 실험 후 피실험자의 평균 체중은 약 25% 감소했는데 이 중 지방은 약 70%, 근육은 40% 줄었다. 회복기에 접어들자 지방이 빠르게 증가하여, 평균 체중은 실험 전의 110% 수준까지 회복된 반면 지방량은 140%까지 늘어났다. 지방이 복부나 엉덩이 등 특정 신체 부위에 몰리면서 몸이 무겁고 둔하게 느껴진다고 보고한 사람들도 있었다. 그들 중에는 체중 증가나 몸이 붓는 느낌에 민감하게 반응하는 사람도 많았다. 그들은 식사를 정상화한 뒤 9개월이 지나서야 체중과 체지방 비율이 실험 이전 상태로 회복되었다.

이 실험 결과는 지금의 우리에게 매우 중요한 점을 알려준다. 단지 식사량을 반으로 제한했을 뿐인데, 상상 이상으로 실험 참가자들의 삶 전체가 변해버렸다는 점이다. 그들은 음식에 집착하고, 사회적으로 고립되고, 우울해지고, 자기 몸을 왜곡해서 보기 시작했다. 더 놀라운 것은 이 모든 변화가 다시 정상 식사를 시작한 후에도 몇 달 동안이나 지속되었다는 점이다.

오늘날 무리한 다이어트를 하는 수많은 사람들이 비슷한 어려움을 겪고 있을 가능성이 높다. 대개 '의지가 약해서' '노력이 부족해서' 실패한다고 자책하지만, 80년 전에 이뤄진 이 실험은 그들이 겪는 어려움이 기아 상태에 따른 우리 몸의 자연스러운 적응 반응임을 보여준다. 특히 이것은 체중 감량을 위한 식사 제한을 지속하면 할수록 우리 신체와 정신에 깊은 후유증이 남을 수 있음을 경고하고 있다. 체중계 숫자보다 더 중요한 것은 몸과 마음의 균형이다. 극단적인 다이어트가 아닌 지속 가능한 건강한 생활 방식을 만들어야 한다는 교훈은 오늘날 더욱 절실하다.

4

단순한 다이어트가 식이장애로 바뀌는 과정

사람들은 보통 '몇 킬로그램만 줄여보자' '뱃살만 조금 들어가면 좋겠다'는 가벼운 마음으로 다이어트를 시작한다. 처음에는 건강을 위한 식단 조절과 규칙적인 운동으로 비교적 무리 없이 출발하며, 실제로 체중을 쉽게 감량하는 경우가 많다.

그런데 어찌 된 일인지 체중이 줄어들수록 만족보다 불안과 불만족이 점차 더 커지기 시작한다. 계획보다 조금만 더 먹어도 불안해지고 체중이 아주 조금이라도 늘면 큰 실망감에 빠진다. '조금만 더 빼야겠다'는 생각은 곧 '다이어트를 멈추면 큰일 난다'는 강박으로 바뀌고, 점차 일상의 균형이 흔들린다. 주변 사람들이 "이제 그만 빼도 되겠다"라고 말해도 오히려 더 극단적 체중 감량과 다이어트에 집착한다.

이처럼 식이장애는 어느 날 갑자기 무너지듯 생기는 게 아니다. 대개는 아주 평범한 다이어트로 보이지만, 실은 '정상'과 '문제 행동' 사이의 불분명한 경계 안에서 서서히 진행된다. 그 경계가 명확하진 않아도 자세히 들여다보면 그 안에는 분명한 위험 신호가 숨어 있는 경우가 많다. 가령 매일 아침 체중계에 오르는 것을 당연한 일과로 여기고, 친구와의 식사 자리에서 음식보다 칼로리 걱정을 먼저 한다면, 이미 '정상'의 경계를 넘어섰을 수 있다. 이 변화를 무심코 지나칠 경우, 다이어트는 어느 순간 삶의 균형을 무너뜨리고 결국 식이장애로 이어질 수 있다.

평범한 다이어트가 식이장애로 이어지는 5단계

1단계: 다이어트의 성공이 통제를 강화한다

핵심 징후: 체중 감량에 따른 성취감이 점차 더 많은 감량 욕구로 바뀐다. 처음에는 건강을 위해 운동하고 식사를 조절한다. 음식을 즐기면서도 특별한 불안 없이 일상을 유지하며 다이어트를 한다는 사실이 스스로를 뿌듯하게 만든다. 그러나 체중이 줄기 시작하면서 "살이 빠진 것 같다"라는 주변의 반응에 민감해지고, 그 말이 주는 긍정적 영향에 점점 더 의존하게 된다. 목표 체중에 도달한 뒤에도 멈추지 않고 '조금만 더 줄여야겠다'는 생각이 더 강해진다면, 이는 평범한 다이어트 범위를 벗어났다는 신

호일 수 있다.

위험 징후: 애초에 정한 체중 목표에 도달하고도 만족하지 못한 채 계속 더 낮은 목표 체중을 정한다. 체중 변화에 따라 감정 기복이 심해지고 "살 빠졌네"라는 주변의 말에 과도하게 의존한다. 그런 긍정적 반응이 없으면 지나치게 불안해하거나 실망하는 반응을 보이기도 한다.

2단계: 다이어트가 강박으로 변한다

핵심 징후: 다이어트가 선택에서 의무로, 즐거움에서 통제로 바뀐다. 이 시점부터 다이어트는 더 이상 선택이 아니며 일상 전체를 지배하는 전부가 된다. 칼로리 계산과 체중 측정에 집착하기 시작하고, 외식이나 친구들과의 식사 자리가 점점 부담스럽게 느껴진다. 체중 조절은 단순한 목표를 넘어서 자기 통제력을 증명하는 수단이 되어버린다. 그래서 음식을 먹은 후에는 늘 통제하지 못했다는 죄책감이 뒤따른다. 체중이 줄었어도 만족은 줄어들고 도리어 불안이 커지며 더 마른 몸을 목표로 삼는다. 하루에 체중계에 오르는 횟수가 늘어나고, 음식 관련 앱이나 콘텐츠에 집착하는 시간도 급격히 증가한다.

위험 징후: 친구 혹은 가족과의 식사 자리에 대해 극도의 불안을 느껴, 가급적 그런 자리를 피하려 한다. 체중과 식사 습관에 관한 주변의 비판에 민감하게 반응하며, 허용하는 음식과 금지

하는 음식을 더 엄격하게 구분한다. 하루에 다섯 번 이상 체중을 측정하는 행동을 반복하는데, 체중을 측정할 수 없는 상황에서는 극도로 불안해진다.

3단계: 식사 행동이 극단적으로 변한다

핵심 징후: 음식은 점점 불안과 죄책감을 일으키는 대상이 되고, 그 감정을 덜어내기 위해 보상행동을 시작한다. 이 시점부터 음식은 더 이상 생존을 위한 것이 아니라, 두려움과 통제의 대상이 된다. 식사 시간은 긴장과 불안으로 가득하고 식사 행동은 즐거움이 아닌 조심해서 극복해야 하는 과제가 된다. 이 단계에 이르면 식사 자체를 하나의 전투처럼 느끼기도 한다. 탄수화물을 '악마의 음식'으로 인식하고 특히 일부 환자는 공복 상태를 통제력과 승리의 상징으로 본다. 체중을 늘릴 것 같은 특정 음식을 완전히 배제하고, 음식을 먹은 뒤에는 체중 증가를 막기 위해 구토하거나 이뇨제를 사용하는 보상행동을 반복하기도 한다. 처음엔 한두 번의 예외 상황이었던 보상행동은 어느새 일상이 되어버린다.

문제는 그런 행동을 하면서도 스스로 "조금 심하긴 하지만 괜찮아"라고 합리화하며 내면의 불안과 혼란을 억누른다는 점이다. 하지만 억눌린 감정은 사라지지 않는다. 죄책감과 자기혐오는 마음속에 차곡차곡 쌓인다. 그 감정을 인정하는 순간 무너질 것 같은 두려움 때문에 주변 누구에게도 털어놓지 못한 채 혼자 감당한다. 결국 사회적 고립은 점점 심해지고, 자신의 상태가 얼마나 위험한지조차 알아차리기 어려워진다.

위험 징후: 음식을 먹은 뒤 과도한 운동, 구토, 약물 복용과 같은 보상행동을 하기 시작한다. 배고픔이나 포만감 같은 기본적인 신체 감각을 무시하거나 제대로 인식하지 못한다. 음식을 먹거나 먹지 않는 행동을 점차 불안, 분노, 무기력감 같은 감정을 조절하려는 수단으로 사용한다.

4단계: 심각한 신체적·정신적 변화

핵심 징후: 신체 기능이 급격히 떨어지고 정서적 불안정성이 심해진다. 체중이 지나치게 감소하면서 신체가 보내는 경고 신호가 분명하게 나타난다. 머리카락이 빠지고 생리가 중단되며 극심한 피로와 무기력이 일상 기능을 마비시킨다. 집중이 어렵고 기억력도 눈에 띄게 감퇴한다. 우울과 불안은 점점 더 심해지고 때론 삶의 의미조차 희미해진다. 자해 충동이나 자살 사고도 뚜렷해지지만, 주변에서 치료를 권해도 "난 괜찮아"라는 말만 반복한다. 그러나 실제로는 너무 두렵고 불안해서 아무것도 시도하지 못하는 상태인 경우가 많다.

위험 징후: 무월경, 심박수 저하, 저체온, 탈모, 만성 피로 등 신체적 위험 신호가 나타난다. 과도한 폭식과 구토에 따른 치아

손상, 식도 손상 등의 부작용도 생긴다. 사회 활동이 급격히 감소하고 은둔에 가까운 생활을 하며 자해나 자살 시도를 동반하기도 한다. 이런 변화는 신체적·정신적으로 심각한 위험 상태에 해당하며 즉시 치료가 필요한 단계다.

5단계: 식이장애가 삶을 지배한다

핵심 징후: 식사와 체중 조절에 대한 통제력을 완전히 상실하고 생명을 위협할 수준의 신체적 합병증이 확연히 나타난다. 이 단계에 이르면 심각한 식이장애 상태로, 현저한 체중 감소와 신체적 합병증이 동반된다. 단순한 의지나 노력만으로는 멈출 수 없는 단계다. 머리는 '이제 그만해야 한다'라고 외치지만 몸은 전혀 다른 방식으로 반응한다.

환자 스스로도 자신의 상태가 매우 위험하다는 사실을 인식하고 있지만, 음식과 체형에 관한 왜곡된 사고, 극심한 불안과 자기 비난, 강박적 행동 패턴이 이미 뿌리 깊게 굳어져 의식적 노력만으로는 행동을 멈추기 어렵다. 더구나 식이장애 행동은 반복할수록 뇌의 보상 회로(특히 도파민 회로)와 자기통제 회로(전전두엽, 측좌핵 등)에 기능 변화를 일으켜, 그 결과 증상은 더 자동화되어 뿌리 깊은 습관이 되어간다.

위험 징후: BMI 15 이하의 저체중 상태는 교과서적으로 중증 기준에 해당한다. 하지만 실제 임상에서는 BMI 13 이하에 이르

러야 비로소 생리 기능 저하와 생명을 위협하는 수준의 합병증이 본격적으로 나타나는 경우가 많다. 하루에도 수차례 반복하는 폭식과 구토 역시 동일한 수준의 위험도를 지니며 이는 심박수 저하, 부정맥, 저체온, 전해질 불균형 등 즉각적인 치료가 필요한 상태를 동반한다. 이 단계에서는 외래치료만으로는 안전을 보장하기 어렵다. 정신과 입원치료와 함께 신체 기능을 회복시키기 위한 의료적 처치가 함께 이루어져야 한다.

식이장애는 초기엔 분명하게 드러나지 않지만, 일정 단계를 거쳐 진행이 심화하면 결국 삶 전체를 잠식한다. 문제는 '다이어트를 어디까지 허용하는가'가 아니라 통제가 무너지기 전에 무엇을 감지할 수 있는가이다. 겉보기에 건강한 생활처럼 보이는 다이어트 습관이 어느 순간부터 불안과 강박을 심화시키고, 신경생물학적 변화와 함께 고착된 병리적 패턴으로 굳어지기 시작한다.

이 과정을 이해하지 못하면 식이장애는 단지 '노력의 문제' 혹은 '의지의 문제'라는 이름으로 위장한 채 오랜 시간 방치될 수 있다. 식이장애는 조기 개입이 매우 중요한 정신질환이다. 늦어질수록 회복은 어려워지고 치료는 훨씬 더 복잡해진다.

◆

간과하기 쉬운 식이장애의 초기 신호 열 가지

다음은 겉으로 드러나는 초기 신호로, 앞서 소개한 다섯 단계보다 좀 더 이른 시점에 나타날 수 있다. 이는 본인을 비롯해 가족, 친구, 의료진 모두가 함께 민감하게 살펴야 할 중요한 초기 징후다.

- 음식과 칼로리에 보이는 지나친 집착: 모든 음식을 칼로리를 기준으로 평가하며 "이거 살찌지 않아?" 같은 말을 반복한다.
- 식사에 관한 불안과 회피: 식사 시간이 되면 눈에 띄게 불안해하고 식사 자리를 피하려는 경향을 보인다.
- 극단적 식사 패턴 변화: 하루에 한 끼만 먹거나, 특정 음식만을 고집하고 나머지는 완전히 거부한다.
- 식사 후 죄책감과 보상행동: 일반적인 양을 식사한 후에도 자책하며 과도한 운동이나 단식으로 이를 상쇄하려 한다.
- 체중 변화에 따른 과민 반응: 100g만 늘어나도 큰일이 난 것처럼 동요하거나 불안해한다.
- 체형을 감추려는 행동 증가: 몸매를 가리려고 헐렁한 옷만 입거나 특정 신체 부위를 유난히 신경 쓴다.
- 운동 강박의 심화: 하루라도 운동을 쉬면 심한 불안을 느끼기 때문에 피곤하거나 컨디션이 나빠도 운동을 멈추지 않는다.
- 감정 기복과 우울감 증가: 기분 변화가 심하고 우울감이나 무기력

감을 자주 호소한다.

- 생리불순 또는 무월경(여성): 다이어트 이후 생리 주기가 불규칙해지거나 생리가 중단된다.
- 식사 행동이나 체중 변화에 관한 문제 인식 회피: 가족이나 친구가 걱정해도 "별거 아니야"라며 대수롭지 않게 넘기고 상태를 숨기려 한다.

문제는 많은 사람이 이러한 초기 신호를 알아차리지 못한 채, 증상이 악화된 뒤에야 치료를 시작하는 경우가 많다는 점이다. 그래서 무엇보다 중요한 것은 식이장애 진단이 명확히 내려지기 전에 나타나는 이런 초기 징후를 놓치지 않는 일이다. 식이장애는 초기에 발견하고 개입할수록 회복 가능성이 크다.

5

복잡하게 얽히고설킨 원인

식이장애는 단순히 '음식과 체중에 집착하는 다이어트 문제'가 아니다. 언뜻 보면 단순히 살을 빼려는 행동처럼 보이지만 그 이면에는 말로 다 설명하기 어려운 복잡한 감정과 해소하지 못한 고통이 자리하고 있다. 그것은 어떤 사람에게는 외로움일 수 있고, 또 어떤 사람에게는 수치심이나 무너진 자아감일 수 있다.

결국 식이장애를 이해하려면 단일한 원인을 찾기보다 각 개인의 삶과 심리 구조 속에서 어떤 요인이 어떻게 작용했는지 다층적으로 살펴볼 필요가 있다. 식이장애는 신경 생물학적 요인, 문화적 영향, 성장 배경, 가족 환경, 심리 요인, 트라우마 경험 등 다양한 조건이 서로 복잡하게 얽히고설킨 맥락 속에서 서서히 모습을 드러낸다.

이제 식이장애에 영향을 미치는 대표적인 요인 여섯 가지를 살펴보고자 한다. 그 각각은 독립적으로 작용하기보다 서로 중첩되고 상호작용해 한 사람의 몸과 마음에 깊은 흔적을 남긴다.

신경생물학적 요인

식이장애는 뇌 기능은 물론 생리적 반응과도 밀접한 관련이 있다. 많은 환자들이 정서 민감성, 높은 불안 수준, 완벽주의 성향, 충동성 같은 특정한 기질적 특성을 보이는데, 이는 유전적 소인에서 기인하는 경우가 많다. 어린 시절부터 나타나는 이들 성향은 식이장애에 대한 신경생물학적 취약성을 잘 설명해준다.

이러한 기질은 감정 조절과 충동 억제에 관여하는 전전두엽, 측좌핵, 섬엽 같은 뇌 영역들의 상호작용과 밀접하게 연결돼 있다. 실제로 식이장애 환자는 포만감, 신체 감각, 자기 인식을 처리하는 이들 뇌 부위에서 기능 이상을 보인다는 연구 결과도 있다.

또한 세로토닌과 도파민 같은 신경전달물질은 감정 조절, 식욕 통제, 보상 반응에 관여하는데, 이들의 불균형은 불안·우울·강박 사고·충동성을 악화할 수 있다. 세로토닌 수치가 낮아지면 불안과 우울감에 더 취약해지고, 도파민 보상 회로에 변화가 생기면 평범한 식사나 적절한 운동 같은 건강한 방식으로는 만족감을 느끼기 어려워진다. 그 결과 강한 보상을 추구하는 폭식, 구토, 격렬한 운동 같은 극단적 행동을 초래할 수 있다.

식욕 조절에 관여하는 렙틴Leptin(식욕과 에너지 균형을 조절하는 호르몬)과 그렐린Ghrelin 같은 호르몬 이상도 식사 행동에 직접 영향을 미친다. 특히 다이어트를 반복할수록 이 신경생물학 시스템 전반이 더욱 불안정해지고, 이는 충동성과 강박성을 강화하는 악순환으로 이어질 수 있다. 이들 신경생물학적 요인은 식이장애가 단지 '마음의 문제'나 '의지의 문제'가 아니라는 걸 뒷받침해주는 중요한 과학적 근거다.

사회문화적 요인

현대 사회에서 날씬한 몸은 외모나 체형을 넘어 자기 관리와 성취, 매력, 능력의 상징처럼 여겨진다. 이 왜곡된 미의 기준은 광고, 예능, 드라마, 뷰티 산업 등 다양한 미디어와 문화 콘텐츠를 기반으로 반복해서 강화된다. 특히 SNS는 타인과 자신을 끊임없이 비교하게 만들고 필터링한 '이상적인 몸'을 현실처럼 받아들이게 만든다. 이는 '그런 몸을 갖지 못한 나 자신'에 대한 열등감과 수치심, 심리적 박탈감으로 이어지기 쉽다.

이런 맥락에서 다이어트는 단순히 외모와 체형 문제가 아니라, 자신이 속한 사회에서 살아남기 위한 절박한 생존 방식이 된다. 특히 청소년기는 자아 정체성과 신체 이미지를 형성하는 결정적 시기라서 외모 중심의 사회문화적 메시지에 훨씬 더 취약하며 심리적 충격도 깊게 각인될 수 있다.

발달적 요인

청소년기는 신체는 물론 심리적 정체성에도 급격한 변화가 일어나는 시기다. 변화하는 몸이 낯설게 느껴지고 전과 달리 타인의 시선과 평가에 민감해지며, 친구들의 농담 한마디가 마음 깊이 상처로 남기도 한다. 이 시기의 혼란은 "나는 이대로 괜찮은 사람일까?"라는 질문으로 이어지고, 그 물음은 종종 체중이나 외모 고민으로 이어진다.

'살을 빼면 친구들이 날 좋아할 거야' '조금만 더 예뻐지면 더 많이 인정받을 수 있어' 같은 생각은 다이어트를 통해 자신이 가치 있는 존재임을 확인하려는 시도로 이어진다. 특히 완벽주의 성향과 높은 성취 기준을 지닌 아이일수록 그런 다이어트 행동은 더 극단적이 되며, 기대한 결과를 얻지 못하면 불안감이 더욱 커진다. 결국 체중 감량은 청소년기에 자존감과 자기 정체성을 지키기 위한 절박한 시도로 자리 잡는다.

가족 요인

식이장애는 종종 가족 관계 속에서 조용히 형성된다. 부모가 무심코 던진 외모 평가, 식사 자리에서 반복된 비교와 통제, 정서적 갈등이 해소되지 않은 가족 분위기 등, 이런 환경에서 자라는 아이는 점차 '있는 그대로의 나'는 충분하지 않다는 메시지를 받아들이게 된다. 이런 경험은 아이가 자기 자신을 어떻게 느끼고,

자신의 몸을 어떻게 받아들이는지에 깊은 영향을 남긴다.

부모가 자주 다투거나, 쉽게 우울, 짜증, 분노를 보일 경우, 아이는 마음속에 불안을 차곡차곡 쌓아간다. 형제 혹은 친구와 자주 비교당하거나 부모의 기대가 지나치게 클 때도 아이는 자신이 부족하다고 느낄 수 있다.

이러한 불안과 긴장을 스스로 감당하지 못하면 아이는 '부족한 내가 달라져야 한다'라고 생각해 다이어트나 외모 변화에 집착하게 된다. 결국 극단적인 식이조절은 있는 그대로의 자신만으로는 부족하다는 가족의 메시지가 강요하는 행동이라 할 수 있다.

심리 요인

식이장애는 불안, 두려움, 외로움 같은 부정적 감정을 제대로 해소하지 못할 때, 이를 신체로 표현하는 방식으로 이해할 수 있다. 그중에서도 특히 수치심은 식이장애에서 매우 중요한 감정 중 하나이다. 사람은 누군가와 비교당하거나 자기 자신을 한심한 사람이라 여길 때, 깊은 수치심을 경험한다. 그리고 늘 주변 평가와 시선에 민감하게 반응한다. 그 수치심은 견디기 어려울 만큼 고통스러워 자연스럽게 외면하고 회피하려는 마음이 생긴다.

이때 음식 조절은 견디기 힘든 감정을 피하는 하나의 방법이 된다. 그래서 '먹고 싶은 음식을 마음껏 먹으면 긴장감이 해소되는 것 같다'거나, 반대로 '배고픔을 참아내면 나 자신에게 실망하지 않을 것 같다'라는 생각이 자리 잡고, 그렇게 시작한 다이어트와 체중 조절은 점차 감정을 회피하는 수단으로 굳어진다. 결국 단식, 폭식, 구토 같은 식이 행동은 감정을 회피하고 통제하려는 방식이다.

트라우마 경험

식이장애는 말로 꺼낼 수 없는 트라우마가 몸으로 드러나는 방식일 수 있다. 신체적·정서적 학대와 방임, 성적 트라우마, 애착 관계의 붕괴 같은 상처는 오랜 시간 몸 안에 잠복했다가 지나친 식이 행동으로 모습을 드러낸다. ACE Adverse Childhood Experiences(부정적 아동기 경험)가 많을수록 성인이 되었을 때 우울, 불안, 자기혐오에 잘 빠지고 이것이 식이장애나 알코올 남용으로 이어진다는 연구 결과는 그리 놀랍지 않다.

식이장애는 통제할 수 없었던 과거의 경험을 잊게 해주는 방어 전략일 수 있다. 환자는 극단적인 다이어트, 폭식과 구토를 통해 자신이 스스로를 통제할 수 있다는 느낌을 얻을 수 있다.

여기서 설명한 다양한 원인이 모든 사람에게 똑같은 방식으로 작용해 식이장애를 일으키는 것은 아니다. 각 환자의 삶을 자세히 들여다보면 타고난 민감한 기질, 사회가 가하는 외모 압박, 부모와의 갈등, 형제간의 경쟁, 어린 시절의 외로움이나 비교 경험 그리고 표현하지 못한 감정과 오래된 상처 기억이 저마다 다른 방식으로 얽혀 있다. 겹겹이 쌓인 요인이 마음속에 쌓여 있다가 어느 순간 '다이어트'라는 행동을 계기로 식이장애가 시작되는 것이다.

<h1 style="text-align:center">6</h1>

식이장애 진단 분류

우리는 흔히 식이장애를 단순하게 구분하곤 한다. 저체중 상태에서도 계속 음식 섭취를 거부하면 거식증, 반대로 엄청난 양의 음식을 빠르게 먹은 뒤 구토 같은 보상행동을 반복하면 폭식증이라고 생각하기 쉽다. 그러나 실제 임상에서 마주한 환자들의 상태는 이처럼 간단하게 구분하기 어렵다. 예를 들면 저체중인데도 자주 폭식과 구토를 반복하는 거식증 환자도 있고, 구토는 하지 않지만 후회와 자책 속에서 폭식을 반복해 체중이 증가하는 환자도 있다. 이 경우 진단이 모호해 상담가나 의료진조차 치료 방향에 혼란을 겪는 일이 적지 않다. 이런 문제를 해결하기 위해 미국정신의학회APA는 2013년 정신의학적 진단 분류 체계인 《DSM-5》를 발간하면서 식이장애의 주요 진단 범주를 다섯 가지로 재정의하고 각각의 진단 기준을 보다 명확히 정리했다.

1. 신경성 식욕부진증 Anorexia Nervosa

2. 신경성 폭식증 Bulimia Nervosa

3. 폭식장애 Binge-Eating Disorder, BED

4. 기타 명시된 급식 또는 섭식장애 OSFED

5. 명시되지 않은 급식 또는 섭식장애 UFED

신경성 식욕부진증이란?

신경성 식욕부진증은 체중 증가를 극단적으로 두려워해 음식을 지나치게 제한하고, 체중을 끊임없이 감량하려는 행동을 반복하는 대표적인 식이장애다. 처음에는 "몇 주만 다이어트해서 천천히 3~5kg만 빼자"라는 가벼운 목표로 시작하지만, 시간이 지날수록 다이어트 방식이 점점 더 혹독해진다. 식사할 때마다 칼로리를 계산하고 음식을 먹은 후에는 심한 죄책감에 시달린다. 아침에 일어나자마자 체중계에 오르며 100g만 늘어도 하루 종일 불안에 사로잡힌다. 이처럼 음식과 체중 생각이 일상을 완전히 지배하면 이는 단순한 다이어트가 아니라 정신의학적 치료가 필요한 신경성 식욕부진증 상태로 보아야 한다.

신경성 식욕부진증 환자는 이미 심각한 저체중 상태임에도 불구하고 자신이 여전히 과체중이라 인식하며, 체중 증가를 견딜 수 없는 위협으로 받아들인다. 이러한 왜곡된 신체상은 수치심, 자기 비난, 완벽주의, 불안, 통제 욕구와 밀접하게 관련이 있으며, 이는 지속적인 식사 제한과 운동 집착 혹은 보상행동으로 이어진다.

《DSM-5》 진단 기준

1. 에너지 섭취 제한

음식 섭취를 극단적으로 제한한 결과, 나이와 성별, 키(신장)에 비해 체중이 현저히 낮은 상태에 이른 경우를 말한다. 임상적으로는 체질량지수Body Mass Index, BMI 17.5 이하 또는 정상 체중의 85% 미만인 경우를 저체중으로 간주하며, 이는 신경성 식욕부진증 진단 시 보조 지표로 사용된다.

2. 체중 증가에 보이는 극심한 두려움

이미 저체중 상태인데도 체중이 늘어나는 것을 극도로 두려워하며 체중 증가를 막기 위해 금식, 구토 유발, 이뇨제·설사제 복용, 과도한 운동 같은 다양한 강박 행동을 반복한다.

3. 왜곡된 신체 이미지와 자기평가

자기 신체에 대한 인식이 객관적 현실과 일치하지 않으며, 체중이나 체형이 자기평가에 과도하게 영향을 미친다. 가령 심각한 저체중 상태인데도 자신이 뚱뚱하다고 생각하며 계속 체중 감량을 시도하려는 양상을 보인다.

신경성 식욕부진증의 하위 유형

《DSM-5》는 환자의 행동 양상에 따라 신경성 식욕부진증을 두 가지 아형Subtype으로 구분한다. 이러한 아형 구분은 치료 전략을 수립할 때 중요한 기준이다.

1. 제한형Restricting Type

최근 3개월 동안 폭식이나 제거행동(구토, 약물 사용 등) 없이 음식 섭취를 극단적으로 줄이거나 과도한 운동으로 체중을 조절하는 경우다.

2. 폭식/제거형Binge-Eating/Purging Type

최근 3개월 동안 폭식을 하거나 폭식 후 구토, 설사제·이뇨제 남용 등의 제거행동을 반복하는 경우다.

심각도 기준

신경성 식욕부진증의 심각도Severity는 BMI에 따라 구분한다. BMI는 체중kg을 신장의 제곱m²으로 나눈 수치로 낮을수록 신체적 합병증 위험이 크다. 따라서 BMI 수치는 입원치료나 집중치료 여부를 판단하는 핵심 지표로 활용한다.

- 경도Mild: BMI $\geq$ 17
- 중등도Moderate: BMI 16.0~16.99
- 심각Severe: BMI 15.0~15.99
- 극심Extreme: BMI $<$ 15

회복도 기준

신경성 식욕부진증의 치료 경과를 평가할 때는 다음 두 가지 회복 단계를 기준으로 삼는다.

1. 부분 관해Partial Remission

체중은 정상 수준으로 회복했지만 여전히 체중 증가를 두려워하거나 신체상 왜곡이 일부 남아 있는 상태다.

2. 완전 관해Full Remission

세 가지 진단 기준에 모두 해당되지 않는 상태로, 저체중이 아니고, 체중 증가에 관한 강박적 불안이나 신체상 왜곡도 거의 없는 경우다.

회복 정도를 명확히 평가하는 것은 이후의 치료 목표를 설정하고 심층 개입의 필요성을 판단하는 중요한 기준이다. 특히 부분 관해 상태에서는 체중을 회복했더라도 왜곡된 사고 방식과 정서적 고통이 여전히 남아 있기 때문에 인지 재구성, 정서 조절, 수치심 치료, 가족치료 같은 추가 개입이 꼭 필요하다.

신경성 폭식증이란?

신경성 폭식증은 짧은 시간에 과도한 양의 음식을 섭취한 뒤, 체중 증가가 두려워 구토, 이뇨제·설사제 사용, 과도한 운동 같은 다양한 보상행동을 반복하는 식이장애다. 초기에는 폭식 후 잠시 긴장감이 풀리면서 안정감을 경험하지만 곧바로 강한 죄책감, 수치심, 불안이 뒤따르며 이 감정을 해소하기 위해 다시 보상행동에 의존하게 된다. 이 과정이 반복되면서 증상은 점점 고착된다.

《DSM-5》 진단 기준

이 장애는 《DSM-5》에서 다음 다섯 가지 기준을 모두 충족할 때 진단한다. 각 항목은 질환의 핵심 병리를 반영하며 이는 치료 초기 평가와 경과 추적에서도 중요한 기준이다.

1. 반복적 폭식 에피소드

폭식은 단지 '많이 먹는 행위'가 아니라, 다음 두 가지 조건을 모두 충족하는 행동이다.

- 비교적 짧은 시간(예: 2시간 이내)에 보통 사람이 한 끼에 먹는 양보다 현저히 많은 양의 음식을 섭취한다.
- 그 과정에서 자신의 식사 행동을 조절할 수 없다는 강한 통제력 상실감을 경험한다.

2. 반복하는 부적절한 보상행동

체중 증가에 대한 두려움을 해소하기 위해 구토, 설사제·이뇨제·기타 약물 남용, 금식, 과도한 운동 등의 보상행동을 반복한다.

3. 일정 기간 이상의 반복성

폭식과 보상행동은 평균적으로 3개월 이상의 기간 동안, 주 1회 이상 빈도로 발생하며, 일시적인 현상이 아닌 지속적인 행동 양상을 보인다.

4. 체중과 체형에 관한 과도한 자기평가

체중과 체형이 자기평가를 지나치게 좌우하며 작은 외모 변화에도 자존감이 크게 흔들리는 모습을 보인다. 이처럼 체중과 체형에 과도하게 의존하는 자기평가는 증상을 지속시키는 핵심 요인으로 작용한다.

5. 신경성 식욕부진증과 구분하기

폭식과 구토 행동이 나타나도 심각한 저체중 상태이면서 체중 증가를 극단적으로 두려워한다면, 진단은 신경성 폭식증이 아니라 '신경성 식욕부진증'으로 내린다. 즉, 심각한 저체중일 경우에는 폭식이나 구토 행동을 보여도 여전히 신경성 식욕부진증 범주에 포함된다. 이 구분은 치료 방향을 결정하는 데 중요한 기준이다.

심각도 기준

신경성 폭식증의 심각도는 구토나 약물 사용 같은 보상행동의 주당 빈도에 따라 다음과 같이 구분한다.

- 경도Mild: 주 1~2회

- 중등도Moderate: 주 4~7회

- 심각Severe: 주 8~13회

- 극심Extreme: 주 14회 이상

회복도 기준

1. 부분 관해

반복적 폭식과 보상행동은 현저히 줄어들었으나, 체중 증가에 관한 불안이나 자기평가의 왜곡이 여전히 남아 있는 경우다.

2. 완전 관해

일정 기간 동안 폭식증의 모든 진단 기준에 해당되지 않는 상태로, 섭식 행동의 문제뿐 아니라 인지 왜곡과 불안 수준도 현저히 감소한 상태다.

신경성 폭식증의 경우에도 회복 정도의 평가는 치료 계획 수립과 예후를 판단하는 중요한 지표다. 폭식증의 부분 관해 상태에서는 증상히 현저히 줄어들어 겉으로는 안정된 것처럼 보이더라도, 치료를 서둘러 마무리하기보다는 회복 상태를 공고히 하고 재발 위험을 낮추기 위해 심층 개입을 이어가는 것이 중요하다.

폭식장애란?

폭식장애는 그냥 '음식을 많이 먹는다'거나 '식탐이 강하다'는 식으로 설명할 수 있는 문제가 아니다. 이 장애의 핵심은 섭식 행동을 스스로 조절하지 못한다는 통제력 상실과 그로 인한 무력감이다. 많은 환자가 그런 행동을 '내 의지가 약해서 그렇다'라고 여기며 강한 죄책감과 수치심에 시달린다. 특히 자기 외모나 체형에 민감하고 타인의 시선과 평가에 쉽게 위축된다. 그러다 보니 외모에 따른 수치심이 폭식 행동 이후의 부정적 정서를 더욱 악화하는 경우가 많다.

신경성 폭식증과의 중요한 차이점은 폭식 후 구토나 약물 사용 같은 보상행동이 나타나지 않는다는 점이다. 그 결과 체중이 과체중이거나 비만에 해당하는 경우가 많으며, 겉모습만으로는 주변에서 식사 행동의 통제력 상실이나 정서적 고통을 쉽게 알아채지 못하는 경우도 많다.

《DSM-5》 진단 기준

1. 반복적 폭식 에피소드

폭식은 일반 과식과 다르며 다음 두 가지 조건을 모두 충족해야 한다.

- 일반적 상황에서 보통 사람이 먹는 양보다 현저히 많은 음식

을 비교적 짧은 시간에 섭취한다.

- 식사 도중 통제력을 잃었다는 강한 상실감을 경험하며 스스로 멈출 수 없다고 느낀다. 이때 환자는 '이제 그만 먹어야 한다'라고 생각하면서도 행동을 멈추지 못한다. 동시에 강한 무력감과 절망감을 경험한다.

2. 다음 특성 중 세 가지 이상을 동반한다.

- 평소보다 훨씬 빠른 속도로 많은 양의 음식을 섭취한다.
- 배가 고프지 않은 상태에서도 계속 먹는다.
- 몸이 고통스러울 정도로 포만감을 느낄 때까지 먹는다.
- 남들에게 보이지 않게 몰래 숨어 먹는 경우가 많다.
- 식사 후 강한 죄책감, 자기혐오, 우울감을 느낀다.

3. 최소 3개월 이상 기간 동안, 주 1회 이상 빈도로 반복한다.

이 기준은 일시적인 과식과 지속적인 폭식장애를 구분하기 위한 것이다.

4. 신경성 폭식증과의 구분

폭식장애와 신경성 폭식증의 가장 큰 차이는 보상행동의 유무이다. 폭식장애에서는 구토, 이뇨제 사용, 과도한 운동 등 체중 증가를 막기 위한 보상행동이 나타나지 않는다.

5. 폭식이 유발한 심리적 고통과 기능 저하

폭식은 강한 통제력 상실과 함께 반복적으로 수치심, 죄책감을 유발한다. 이 감정은 사회관계, 학업, 직장 생활 등 일상 기능 전반에 부정적 영향을 미친다.

심각도 기준

폭식 행동을 얼마나 자주 반복하는가를 기준으로 폭식장애의 심각도를 다음과 같이 구분한다.

- 경도Mild: 주 1~3회
- 중등도Moderate: 주 4~7회
- 심각Severe: 주 8~13회
- 극심Extreme: 주 14회 이상

회복도 기준

1. 부분 관해

과거에는 위 진단 기준을 모두 충족했으나, 최근 3개월 이상 폭식 행동이 주 1회 미만으로 나타나는 경우 여기에 해당한다. 다만 체형과 체중에 보이는 집착, 통제력 상실 등이 여전히 남아 있는 상태이다.

2. 완전 관해

일정 기간 동안 폭식장애의 어떤 진단 기준에도 해당되지 않고, 심리적 고통이나 일상 기능의 저하도 나타나지 않는 상태다.

회복 정도를 명확히 평가하는 것은 치료 계획 수립과 경과 관찰에서 중요한 기준이다. 특히 부분 관해 상태에서는 겉으로 드러나는 증상이 사라졌어도 정서적 고통과 자기 비난, 수치심이 남아 있는 경우가 많아, 치료를 중단하기보다 오히려 더 심층적인 개입이 필요하다.

폭식장애의 임상적 중요성과 진단 체계 변화

2000년 발행한 《정신질환 진단 및 통계 편람》 제4판 텍스트 개정판DSM-IV-TR까지는 '폭식장애'를 '달리 분류되지 않는 식이장애 범주'에 포함했다. 즉, 임상에서 중요한 장애임에도 불구하고 명확한 진단 명칭을 부여하지 않은 상태였다. 그러나 시간이 갈수록 임상에서 폭식장애의 독립적 중요성이 점차 명확해졌다. 다양한 연구에서 폭식장애는 신경성 폭식증과 뚜렷이 구분되는 별개의 장애로, 높은 유병률과 심각한 기능 저하를 동반하며 치료에 적극 개입할 필요가 있는 상태임이 밝혀진 것이다.

결국 2013년에 나온 《DSM-5》에서는 폭식장애를 하나의 독립된 식이장애로 새롭게 정의했다. 이 변화는 진단의 명확성을 높이는 한편 치료 개입의 필요성과 정당성을 뒷받침하는 중요한 전환점이 되었다. 하지만 현실에서는 여전히 많은 폭식장애 환자가 정신과 진단이나 치료를 받기보다, 반복해서 다이어트를 시도하거나 다이어트 클리닉을 전전하다 오히려 증상 악화를 초래하는 경우가 적지 않다.

기타 명시된 급식 또는 섭식장애^{OSFED}: 식이장애의 또 다른 얼굴

'식이장애' 하면 보통 극도로 마른 거식증이나 구토를 반복하는 폭식증을 떠올리기 쉽다. 그러나 실제 임상 현장에서는 이보다 훨씬 다양한 양상으로 고통받는 환자들을 만날 수 있다. 이들은 분명 임상적으로 심각한 식이장애 증상을 보이지만 기존의 엄격한 진단 기준에 미치지 못해 진단에서 제외되는 경우가 적지 않았다.

이러한 진단상의 공백을 보완하고자 《DSM-5》에서는 기타 명시된 급식 또는 섭식장애Other Specified Feeding or Eating Disorder, OSFED 개념을 새로 도입했다. 이는 기존 주요 진단 범주에서 조금 벗어나지만, 여전히 임상적으로 중대한 개입이 필요한 다양한 증상군을 포괄한다. 《DSM-5》에서는 대표적인 OSFED의 하위 유형을 다섯 가지로 정리한다.

OSFED의 하위 유형

1. 비전형 신경성 식욕부진증 Atypical Anorexia Nervosa

이 유형의 환자는 신경성 식욕부진증과 동일한 증상, 즉 극단적 음식 섭취 제한, 체중 증가에 대한 강한 두려움, 왜곡된 신체 이미지를 보이지만, 체중이 정상 범위거나 체질량지수가 17 이상이라 신경성 식욕부진증 진단 기준에 해당되지 않는다.

예를 들어 체중이 90kg이던 사람이 단기간에 40kg을 감량했어도 BMI가 여전히 정상 범위에 있다면 신경성 식욕부진증 진단에서 제외된다. 그렇지만 체중 감량이 급격히 이뤄지고 식이 제한과 강박 사고가 지속된다면 이는 명백한 위험 신호다.

이러한 환자는 "아직 저체중이 아니니까 괜찮을 거야"라고 자신의 상태를 과소평가하다 치료 시기를 놓치는 경우가 많다. 특히 현대 사회가 마른 몸을 긍정적으로 평가하는 분위기 속에서는 "보기 좋아졌네. 엄청 노력했나 봐" 같은 주변 반응이 오히려 위험 신호를 가리게 만든다. 체중 감소나 식이 제한이 매우 심각한 수준에 이르렀음에도 불구하고 본인과 주변 모두가 그 심각성을 인식하지 못하는 것이다.

2. 저빈도/단기 신경성 폭식증Bulimia Nervosa of Low Frequency and/or Limited Duration

이 유형의 환자는 신경성 폭식증과 마찬가지로 반복적 폭식과 구토, 그 외의 보상행동을 보인다. 하지만 《DSM-5》의 진단 기준인 '3개월간 주 1회 이상' 빈도를 충족하지 않아 신경성 폭식증의 공식 진단에서 제외된다. 그러나 폭식과 보상행동의 빈도가 월 1~2회로 비교적 드물어도 환자가 경험하는 심리적 고통과 자기 비난 강도는 신경성 폭식증과 크게 다르지 않다. 따라서 증상의 빈도만 기준으로 위험도를 과소평가해서는 안 되며, 임상적으로 면밀한 관찰과 개입이 필요한 상태다.

3. 저빈도/단기 폭식장애Binge-Eating Disorder of Low Frequency and/or Limited Duration

이 유형은 폭식 행동이 있지만 그 빈도가 주 1회 미만으로 《DSM-5》의 폭식장애 진단 기준에는 해당되지 않는다. 그렇지만 이 경우에도 폭식 후에 따르는 강한 수치심과 자기 비난이 심각하며 그에 따른 심리적 고통이 절대 가볍지 않다. 빈도나 기간이 다소 짧다고 해서 임상 개입이 불필요한 것은 아니다.

4. 야간섭식증후군Night Eating Syndrome

이 유형의 환자는 저녁 이후, 특히 밤 시간대에 음식을 과도하게 섭취하는 행동을 반복하는 특징을 보인다. 이 유형은 수면장애, 스트레스, 불안 증상과 밀접한 관련이 있으며 환자들은 그런 행동을 스스로 통제할 수 없다는 강한 무력감을 호소한다.

대개 하루 종일 식욕을 억누르며 음식을 소량 섭취하다가 밤이 되면 억눌린 욕구가 통제력을 잃고 한꺼번에 분출되듯 폭식하는 양상을 보인다. 이를테면 낮에는 약간의 샐러드나 과일만 먹다가 잠들기 직전 혹은 자다가 깨어 과자, 빵, 아이스크림 등을 대량으로 먹는 식이다. 이후에는 강한 죄책감과 수치심에 시달리며 다음 날 더 극단적 식사 제한으로 이어지는 악순환을 반복한다.

5. 구토장애 Purging Disorder

이 유형의 환자는 폭식이나 과식을 하지 않았어도 반복해서 구토하거나 이뇨제·하제 등을 사용해 체중을 조절하려는 강박 행동checking compulsion을 보인다. '구토하면 속이 편해지고 몸이 가벼워진다'라는 왜곡된 믿음이 구토 행동을 계속하게 하며, 이는 일종의 자기 통제감을 확인하려는 방식으로 작동한다. 그러나 이런 행동은 전해질 불균형, 탈수, 치아 부식 등 심각한 신체 손상을 초래할 수 있다.

진단 기준 밖의 고통: OSFED가 중요한 이유

《DSM-5》에서 OSFED를 중요하게 다루는 이유는 기존의 전형적 진단 기준만으로는 실제 임상에서 고통받는 많은 환자를 제대로 담아내지 못했기 때문이다. 실제로 임상 현장에서 만나는 환자 중 약 50%는 신경성 식욕부진증, 신경성 폭식증, 폭식장애의 공식 진단 기준에 완전히 부합하지 않지만, 전형적 식이장애와 다름없는 심각한 신체적·정신적 문제와 사회 기능 저하를 겪고 있다.

《DSM-5》는 이런 환자들이 진단에서 배제되거나 치료 기회를 놓치지 않도록 OSFED를 하나의 주요 진단 범주로 새롭게 정의하고 강조했다. 이 개념의 도입은 환자가 자기 문제를 명확히 인식하는 데 도움을 주며 전문가 역시 보다 구체적이고 체계적인 치료 계획을 수립하게 해준다.

명시되지 않은 급식 또는 섭식장애: UFED 진단의 임상적 활용

《DSM-5》에서 규정하는 명시되지 않은 급식 또는 섭식장애 Unspecified Feeding or Eating Disorder, UFED는 식이장애로 인한 심각한 증상이나 기능 저하가 분명히 나타나고 있지만, 기존의 진단 기준에 완전히 부합하지 않거나 진단에 필요한 정보가 충분치 않은 경우 적용하는 진단명이다. 다음과 같은 상황에서 UFED를 사용할 수 있다.

- 임상의가 식이장애에 따른 심각한 고통이나 기능 손상을 분명히 확인했으나 구체적 진단명을 명시하기 어려운 경우

- 응급실 등 긴급한 상황에서 환자가 극단적 절식, 자해 위험 같은 심각한 증상을 보이지만, 진단 기준의 충족 여부를 판단하는 데 필요한 정보가 부족한 경우

- 증상이나 병력 정보가 불충분하거나 환자가 이를 명확히 설명하지 못해 특정 진단명으로 확정할 수 없는 경우

명확한 진단명이 없어도 치료는 필요하다:

UFED의 임상적 중요성

UFED는 단순히 진단을 유보한 상태를 의미하지 않는다. 임상에서 식이장애에 해당하는 증상이 분명하게 나타나 치료 개입이 필요하다고 판단했어도, 기존의 진단 기준에 완전히 부합하지 않아 진단을 내리기 어려운 경우 사용하는 진단 범주다. 그런데 UFED로 진단받은 환자 중 상당수는 '진단명이 명확하지 않다'는 이유로 자신의 증상이 심각하지 않다고 여기거나, 치료받을 필요가 없다고 생각하는 경향이 있다. 그 탓에 치료 시기를 놓쳐 상태가 악화되는 사례도 적지 않다. UFED 역시 명확한 임상 평가와 조기 개입이 꼭 필요한 진단군이다. 증상을 방치할 경우, 이후 더 전형적 형태의 식이장애로 진행될 가능성이 크기 때문이다.

진단명보다 더 중요한 것:

식이장애 진단의 한계와 치료적 접근

과거에는 식이장애를 신경성 식욕부진증(거식증), 신경성 폭식증(폭식증), 폭식장애 등으로 구분하고 환자가 어느 범주에 속하는지 명확히 진단하는 것을 매우 중요하게 여겼다. 실제로 진단명은 환자의 증상을 이해하고 치료 방향을 정하는 데 일정 부분 도움을 준다. 그러나 식이장애는 복잡한 심리 상태와 증상이 끊임없이 변화하는 양상을 보이기 때문에, 이를 단일한 진단명으로 온전히 설명하기 어려운 경우가 많다.

영국 옥스퍼드대학교의 크리스토퍼 페어번Christopher G. Fairburn 교수는 오랜 임상 연구 끝에, 식이장애 환자의 증상이 시간이 흐르면서 고정된 형태를 유지하기보다 다양한 양상으로 변화한다는 사실을 확인했다.

예를 들어 한 환자는 10대 시절 신경성 식욕부진증으로 심각한 체중 감소를 겪었으나, 입원치료 후 체중을 정상 범위로 회복했다. 그러나 1년 뒤에도 음식 제한과 체중 불만족이 이어지면서 폭식과 구토 증상이 시작되었다. 이때 체중이 정상 범위에 해당하면 신경성 폭식증으로 진단한다. 이 환자는 성인이 된 후에도 폭식을 계속했으나 구토는 하지 않았기 때문에 과체중 상태가 되어 폭식장애 진단을 받았다. 한 환자가 10년에 걸쳐 신경성 식욕부진증에서 신경성 폭식증으로, 다시 폭식장애로 진단명이 바뀐 것이다.

실제로 미국정신의학회 연구에 따르면 신경성 식욕부진증 환자의 약 절반은 시간이 지나면서 신경성 폭식증이나 폭식장애로 진단이 바뀐다. 그리고 폭식증 환자의 4분의 1(약 25%)은 과거에 신경성 식욕부진증을 앓았던 병력이 있는 것으로 나타났다.

페어번 교수는 이 현상을 '진단 간 이동 이론trans-diagnostic theory'으로 설명했다. 그는 식이장애를 서로 뚜렷하게 구분이 가는 질

환으로 보기보다 시간에 따라 겉으로 드러나는 증상이 변화하
거나 서로 겹칠 수 있는 연속적·유동적 상태로 이해해야 한다고
보았다. 결국 치료에서 중요한 것은 진단명이 아니라 체중과 외
모 집착, 자기평가 왜곡, 감정 조절 어려움같이 증상을 지속시키
는 심리 메커니즘을 파악하고 다루는 일이다.

숨기는 탓에 놓치기 쉬운
식이장애의 위험한 증상

식이장애 환자는 자신의 문제에 대해 놀라울 정도로 아무렇지 않은 태도를 보이는 경우가 많다. 며칠 동안 거의 음식을 먹지 않아 기력이 하나도 없고, 혹은 폭식과 구토를 하루에도 여러 차례 반복하면서도 겉으로는 힘든 내색 없이 일상생활을 완벽하게 유지하려 애쓴다. 이런 행동은 '체중이 절대 늘어나선 안 된다'라는 강박적 두려움 때문에 몸이 보내는 위험 신호를 의도적으로 무시한 결과다. 환자가 계속 "괜찮다"라며 아무렇지 않은 척하기 때문에 주변 사람들도 증상의 심각성을 제대로 인지하지 못한다. 심지어 의료진조차 저체중, 저혈당, 저혈압 같은 위험 신호를 놓치는 일이 적지 않다.

식이장애의 위험한 특징 중 하나는 바로 이러한 '증상 은폐'다. 환자는 자신의 증상을 축소하거나 부정하며 가족이나 치료자 앞에서 아무 문제 없는 것처럼 말하고 행동한다. 증상을 숨기는 이유는 우선 음식을 먹으라거나 체중을 늘리라는 잔소리에서 벗어나기 위해서다. 또한 자신의 증상에 관한 강렬한 수치심과 자기혐오 그리고 '나는 어차피 나아지지 않을 거야'라는 깊은 절망감 때문이기도 하다.

식이장애 환자가 보이는 다음의 증상은 단순한 다이어트나 일시적 스트레스의 결과가 아니다. 이는 신체가 보내는 명백한 경고 신호이자 더는 버틸 수 없다는 내면의 절박한 표현이다. 이 신호를 간과하거나 무시할 경우, 환자는 점점 더 위험한 상태로 빠져들 수 있다. 실제 임상에서 자주 나타나는 주요 증상을 살펴보고 그 심각성을 알아보자.

1. 극단적 음식 섭취 제한과 탈수

상당 기간 동안 환자는 하루 한 끼도 제대로 된 식사를 하지 않는다. 아침에는 달걀 반쪽, 점심은 비스킷 몇 조각, 저녁은 사과 한 조각 정도로 매우 제한적인 음식을 섭취하며, 물도 거의 마시지 않은 채 매일 격렬한 운동을 하기도 한다. 그 결과 입이 자주 마르고, 입술이 갈라지고, 변비가 심해지고, 소변 색이 짙어진다. 아침에 일어날 때마다 현기증이 심하며 눈앞이 잠시 깜깜해지는 증상을 반복해서 경험한다.

2. 반복적 자기 유발 구토

환자는 가족이나 친구들과 함께 웃으며 식사하지만, 식사 직후 곧장 화장실로 달려가 몰래 구토한다. 잠시 뒤 화장실에서는 반복해서 물을 내리는 소리와 기침 소리가 들린다. 때때로 화장실에 구토 흔적이 남아 있다. 잦은 구토로 식도염, 치아 부식, 목소리 변화 등의 신체 증상이 나타나고 손등에는 자기 유발 구토로 생긴 상처인 러셀 사인Russell's sign이 관찰되기도 한다.

3. 약물 남용

환자는 "소화가 안 된다" "배가 더부룩하다"는 이유로 매일 다량의 소화제, 변비약, 이뇨제를 복용하기도 한다. 일부 환자는 다이어트 효과를 기대하며 시중에서 쉽게 구할 수 있는 식욕억제제나 이뇨 성분을 함유한 다이어트 약을 복용한다. 그 결과 저혈압과 부정맥 증상이 나타나며 잦은 어지럼증이나 실신, 다리에 쥐가 나는 증상, 심한 근육 떨림 등으로 응급실을 찾기도 한다. 이러한 약물 남용은 체중 증가를 강박적으로 두려워하는 마음에서 비롯된 절박한 통제 행동이다.

4. 저체중 상태에서 하는 강박적 운동

체중이 이미 심각하게 줄었어도 환자는 매일 정해진 운동을 반드시 수행하려 한다. 하루라도 운동하지 않으면 극도의 불안과 죄책감을 느끼며 운동하지 않았다는 이유로 그날은 하루 종일 음식을 전혀 섭취하지 않으려 한다.

5. 빠른 체중 감소(주당 1kg 이상)

최근 한 달 사이 체중이 4~5kg 이상 급격히 감소하면 환자는 체중이 줄어든 사실에 만족하며 뿌듯해한다. 그렇지만 급격한 체중 감소는 심장 기능 저하, 면역력 저하, 급성 신부전 등 생명을 위협하는 상태로 이어질 수 있다. 기립성 저혈압이 심해져 갑자기 쓰러지거나 의식을 잃기도 한다.

6. 극단적 저체중 상태(BMI 15 이하, 특히 13 이하)

BMI가 극단적으로 낮아지면 맥박과 혈압과 체온이 현저히 떨어진다. 호흡이 가빠지고 움직이는 것 자체가 힘들어지며 추위를 심하게 타 외출을 꺼리는 경향을 보인다. 머리카락이 많이 빠지고 월경이 점점 불규칙해지다가 결국 완전히 중단되기도 한다.

7. 자해 혹은 자살 시도

폭식과 구토 후에 자책감이 극에 달해 반복해서 자해하거나 자살 시도를 하는 경우도 있다. 또한 오랜 거식 상태에서 사소한 자극에 극단적인 감정 반응을 보이며 자해로 이어지는 일도 적지 않다. "나는 벌을 받아야 해" "나는 무가치한 인간이야" 같은 자기 비판적인 내면의 목소리가 자해나 자살 시도를 부추기기도 한다. 그런데 환자는 대부분 이런 고통을 철저히 숨긴 채 혼자 감내하려 한다.

8. 구토 시 혈액이 섞여 나오는 경우

억지로 구토를 반복할 때 토사물에 선명한 핏방울이 섞여 나오는 경우가 있다. 환자는 이를 "입안이 헐었나 보다" 정도로 가볍게 넘기지만 자기 유발성 구토가 지속되면 출혈이 점차 심해진다. 내시경 검사에서는 식도 열상이나 위벽의 미세한 출혈이 보이는데, 출혈이 심해질 경우 긴급한 처치가 필요한 응급 상황으로 진행될 수도 있다.

9. 장기간의 무월경(6개월 이상)

환자는 "스트레스 때문인지 생리가 불규칙해요"라며 대수롭지 않게 말하지만, 실제로는 마지막 월경이 언제였는지 정확히 기억하지 못하는 경우가 많다. 무월경은 호르몬 불균형의 신호로 골다공증, 불임, 심혈관 질환의 위험을 높인다. 더 큰 문제는 영양 결핍과 저체중 탓에 중단된 월경을 산부인과에서 처방받은 약으로 인위적으로 다시 유도하는 것이다. 체중이 충분히 회복되지 않은 상태에서 호르몬제를 투여하는 것은 오히려 해로울 수 있다.

조용한 신호일수록 더 세심히 들어야 한다

지금까지 살펴본 증상은 결코 가볍게 넘길 수 없는 분명한 위험 신호다. 그런데 사람들은 대부분 이런 증상이 얼마나 심각한지 제대로 인식하지 못한다. 그 이유는 환자들이 신체적·정신적 고통을 거의 드러내지 않은 채 증상의 실체를 계속 감추기 때문이다. 그 결과 내과나 소아과 진료 현장에서는 "좀 더 지켜보자" "조금 더 잘 먹으면 좋아질 거야" 정도의 권고로 상황을 넘기는 일이 흔히 발생한다.

만약 이러한 신호를 관찰했을 때, "살이 너무 많이 빠졌다" "너무 적게 먹는 거 아니니?"처럼 추궁하듯 말하면 환자는 증상을 더 숨기려 할 가능성이 크다. 우선 환자의 일상적 식사 행동 패턴, 신체 건강 상태, 감정 변화 등을 주의 깊게 살펴보아야 한다. 그리고 조심스럽게 "요즘 많이 힘들어 보인다" "많이 지친 것 같은데 도움이 필요하지 않니?"같이 간접적인 방식으로 말을 건네는 편이 더 안전하다. 식이장애 증상을 직접 표현하려 하지 않는 환자에게는, 현재 겪는 정서상의 어려움이나 신체적 고통 그리고 필요한 도움이 무엇인지 스스로 표현하도록 돕는 세심한 접근이 중요하다.

물론 조심스럽고 사려 깊게 다가가도 증상이 심한 환자일수록 강한 수치심 때문에 자신이 겪는 어려움을 쉽게 털어놓지 못한다. 그러나 치료자가 인내하며 환자가 겪는 고통이 무엇인지 이해하려는 자세로 꾸준히 곁에 머물면, 어느 순간 환자는 자신이 겪는 신체적 어려움과 정서상의 어려움을 조심스레 들려준다. 식이장애 치료의 첫걸음은 바로 그 지점에서 출발한다.

<h1 style="text-align:center">8</h1>

<h1 style="text-align:center">왜 치료가 어려운가</h1>

식이장애 치료는 심리학과 정신의학 분야에서 가장 다루기 까다롭고, 오랜 시간 꾸준한 개입과 조율을 필요로 하는 영역 중 하나이다. 이는 식이장애 발병과 유지에 관여하는 요인이 생물학, 심리, 사회문화 차원에서 다층적으로 얽혀 있기 때문이다. 환자의 기질 특성과 심리적 갈등 그리고 변화에 대한 두려움 같은 내적 요인은 대인관계 갈등, 가족역동, 사회문화적 스트레스 등의 외적 요인과 상호작용하며 증상을 더욱 복잡하게 만든다. 이 복합성은 치료자 한 사람의 역량만으로는 감당하기 어려워, 실제로 오랜 치료 과정에서 치료자가 소진되거나 좌절하는 일도 적지 않다. 다음은 식이장애 치료가 어려운 몇 가지 주요 이유다.

1. 치료 거부와 저항

우선 식이장애 환자는 대개 자신의 문제가 심각하다는 사실을 인정하려 하지 않는다. 치료를 받으면 자신이 이제껏 필사적으로 지켜온 모든 것을 포기해야 한다는 두려움 때문에 치료에 강한 거부감을 보이며 저항한다. 또한 자기 문제를 타인에게 드러내는 것에 극심한 수치심과 자기혐오를 느껴, 치료 과정에서도 자신의 증상을 철저히 숨기려 한다. 그러다 보니 치료자조차 환자 상태를 정확히 파악하기 어려워 적절한 치료 시기를 놓치는 경우가 많다. 이 모든 거부와 저항의 중심에는 환자를 자기비난과 두려움의 악순환에 빠지게 하는 '독성 수치심toxic shame'이 자리하고 있다. 이 감정은 환자가 자신의 문제를 인정하고 타인에게 마음을 여는 것을 극도로 어렵게 만든다.

2. 체중 증가에 관한 두려움

치료 과정을 어렵게 만드는 또 다른 요인은 체중 증가에 관한 환자의 극단적 두려움이다. 환자는 체중과 외모라는 기준만으로 자신의 모든 가치를 평가하는 왜곡된 신념을 갖고 있기 때문에 체중이 조금만 늘어도 자기 가치가 완전히 무너졌다고 여긴다. 체중이 늘어난 자신은 완전 실패자이며 사랑받을 자격이 없다는 식의 극단적·비현실적 믿음을 보이는데, 이는 강한 불안과 공포를 유발한다. 이에 따라 치료 과정에서 조금만 체중 변화가 일어나도 심각한 스트레스와 정서적 혼란을 겪는다. 결국 환자는 치료 자체를 두려움이 현실화되는 과정으로 받아들이기 때문에 치료를 회피하게 된다.

3. 가족의 이해 부족과 역기능

가족의 이해 부족과 역기능적 가족 관계 역시 식이장애 치료를 어렵게 만드는 주요 요인 중 하나다. 식이장애는 개인 문제에 그치지 않고 가족 전체의 갈등과 깊이 연관되어 있는 경우가 많다. 가족이 식이장애의 본질과 심각성을 충분히 이해하지 못할 경우, 환자에게 더 큰 혼란과 압박을 가하게 된다. 체중과 외모에 대한 반복적인 비난, 과도한 식사 조절에 대한 통제와 잔소리, 환자 상태를 무관심하게 방치하거나 외면하는 반응은 모두 환자의 수치심과 자기 비난을 악화시켜 치료 과정을 더 어렵게 만든다. 가족 내부에 존재하는 미묘한 갈등과 숨겨진 경쟁심, 표현되지 못한 분노도 무의식적으로 환자의 증상을 심화시키거나 회복 의지를 저해할 수 있다. 이런 이유로 식이장애 치료에서는 가족 전체가 함께 참여하는 가족치료가 핵심 치료 방식으로 자리 잡았다. 환자를 제대로 돕기 위해서는 가족 구성원 각각의 내면 상처, 갈등, 트라우마까지 함께 이해하고 다루는 과정이 필요하다.

4. 정서적 취약성

식이장애 환자는 대부분 정서적으로 매우 취약하다. 원래 기질상 정서가 민감하고 불안정한 데다 저체중에 따른 영양 결핍, 저혈압, 저혈당 같은 신체 문제나 폭식과 구토 같은 반복적 증상이 정서 불안정을 더욱 심화시키기 때문이다. 그래서 치료 과정에서 자신의 불편한 감정을 직면하는 일은 환자에게 상당히 고통스럽고 두려운 경험이다. 부정적 감정이 올라올 때마다 이를 견디지 못하고 오히려 다이어트에 더 강하게 집착하거나 폭식과 구토를 반복하는 악순환에 빠지기도 한다.

5. 완벽주의와 강박

환자가 보이는 과도한 완벽주의와 강박 성향 역시 치료를 어렵게 만드는 중요한 요인이다. 이들은 모든 것을 완벽하게 통제하지 않으면 자신을 완전한 실패자로 여기는 극단적 사고에 빠져 있다. 체중, 식사량, 운동량이 자신이 설정한 엄격한 기준에 조금이라도 미치지 못하면 강한 불안과 죄책감과 자기 비난에 시달린다. 이러한 경직된 사고방식은 치료 과정에 필요한 유연성과 적응성을 수용하는 데 큰 장애가 된다. 결국 작은 변화에도 쉽게 흔들려 좌절하거나 치료를 포기하는 경우가 많다.

6. 신체 손상과 합병증

환자들이 겪는 신체 손상과 의료적 합병증도 치료를 어렵게 만드는 중요한 요인이다. 식이장애가 장기간 이어지면 저혈당, 저혈압, 전해질 불균형, 영양 결핍 등 다양한 신체 증상이 나타난다. 이런 증상은 어지럼증, 실신, 소화불량, 부정맥, 골다공증 등으로 이어지며, 심할 경우 생명을 위협하는 응급 상황을 초래한다. 여기에 약물 남용이나 반복적인 구토가 더해지면 신체 손상은 더 심해지고, 치료는 훨씬 더 급박하고 복잡한 양상으로 흘러가게 된다.

7. 증상 재발과 비선형적 회복

식이장애 치료는 일정 기간 안정적 경과를 보이다가도 어느 순간 예상치 못한 상황에서 증상이 악화되는 경우가 흔하다. 이러한 증상의 재발은 치료자와 환자 모두에게 혼란과 좌절을 유발하지만, 이것이 반드시 치료 실패를 의미하는 것은 아니다.

사실 식이장애의 회복은 대부분 일직선으로 나아가지 않는다. 증상의 강도와 빈도가 오르락내리락하면서 호전과 악화를 반복하는 굴곡된 과정을 통해 이루어진다. 이러한 비선형적 회복 과정을 잘 이해하고 받아들여야 가족이나 환자 모두 쉽게 좌절하지 않고 꾸준히 치료를 이어갈 수 있다.

지금껏 살펴본 것처럼 식이장애 치료를 어렵게 만드는 요인은 복잡하고 다양하다. 그래서 그 회복 과정은 환자 혼자 감당하기 버거운 여정이다. 치료는 환자와 치료자, 가족이 함께 조율하고 협력하는 공동의 여정이어야 한다. 여러 가지 어려움이 있더라도 포기하지 않고 꾸준히 치료를 이어간다면, 회복은 서서히 찾아올 것이다.

9

식이장애 치료의 역사

식이장애 치료는 단기간에, 어떤 하나의 치료 방법으로 해결할 수 있는 문제가 아니다. 오늘날 치료실에서 마주하는 복잡한 치료 구조는 지난 150여 년 동안 수많은 시행착오와 새로운 시도를 거쳐 만들어진 결과다.

그 치료의 변화 과정을 따라가다 보면 시간이 흐르면서 치료 중심이 어디를 향해 이동했는지 이해할 수 있다. 그 이해는 왜 여전히 식이장애의 호전이 어려운지, 치료가 어떤 방향으로 나아가야 하고 또 어떤 부분을 보완해야 하는지 파악하는 데 중요한 단서를 제공한다.

식이장애 치료는 어떻게 발전해왔나?

식이장애 개념을 의학적으로 정립하기 시작한 것은 19세기 후반이다. 1873년 영국 내과의사 윌리엄 걸William Gull은 이 질환을 '신경성 식욕부진증'으로 명명하고 이를 의학적 질환으로 분류했다. 이것은 극단적 절식과 체중 감소를 단순히 관심을 끌기 위한 행동이나 유별난 성격의 문제가 아니라, 치료가 필요한 의학적 상태로 본 최초의 접근이었다. 당시 치료는 주로 강제 급식이나 보조 약물 처방 등 신체 회복에 초점을 두었는데, 오늘날 관점에서 이는 환자의 자율성을 심각하게 침해하는 방식이었다. 초기 문헌은 대부분 상류층 백인 여성 환자 사례만 다뤘고, 그 영향으로 식이장애는 오랫동안 특정 인구 집단에서만 발생하는 문제처럼 여겨졌다.

20세기 초에는 한때 식이장애 원인을 내분비계 이상으로 추정해 호르몬제 치료를 시도하기도 했다. 그러나 곧 환자들의 행동과 심리가 단순한 신체 질환만으로는 설명되지 않는다는 사실이 드러나면서 정신역동적 접근이 도입되었고, 치료의 방향은 급격히 바뀌었다. 그러나 여전히 극단적 절식, 식사 공포, 과도한 죄책감 같은 증상은 치료자에게 낯설고 이해하기 힘든 퍼즐처럼 느껴졌다.

1930~1940년대에 이르자 이런 증상의 원인을 내면의 갈등으로 이해하려는 정신분석 이론이 주류로 자리 잡았다. 이에 따라 무의식적 갈등이나 가족역동 같은 심리 요인이 식이장애 발병에 중요한 역할을 한다는 개념이 널리 받아들여졌다.

그러나 그 시절 치료실 풍경은 지금과는 많이 달랐다. 말이 오가기보다는 침묵이 더 오래 흘렀고, 그 침묵 속엔 말로 다 설명할 수 없는 긴장과 거리감이 자리 잡고 있었다. 환자는 무엇을 말해야 할지 몰랐고, 치료자 역시 무엇을 물어야 하는지 알지 못했다. 식사 행동 뒤에 감춰진 감정과 왜곡된 생각은 너무 복잡하고 견고하여 웬만한 치료자에게는 다루기 힘들게 느껴졌다. 그 시기의 치료는 명확한 이해와 개입보다는 일정한 거리를 두면서 환자의 내면을 탐색하는 과정에 머물러 있었다.

1960~1970년대에는 치료 장면이 서서히 변화하기 시작했다. 식이장애 환자의 복합적 문제에 다각도로 접근하고자 의사, 심리치료사, 가족치료사, 영양사 등 서로 다른 전문 분야 치료자들이 한 테이블에 마주 앉았다. 이때 가족치료를 식이장애 치료에 적용하려는 초기 시도도 등장했는데, 구조적 가족치료 이론을 제안한 살바도르 미누친^{Salvador Minuchin}의 작업이 대표적이다. 특히 그는 청소년 환자의 경우, 가족 내의 갈등과 부모자식 간의 모호한 경계가 증상 유지에 핵심 역할을 한다고 보았다. 가족이라는 울타리 안에서 오랫동안 이어져온 침묵과 억압 그리고 과

도한 기대가 처음으로 치료의 주체가 되었다.

한편, 입원 환경에서는 보상과 규칙을 활용한 행동치료를 도입하여 식이장애 환자의 행동 수정 프로그램을 시행했다. 이 접근은 증상을 일정 부분 통제하는 데 효과를 보였으나, 환자가 겪는 정서적 고통을 충분히 이해하고 다루려 하지 않았다는 비판도 따랐다. 그렇지만 변화는 조금씩 일어나고 있었다. 치료는 점차 환자의 몸이 아니라 환자의 내면 갈등, 가족 관계에 집중하기 시작했다.

1979년 정신과 의사 제럴드 러셀Gerald Russell이 신경성 폭식증을 별도의 진단 범주로 제안하면서 식이장애 진단이 세분화되기 시작했다. 러셀은 폭식 후 구토를 반복하는 환자가 신경성 식욕부진증과 전혀 다른 임상 양상을 보인다는 점에 주목했다. 1980년 미국정신의학회는《정신질환 진단 및 통계 편람》제3판DSM-III에서 신경성 식욕부진증을 정식 진단명에 포함했고, 1987년 개정판DSM-III-R에서는 신경성 폭식증도 별도의 진단 범주로 분류했다. 이로써 신경성 식욕부진증과 신경성 폭식증 질환을 명확히 구별해 진단하기 시작했다.

진단 기준의 세분화는 식이장애 연구의 표준화를 가능하게 했다는 점에서 중요한 진전이었으나 동시에 여러 비판도 뒤따랐다. 비평가들은 이러한 진단 체계 중심의 접근이 식이장애의 연속성과 다양성을 간과하고, 특히 비전형적 사례나 문화 배경이 다른 환자의 경험을 충분히 반영하지 못한다고 지적했다.

1980년대는 인지행동치료CBT가 식이장애의 표준 심리치료로 자리 잡은 시기다. 그 효과는 무엇보다 신경성 폭식증 환자에게서 두드러지게 나타났고, 무작위 대조군 연구에서는 완전 회복률 40~50%를 보고했다. 이후 신경성 식욕부진증 환자에게도 변형한 형태의 인지행동치료를 적용하기 시작했다. 환자의 비합리적 신념과 자동 사고에 변화를 일으켜 증상 행동을 조절할 수 있다는 인지적 개입의 중요성이 주목받았다. 이 시점부터 치료자는 단순히 환자의 이야기를 경청하는 역할에 머물지 않고, 왜곡된 사고 패턴에 직면시키고 새로운 전략을 제안하는 등 능동적 조정자 역할을 하였다.

약물치료 측면에서는 1994년 미국식품의약국Food and Drug Administration, FDA이 선택적 세로토닌 재흡수 억제제Selective Serotonin Reuptake Inhibitors, SSRI 계열인 플루옥세틴Fluoxetine을 폭식증 치료제로 공식 승인했다. 임상시험 결과 플루옥세틴은 폭식과 구토 빈도를 위약 대비 50~60% 줄이는 효과를 보였다.

그러나 약물치료에는 분명한 한계도 있었다. 가령 신경성 식욕부진증 환자에게는 약물 단독 치료의 효과가 제한적이었고,

장기 추적 연구에서는 약물 중단 후 높은 재발률을 보고했다. 이러한 한계를 보완하기 위해 심리치료와 약물치료를 병행하는 접근이 점차 일반화되었고, 병행치료가 단일치료보다 더 효과적이라는 연구 결과도 꾸준히 늘어갔다.

1990년대는 통합치료 모델이 본격 자리 잡기 시작한 시기다. 더 이상 치료실 안에서 환자만 개별적으로 다루지 않고, 그를 둘러싼 가족 관계까지 함께 개입 대상으로 삼기 시작했다. 특히 청소년 신경성 식욕부진증 환자의 경우, 가족기반치료Family-Based Treatment(FBT 또는 Maudsley 접근법)가 그 효과를 인정받았으며 무작위 대조군 연구에서도 청소년 환자 60~70%가 1년 이내에 정상 체중을 회복한 것으로 나타났다. 이 시기에는 '가족의 역할을 배제한 치료는 불완전하다'라는 인식이 강해졌고, 실제로 부모가 치료 동맹에 적극 참여하여 치료적 합력 관계를 형성하는 것이 재발률을 낮추는 데 중요한 요인으로 작용한다는 연구 보고가 잇따랐다.

한편, 성인 신경성 폭식증 환자에게는 기존의 CBT 외에 대인관계정신치료Interpersonal Psychotherapy, IPT가 대안적 접근으로 제시되었다. 장기 추적 연구에서 IPT의 초기 효과는 CBT에 비해 느렸지만 1년 이상 경과 후에는 유사한 수준의 치료 효과를 보이는 것으로 나타났다.

새로운 밀레니엄이 시작된 2000년대에 식이장애 치료는 더욱 전문화된 형태로 진화했다. 2006년에는 크리스토퍼 페어번 교수가 기존 CBT의 한계를 보완해서 개발한 강화-인지행동치료Enhanced Cognitive Behavioral Therapy, CBT-E를 소개했는데, 이는 다양한 유형의 식이장애에 폭넓게 적용할 수 있는 통합적 치료 모델로 평가받았다. 기존의 CBT가 주로 증상 조절과 행동 수정에 초점을 두었다면, CBT-E는 환자의 전반적 심리 상태와 삶의 맥락을 함께 다루려는 통합적 접근으로 발전했다.

단순히 잘못된 인지 교정에 그치지 않고 체중과 식사에 보이는 집착이 자존감, 감정 조절, 완벽주의, 대인관계 문제와 어떻게 얽혀 있는지 탐색하여 보다 유연하고 깊이 있게 치료를 진행하도록 설계한 것이다. 이후 전문적인 식이장애 치료 센터가 곳곳에 들어섰고 의사, 심리학자, 영양사, 가족치료사 등 다양한 전문가가 한 팀을 이뤄 환자 개개인의 상황에 최적화된 치료를 제공하기 시작했다.

2010년 이후, 식이장애 치료는 점차 인간의 내면을 더 심도 깊게 보기 시작했다. 단지 회복한 '몸'이 아니라 회복하길 원하는 '마음'을 치료의 중심에 두기 시작한 것이다. 이 시기부터 수용전념치료Acceptance and Commitment Therapy, ACT, 마음챙김 기반 치료Mindfulness-Based Therapy 등 새로운 심리치료 기법이 도입되었다.

이는 그저 증상을 없애는 데 그치지 않고, 환자가 자신의 내면을 이해하고 있는 그대로 받아들이는 태도를 키우는 방향으로 치료 목표가 확장되었음을 의미한다. 치료실에서는 '왜 이렇게 되었는가'라고 원인을 찾는 질문보다, '이 고통을 안고 어떻게 살아갈 수 있을까'라는 삶의 의미와 방향을 묻는 질문이 더 자주 등장했다.

이와 함께 식이장애의 예방과 조기 개입의 중요성이 강조되면서, 특히 청소년을 대상으로 한 교육과 예방 프로그램이 널리 보급되었다. 증상이 만성화되기 전에 미리 위험 요인을 찾아내고 대응하는 전략이 효과적이라는 연구 결과가 속속 등장했고, 이는 실제 임상뿐 아니라 교육과 예방 프로그램을 포함한 보건 정책 방향에도 변화를 일으켰다.

2013년에는 《DSM-5》 개정으로 폭식장애BED가 정식 진단명으로 추가되었고, 2015년에는 성인 폭식장애 환자 치료를 위해 리스덱삼페타민Lisdexamfetamine이 FDA의 승인을 받으면서 폭식장애의 약물치료 가능성이 새롭게 열렸다.

2020년대 들어 식이장애 치료 영역은 특히 COVID-19 팬데믹 영향으로 급속한 변화를 겪었다. 팬데믹 기간에 식이장애 발병률은 전 세계에서 급증했는데, 일부 국가에서는 최대 70~80%

까지 증가한 것으로 나타났다. 이러한 증가는 사회적 고립, 불확실성 확대, 식품 구매의 패턴 변화, 소셜 미디어 노출 증가 등 복합적 요인과 관련된 것으로 밝혀졌다.

이 위기 상황에서 원격치료가 필수 대안으로 떠올랐고, 초기의 우려와 달리 일부 연구에서는 비대면치료가 대면치료와 유사한 수준의 효과가 있다고 보고하였다.

현재 식이장애 치료는 환자의 특성과 상태에 맞춘 개별화된 치료를 제공하면서 다양한 전문 분야 치료자가 협력하는 다학제Multidisciplinary 접근으로 발전하고 있다. 또한 최근에는 디지털 치료제Digital Therapeutics, DTx가 새로운 치료 영역으로 부상하고 있으며, 미국 FDA의 승인을 받은 식이장애 관련 앱도 등장했다. 한편, 최근에는 식이장애를 단순한 개인의 문제로만 보지 않고, 체중에 대한 낙인, 인종차별, 젠더 불평등, 트라우마, 사회경제적 격차 같은 구조적 요인과 깊이 맞물린 현상으로 인식하려는 움직임이 일어나고 있다. 이에 따라 치료의 초점도 개인의 심리 회복을 넘어 사회적 환경과 구조적 요인을 함께 고려하는 방향으로 확장되고 있다.

이제 치료는 더 이상 '식사 행동과 체중의 정상화'라는 좁은 목표에 한정된 것이 아니다. 치료는 환자 스스로 무너진 일상과 감정을 회복하고 고통을 안고도 살아갈 수 있는 회복탄력성을 함께 찾아가는 과정으로 발전하고 있다. 이러한 변화는 단순한 치료 기술의 발전을 넘어, 식이장애 치료의 궁극적 목표가 점점 확장되어가고 있다는 것을 의미한다.

오랜 시간 동안 식이장애에 대한 수많은 이론과 치료 방법이 논의되었지만 결국 우리가 배운 것은 하나일지도 모른다. 치료는 누군가를 진심을 다해 이해하려는 마음에서 비로소 시작된다는 것. 식이장애 치료의 역사는 그 마음에 조금씩 다가가는 여정이었다. 그리고 그 여정은 지금도 계속되고 있다.

10

투트랙 접근법

식이장애 치료는 그 복잡성과 다양성으로 인해 치료자마다 사용하는 접근법과 치료 방향이 크게 다를 수 있다. 규칙적인 식사와 체중 회복을 가장 중요한 치료 목표로 보고 엄격한 식사 지도와 행동치료에 집중하는 치료자도 있고, 내면의 무의식적 갈등을 해소하면 식이장애 증상도 자연스럽게 사라질 것이라 믿고 정신치료적 접근을 적용하는 치료자도 있다. 그러나 식이장애는 어느 한 치료 기법만으로는 충분한 회복에 도달하기 어렵다. 설령 하나의 방법으로 증상이 호전되었어도 쉽게 재발하는 경향이 있다.

예를 들어 극단적 다이어트로 체중이 빠르게 감소했다가 치료를 통해 정상 체중을 회복한 환자의 경우를 생각해보자. 언뜻 증상이 사라져 회복한 것으로 볼 수 있지만 내면의 불안이나 수치심, 강박 사고를 해결하지 않으면 몇 달 후 다시 극단적 식사 제한이나 폭식으로 되돌아가는 경우가 흔하다. 이는 식이장애가 단순한 식사 습관 문제가 아니라 개인의 심리·정서·사회 요인이 복합적으로 작용하는 질환이기 때문이다.

따라서 효과적인 치료를 위해서는 폭식, 구토, 거식, 저체중 같은 주요 식이장애 증상은 물론 우울, 불안, 수치심, 완벽주의 등과 같은 마음의 문제도 동시에 다뤄야 한다. 이처럼 식이장애 고유의 정신병리와 일반 심리 문제를 함께 다루는 접근을 '투트랙Two-Track 접근법'이라고 한다. 이 개념은 크리스토퍼 페어번 교수와 자넷 트레저Janet Treasure 박사의 연구에서 강조한 핵심 요소로, 현재 식이장애 치료에서 가장 널리 활용하는 접근 방식이다.

투트랙 접근법의 트랙1에서는 거식, 폭식, 구토, 체중에 관한 강박 같은 식이장애의 핵심 증상을 완화하는 치료가 이뤄진다. 이때 가장 중심이 되는 치료 기법은 크리스토퍼 페어번 교수가 개발한 강화-인지행동치료CBT-E다. 이것은 식사 행동, 체중과 체형에 관한 사고, 감정 조절 전략 등을 포괄해서 다루는 통합 모델로 현재까지 가장 널리 검증받은 치료법으로 알려져 있다. 이 치료에서는 규칙적인 식사 회복, 체중 증가에 관한 강박 사고의 완화, 회피 행동의 수정 등이 단계적으로 이뤄진다. 환자는 왜곡된 인지와 감정 반응이 식사 행동에 어떤 영향을 주는지 알아가고, 다양한 음식을 단계적으로 시도하는 훈련을 통해 점차 안정된 식사 리듬을 회복하게 된다.

트랙2에서는 우울, 불안, 완벽주의, 수치심, 외로움 같은 일반적인 심리 문제를 다루는 치료를 병행한다. 이때 환자의 정서적 고통 양상과 원인에 따라 다양한 심리치료 기법을 적용한다. 예를 들면 정서적 안정과 치료 관계 형성을 돕는 지지적 정신치료, 감정 조절과 충동 조절을 위한 변증법적 행동치료Dialectical Behavior Therapy, DBT, 심리적 유연성과 가치 중심 행동을 강화하는 수용전념치료ACT, 대인관계 문제를 다루는 대인관계정신치료IPT, 내면의 다양한 자아 구조를 이해하고 조율하는 내면가족체계치료IFS 그리고 외상 경험에 기반한 고통을 다루는 안구운동민감소실 및 재처리 요법EMDR이 여기에 속한다.

트랙2 개입에서는 반복적 자기 비난, 관계 속에서의 과도한 경계심, 사소한 피드백에도 스스로를 과하게 평가절하하는 반응 같은 정서적 취약성을 다룬다. 이런 문제는 어린 시절의 방임과 학대 경험이나 비교당하고 차별받은 기억과 연결된 경우가 흔하다. 치료 과정에서는 그러한 정서 경험을 알아차리고 적절하게 표현할 수 있도록 돕는 접근이 필요하다. 감정의 의미를 이해하고 이를 적절히 표현하는 역량이 향상되면 대인관계에서 회피나 과잉 반응이 줄어들고, 지나친 자기 비난으로부터 심리적 거리감도 확보할 수 있다. 이러한 정서적 안정감은 식사 행동에 대한 불안을 완화하여 트랙1에서 식이장애 증상을 더 효과적으로 조절할 수 있는 토대가 된다.

식이장애 치료에서 흔히 발생하는 오해 중 하나는 체중을 회복하거나 폭식이 줄어들면 치료가 거의 끝났다고 생각하는 것이다. 그러나 겉으로 드러나는 증상이 사라졌다고 내면의 문제가 함께 해결되는 것은 아니다. 반대로 우울이나 불안 같은 정서적 문제가 일부 완화되었다고 식사 행동이 곧바로 정상화되는 것도 아니다. 식이장애는 겉으로 드러난 증상과 내면의 심리 문제가 서로 영향을 주고받으며 복합적으로 얽혀 있는 질환이다. 가령 체중 증가에 대한 두려움은 자존감, 수치심의 문제와 깊이 연결되어 있고, 반복되는 폭식은 감정 조절의 어려움과 밀접한 관련이 있다. 따라서 치료가 어느 한 측면으로만 치우치면, 다른 측면에서 균형이 다시 무너질 수 있다.

투트랙 접근법은 이 두 가지 측면을 함께 다루어야 한다는 점에서 중요하다. 하나의 치료만으로는 식이장애에서 충분한 회복을 기대하기 어렵다. 트랙1 치료를 중단하면 식사 행동이나 체중과 관련된 증상이 다시 나타날 수 있고, 트랙2 치료를 소홀히 하면 우울·불안·수치심 같은 심리적 어려움이 여전히 남는다. 이두 가지 치료를 동시에 진행해야 증상 조절과 정서 안정이 함께 이뤄지면서 회복도 더 안정적으로 유지할 수 있다.

이처럼 투트랙 접근법은 겉으로 드러나는 식이장애의 행동 변화뿐 아니라, 그 이면에 있는 심리적 취약성과 정서적 긴장까지 함께 다루는 것을 목표로 한다.

11

여섯 가지 핵심 치료법

거울 앞에 한 사람이 서 있다. 객관적으로 보면 뼈가 드러날 정도로 마른 몸이지만, 본인은 거울 속 자신을 보며 '뚱뚱하다'고 느낀다. 그리고 사람들을 피해 모든 대인관계를 끊는다. 또 다른 사람은 낮에는 완벽하게 식욕을 통제하지만, 밤이 오면 억눌렀던 배고픔이 거대한 파도처럼 밀려와 폭식하고 토하고 다시 폭식하고 토하는 반복에 빠진다. 그러면서 자기혐오와 우울감이 점점 깊어진다. 어떤 환자는 가족과의 갈등으로 식사를 거부하고 또 어떤 환자는 과거의 트라우마 기억을 지우기 위해 먹고 토하는 행동을 반복한다.

식이장애 환자가 겪는 증상은 단지 거식과 저체중, 폭식, 구토에 국한되지 않는다. 그것은 감정, 기억, 관계, 통제, 불안, 자기비난, 수치심 등 삶의 거의 모든 영역에 걸쳐 훨씬 더 복잡한 다

충적 문제를 포함한다.

식이장애의 이러한 복합 양상은 하나의 치료법만으로 해결하기 어렵다. 환자 상태에 따라 다양한 치료 방법을 동시에 적용해야 하며 신체 건강 상태, 감정 기복, 왜곡된 사고, 대인관계 문제, 가족 내 갈등 같은 요소를 고려해 시기별로 치료 방식을 유연하게 조정해야 한다.

식이장애의 다양한 치료 방법

약물치료: 감정의 폭풍을 잠재우다

약물치료는 감정 기복이 심하고 충동 조절이 어려운 식이장애 환자에게 최소한의 안정감과 사고의 유연성을 회복할 수 있는 기반을 마련해준다. 약물치료는 독립적인 해법이라기보다 심리치료가 제대로 작동하도록 돕는 '전환점' 역할을 한다.

불안, 우울, 강박, 충동성이 극심할 때 환자는 감정에 압도당해 상담실에 앉아 이야기하는 것조차 버거워한다. 이는 마치 폭풍우 속에서 요동치는 배 위에서 대화를 시도하는 것 같은 상황이다. 이 상황에서는 누구라도 제대로 대화할 수 없다.

이럴 때 선택적 세로토닌 재흡수 억제제SSRI는 강박 사고와 불안을 완화하고, 항정신병 약물은 사고의 유연성을 높여준다.

주의력결핍 과잉행동장애ADHD 성향이 있는 환자에게는 집중력과 충동 조절을 돕는 약물을 제한적으로 사용하기도 한다.

영양상담: 다시 먹는 법을 배우다

영양상담은 회복을 위한 식사 패턴을 만들고, 음식과 얽힌 지나친 두려움과 왜곡된 관계를 재구성하는 작업이다. 이 역시 심리치료가 제대로 진행될 수 있도록 밑바탕을 다져주는 역할을 한다. 균형 잡힌 식사로 체중을 일정 수준까지 회복하고 폭식과 구토 빈도도 줄어들어야 감정 기복이 줄고 사고 유연성이 생겨난다. 또한 무기력에서 벗어나 회복을 향한 치료 동기도 비로소 생겨난다. 즉, 제대로 먹기 시작해야 몸과 마음이 점차 회복된다는 말이다.

식이장애 환자에게 음식은 칼로리 이상의 의미를 지닌다. 어떤 음식은 두려움을 또 어떤 음식은 죄책감을 불러일으킨다. 각 음식에 감정 라벨이라도 붙어 있는 것처럼 반응한다. 영양상담은 이러한 음식에 얽힌 왜곡된 감정과 의미를 하나씩 분리하고 재구성해가는 과정이다.

치료 초기에는 음식 섭취량을 조금씩 늘려가는 데 집중하다가, 중기 이후에는 회피하는 음식, 과도한 식사 통제, '좋은 음식 vs. 나쁜 음식'이라는 이분법적 사고방식을 다루어 나간다. 이를 위해 식사 기록, 식사 계획, 마음챙김 기반 치료 등의 전략을 활용한다.

인지행동치료: 생각의 덫에서 벗어나다

인지행동치료는 식이장애의 핵심 구조인 사고, 감정, 행동의 고리를 직접적으로 다룬다. 단순히 '왜곡된 행동과 사고 패턴을 교정하는 기술'이 아니라, 환자가 자신을 해석하는 방식과 그에 반응하는 습관을 새롭게 만들어가는 훈련이다. 이는 마치 기울어진 집의 기초를 다시 세우는 작업에 가깝다.

강화-인지행동치료CBT-E는 현재 식이장애 치료에서 가장 과학적 근거를 확립한 심리치료 기법으로, 왜곡된 사고를 교정하는 데 그치지 않는다. 강박적 행동 반복, 감정 조절의 어려움, 병적인 완벽주의, 왜곡된 자기평가 기준 같은 식이장애를 유지하는 다양한 심리 구조도 함께 다룬다.

이는 특히 체중과 체형이 자기 가치의 중심이 된 환자에게 효과적이다. 가령 '나는 마르지 않으면 가치가 없다'라는 사고가 '내 가치는 체중 하나로 결정되는 것이 아니다'는 현실적인 관점으로 확장되도록 돕는다.

또한 이 치료는 왜곡된 사고가 불안과 수치심 같은 감정을 유발하고, 그 감정이 다시 회피나 보상행동으로 이어지는 연쇄 고리를 분석해 개입한다. 이때 환자는 자신의 사고 패턴을 기록하고, 감정의 강도를 측정하며, 행동의 결과를 관찰하는 방법을 배운다.

이 치료는 음식과 체중을 '통제하려는 강박적 패턴'을 멈추고, 생각과 감정을 새로운 방식으로 선택할 수 있는 힘을 회복해가는 과정이다.

심리치료: 내면 이야기를 다시 쓰다

심리치료는 억눌린 감정, 손상된 자기 이미지, 상처받은 관계 기억 등을 다시 안전하게 다루는 작업이다. 이는 과거의 감정을 지금의 관점에서 다시 이해하고, 그 경험이 현재의 감정과 행동에 어떤 영향을 미치는지 재정리해가는 과정이다. 이 과정에서 환자는 자신을 바라보는 방식과 관계의 패턴을 새롭게 만들어 나간다.

많은 식이장애 환자는 수치심, 공허감, 완벽주의, 대인관계 불안 같은 정서적 취약성을 보인다. 심리치료는 그 취약성과 내면의 왜곡된 신념을 탐색하고 다룬다. 이를테면 '나는 무가치한 사람이다'라는 핵심 신념이 어디에서 기인했는지, 그것이 어떻게 식이장애 행동으로 연결되었는지 함께 탐색한다.

변증법적 행동치료DBT는 감정 조절 기술을 훈련하는 치료법으로, 감정이 거칠게 요동칠 때도 중심을 잃지 않도록 스스로 방향을 잡는 방법을 익히도록 돕는다. 수용전념치료는 마음속에서 떠오르는 자기 비난 사고를 자신과 동일시하지 않고, '생각은 그냥 생각일 뿐'이라고 바라볼 수 있게 돕는 치료다. 예컨대 '나는 사랑받을 수 없어'라는 생각이 올라올 때, 그 생각과 자신을 제삼자 시선으로 관찰하도록 돕는다. 대인관계 정신치료는 관계 속에서 자기를 보호하고 감정을 적절히 표현하는 기술을 중심으로 다룬다. 타인의 반응에 과도하게 휘둘리지 않으면서 자기 감정을 효과적으로 전달하는 방법을 배운다.

내면가족체계치료IFS와 자아상태치료EST는 내면에 존재하는 다양한 자아상태를 이해하고 통합하는 데 초점을 둔다. 수치심과 연결된 내면의 여러 목소리가 서로 충돌하지 않고 조화롭게 대화하도록 돕는 중요한 치료 접근이다. 트라우마와 관련된 플래시백, 악몽, 과도한 각성 문제는 안구운동 민감소실 및 재처리요법EMDR 같은 특화한 치료로 다룬다.

이들 치료에서 핵심은 더 이상 감정을 억압하거나 외면하지 않는 것이다. 심리치료는 증상이 아닌 '나의 감정', '나의 경험'을 이야기할 수 있는 공간이며, 그것이 가능해질 때 비로소 진정한 변화가 시작된다.

가족치료: 함께 회복의 바람을 불어넣다

가족치료는 청소년 환자의 부모와 가족이 치료 과정에 주체적으로 참여할 수 있도록 돕는다. 치료 초점은 환자가 회복할 수 있도록 안정적이고 지지적인 환경을 마련하는 데 있다. 가족치료는 하나의 독립된 치료 기법이자 동시에 심리치료가 효율적으로 지속되게 하는 토대이기도 하다. 식물이 잘 자라려면 적절한 토양과 기후가 있어야 하듯, 가족치료는 아이의 회복을 위한 토대를 만드는 과정이다. 특히 청소년 식이장애에서는 그 중요성을 몇 번을 강조해도 충분치 않을 정도다.

가족치료의 주요 원칙은 가족 간 상호작용에서 부정적 감정의 톤을 낮추고, 긍정적 정서 흐름을 점차 확대하는 데 있다.

치료 초기 부모는 환자가 규칙적으로 적절한 식사를 하도록 돕고, 이후에는 일상에서 정서적 지지와 안정감을 제공하는 역할을 한다. 이 과정에서 부모는 단순한 감시자가 아닌 '공동 치료자'의 역할을 해야 한다.

가족 구성원이 서로를 이해하고 반응하는 방식은 환자의 회복 속도에 직접적인 영향을 미친다. 가족이 환자의 회복을 일방적으로 이끌어가는 게 아니라, 함께 견디며 지지하는 든든한 토대가 될 때, 치료는 더 안정적으로 이어진다. 특히 부모와의 관계에서 이해받고 안정감을 느낄 때, 가장 놀라운 회복이 일어난다.

신체기반 심리치료: 몸의 기억을 풀어내다

신체기반 심리치료는 언어로 표현되지 않는 감정과 트라우마 반응을 다룬다. 말로 표현하지 못한 고통의 경험은 신체에 그 흔적을 남긴다. 치료는 몸이 어떻게 기억하고 반응하고 있는지 이해하고, 얼어붙은 그 신체 감각을 다시 회복하도록 돕는 작업이다.

신체경험치료Somatic Experiencing, SE와 감각운동 심리치료Sensorimotor Psychotherapy, SP는 신체의 긴장과 과각성 상태를 낮추는 데 중점을 둔다. 또한 감정과 신체 감각을 다시 연결하는 훈련을 통해 몸이 과도한 긴장 상태에서 벗어나 편안한 안정감을 회복하도록 돕는다. 이러한 신체 감각에 대한 개입을 우선시하는 치료들은 감정을 언어로 표현하도록 돕기보다, 신체가 기억하고 반응하는 과정을 중점적으로 다룬다.

치유 여정은 '환자와 함께 추는 춤'

식이장애 치료에는 정해진 하나의 공식이 존재하지 않는다. 신체 건강이 위중한 경우에는 입원치료와 영양 상담을 우선하며, 정서적 불안정성이 크면 약물치료와 위기 개입을 먼저 한다. 중요한 것은 모든 치료 접근을 환자 개인의 상태와 맥락에 맞게 적용해야 한다는 점이다.

치료는 일정한 순서나 형식에 따라 진행되지 않을 때가 많다. 치료자는 환자의 상태와 변화 속도에 따라 치료를 조율해 가야 한다. 회복 과정은 일직선으로 나아가는 길이 아니라, 오르막

내리막의 굴곡진 길을 걸어가는 과정에 가깝다. 같은 문제를 다시 마주하더라도 이전보다 더 깊이 이해하고 더 효과적으로 대처할 수 있도록 도울 수 있다. 중요한 것은 회복의 과정을 멈추지 않고 계속 이어가는 것이다.

◆

회복 여정

식이장애의 회복은 진전과 후퇴가 반복되는 과정이다. 또한 환자 상태, 주변의 상황에 따라 치료 방법, 치료 기간이 다 다를 수밖에 없다. 그래서 환자나 가족 모두 혼란스럽고 좌절감을 느낄 때가 많다.

회복 시간과 치료 효과

신경성 거식증의 회복은 개인의 상태와 개입 시기에 따라 크게 달라진다. 증상이 만성화된 성인 환자의 경우 회복까지 수년이 걸리기도 하지만, 조기에 발견하여 치료를 시작한 청소년 환자의 경우에는 약 6개월에서 1년 이내에도 의미 있는 회복을 보이는 사례가 많다. 완전 회복률은 치료 환경과 기준에 따라 다르지만, 전문적인 치료를 받은 환자 중 약 절반 이상은 완전 회복에 도달하며, 나머지도 부분 회복을 유지하는 것으로 나타났다.

신경성 폭식증은 신경성 거식증에 비해 비교적 회복 속도가 빠른 편이다. 치료를 시작하면 비교적 짧은 시간 안에 폭식 구토가 뚜렷하게 줄어드는 경우가 많고, 꾸준히 치료를 이어가면 대부분의 환자가 안정적인 회복에 도달하는 것으로 알려졌다. 다만 회복의 정의와 측정 방식은 연구마다 다를 수 있으며 개인별 치료 경과에도 차이가 있다.

치료 단계별 효과

식이장애 치료에서 증상의 호전은 점진적으로 일어나지만, 그 변화의 속도와 양상은 개인마다 크게 다르다. 보통 치료 초기(1~3개월)는 증상 변화 가능성이 높은 시기이다. 신경성 거식증 환자의 경우, 이 시기에 체중이 안정적으로 회복되면 장기적으로 예후가 좋다는 연구들이 많다. 일부 연구는 이 시기에 폭식이나 구토 행동이 절반 이상 감소한 환자가 이후에도 꾸준한 회복을 이어갈 가능성이 높다고 알려져 있다.

치료 중기(3~6개월)에는 식이장애 증상뿐 아니라 정서적 불안정성도 서서히 줄어드는 경향이 있다. 치료 3개월 뒤부터는 왜곡된 신체상, 완벽주의 사고, 대인관계 회피, 수치심 등의 심리적 요인을 본격적으로 다룬다. 이후 치료 유지기(1~2년)에는 증상 재발을 방지하고 회복된 기능을 안정적으로 유지하는 것이 치료의 주된 목표다.

이러한 단계별 변화는 치료 방식이나 환자의 특성, 개입 시점에 따라 크게 달라질 수 있다. 그러므로 각 단계의 경과는 모든 환자에게 적용되는 기준이 아니라, 임상에서 흔히 관찰되는 흐름으로 이해하는 것이 현실적이다.

주요 치료법의 치료 기간

인지행동치료CBT는 주로 신경성 폭식증에 적용하며 4~6개월에 걸쳐 16~20회기 치료를 진행했을 경우, 환자의 65~75%에서 증상 호전이 나타났다고 보고하고 있다. 강화-인지행동치료CBT-E는 신경성 식욕부진증에도 적용할 수 있는 구조화한 치료법으로 약 10개월에 걸쳐 40회기 치료를 진행했을 경우, 환자의 약 60%가 건강한 체중 범위에 도달한 것으로 나타났다.

가족기반치료FBT는 청소년 환자에게 좋은 효과를 보이는 치료법으로, 약 1년에 걸쳐 20~24회기 치료를 진행했을 경우, 환자의 70~90%에서 체중이 회복되고 생리가 돌아오는 것으로 보고하고 있다.

약물치료는 우울과 불안, 감정 기복이 심한 경우, 복용 시작 후 4~6주 내에 심리적으로 안정을 찾고 폭식 구토가 줄어드는 효과가 나타난다. 그러나 장기적 효과를 위해서는 지속적인 약물치료와 함께 인지행동치료를 비롯한 다른 심리치료가 꾸준히 병행되어야 한다.

다시 한번 강조하지만 이러한 수치는 수많은 임상 연구 결과를 종합한 평균값으로, 누구에게나 동일하게 적용되는 절대 기준이 아니다. 개별 환자의 회복 속도와 반응은 다양한 요인의 영향을 받으므로 치료 계획을 유연하게 조정해야 한다.

12

약물치료의 현실과 가능성

식이장애 환자가 자주 던지는 질문 중 하나는 "이 약을 꼭 먹어야 하나요?"이다. 이러한 약물치료에 대한 거부감에는 약물에 의존하게 될지도 모른다는 막연한 불안과 부작용에 대한 걱정이 담겨 있다. 실제로 그런 불안과 걱정 때문에 치료 시작이 더뎌지는 경우도 적지 않다.

식이장애에서 약물치료는 증상을 완화시키는 데 어느 정도 도움이 될 수 있지만 그 효과는 제한적이다. 약물치료는 식이장애의 핵심 문제, 즉 자기 비난, 왜곡된 신체 이미지, 외로움과 수치심 같은 정서적 고통 등을 해결해주지 못한다. 약물은 식이장애 증상이 심각할 때 회복을 위한 최소한의 안정 상태를 마련해주는 역할을 한다. 따라서 약물치료가 필요한 상황인지, 그 효과와 한계는 무엇인지, 어떤 점에 주의해야 하는지 등을 충분히 검토한 뒤 종합적으로 접근해야 한다.

약물치료가 필요한 상황

다음과 같은 경우 약물치료를 적극 고려해야 한다.

- 환자가 자신의 증상이 심각하다는 것을 알고 있지만 스스로 조절하지 못하는 경우
- 감정 기복과 충동성이 심한 경우
- 불면, 불안, 우울, 무기력 등의 증상으로 일상 기능이 현저히 떨어진 경우

2023년 미국 섭식장애협회National Eating Disorders Association, NEDA의 연구에 따르면 증상이 심한 식이장애 환자 중 약 62%에게 불안장애, 우울증, 강박증 등 동반 정신질환이 있었다. 이들에게 약물치료를 병행했을 때 회복률이 약 30% 이상 증가하는 것으로 나타났다. 이처럼 정서적 불안정성이 뚜렷한 경우 심리치료만으로는 치료 효과에 한계가 있으며, 약물로 신경생리학적 안정성을 확보하는 것이 효과적인 심리치료 개입의 출발점일 수 있다.

주요 사용 약물과 그 효과

SSRI 계열 항우울제

가장 널리 사용하는 약물은 선택적 세로토닌 재흡수 억제제

SSRI다. 이 약물은 뇌 내 세로토닌 농도를 조절해 기분을 안정시키는 항우울제로, 원래 우울증 치료를 목적으로 개발했으나 식이장애 치료에서도 중요한 역할을 한다. 영국 옥스퍼드대학교의 2022년 메타분석에 따르면, SSRI는 특히 신경성 폭식증 환자의 폭식 빈도를 평균 47% 줄이는 효과를 냈다. 임상 현장에서는 SSRI 복용 후 "예전만큼 다급하게 먹지 않는다" "폭식하기 전에 잠깐 멈추게 되었다" 등의 반응을 자주 관찰할 수 있다.

한 23세 여성 환자는 SSRI 계열 약물인 프로작을 4주간 복용한 후, "예전에는 냉장고 앞에서 바로 음식에 손이 갔는데 지금은 잠깐 멈추고 생각할 수 있게 됐다"라고 말했다. 이처럼 한 박자 멈출 수 있는 여유가 생기면서 충동적인 식사 행동을 스스로 조절할 수 있는 힘이 생긴다.

항정신병 약물

식사나 체중에 관한 왜곡된 사고가 매우 강박적인 경우, 항정신병 약물(정서 조절과 사고 완화를 돕는 약물)을 사용하기도 한다. 캐나다 토론토대학교의 2024년 연구는 저용량 올란자핀Olanzapine이 신경성 식욕부진증 환자의 체중 회복률을 18% 높이고, 강박 사고를 의미 있게 감소시켰음을 보고했다. 이 약물은 고착된 사고 패턴을 유연하게 만들어 인지행동치료나 기타 심리치료를 효과적으로 진행하도록 돕는다.

기타 약물

수면장애, 심한 불안, 감정 기복 같은 증상에는 수면제·항불안제·기분조절제 등을 제한적으로 병용한다. 주의력 결핍이나 충동성이 뚜렷하고, 심리평가 결과 ADHD로 진단된 경우에는 콘서타와 같은 ADHD 치료제를 사용하기도 한다.

식이장애 환자는 영양 상태가 불안정하고 신체의 대사 기능이 떨어진 경우가 많다. 이에 따라 2024년 업데이트한 미국정신의학회 가이드라인에서는 모든 약물을 일반 용량의 1/3~1/2 수준에서 시작할 것을 권고하고 있다.

약물치료의 한계와 주의점

약물치료 효과는 식사 행동 회복이 병행되지 않으면 지속되기 어렵다. 실제로 여러 임상 연구에서 약물치료만 단독 시행한 경우, 치료 초기 증상 완화 이후 오히려 재발 위험이 크다고 보고하고 있다. 대표적으로 유럽과 북미 지역의 장기 추적 연구에서는 약물치료만 받은 식이장애 환자의 1년 이내 재발률이 절반 이상인 반면, 영양재활 상담과 심리치료를 병행했을 때에는 재발률이 의미 있게 낮아진다고 보고하고 있다. 이 결과는 식이장애 치료에서 약물치료와 심리치료가 반드시 함께 이뤄져야 한다는 점을 뒷받침한다.

일부 식이장애 환자는 항우울제를 복용한 뒤 무기력감이 어느 정도 해소되면, 다시 과도한 운동을 시작하거나 식사 제한을 강화하는 경향을 보인다. 이처럼 인지 왜곡 상태가 지속되는 상태에서 약물 효과로 인해 우울, 무기력이 일시적으로 호전될 경우, 식이장애 증상이 오히려 악화되는 사례가 적지 않다.

특히 일반 클리닉에서 우울 증상 완화를 목적으로 항우울제만 처방받거나, 다이어트 클리닉에서 식욕억제제를 단독 복용하는 경우에도 이런 역효과가 발생할 수 있다. 단기적으로는 증상 완화처럼 보여도 결국 식이장애를 더 악화시키는 결과로 이어질 수 있으므로 주의해야 한다.

종합적 접근의 필요성

식이장애 회복 과정에서 약물은 심리치료를 대체하는 수단이 아니라, 치료가 효과적으로 이뤄지도록 돕는 보조 수단이다. 약물은 충동성과 불안, 무기력감 등을 일정 수준으로 안정시켜 심리치료가 작동할 기반을 마련해준다. 2024년 세계 섭식장애 치료에 대한 합의문에서도 "약물은 치료 중심이 아니라, 중심으로 가는 길을 열어주는 역할을 한다"라고 명시하고 있다.

약물 사용 여부를 결정할 때는 환자의 현재 식이장애 증상과 함께 나타나는 불안·우울 같은 문제를 비롯해 환자와 가족의 약물에 관한 생각이나 느낌도 함께 고려해야 한다. 가령 약 복용을 불안해하거나 약에 부담을 느끼는 사람도 있고, 이전에 약 복용 후 부작용 때문에 힘들었던 경험을 한 사람도 있다. 어떤 사람은 상담이나 다른 치료를 먼저 시도하고 싶어 한다. 개인의 이러한 입장은 치료 계획을 세울 때 중요한 기준이 된다. 환자와 치료자가 충분히 상의해 약물의 정확한 기대효과와 한계, 잠재적 부작용 정보를 바탕으로 약물치료 여부를 판단해야 한다. 약물치료를 올바르게 이해하는 것은 환자와 가족이 치료 과정에 보다 주체적으로 참여하고, 현실적 기대를 설정하는 데 도움을 준다.

◆

식이장애 치료에 사용하는 주요 약물

1. SSRI/SNRI 항우울제 – 불안과 충동성을 완화시키는 약물

식이장애 환자에게 자주 나타나는 불안, 초조, 충동성, 우울감 등은 세로토닌 조절의 불안정성과 관련이 있다. SSRI, SNRI 계열의 항우울제는 뇌 내의 세로토닌 시스템을 안정시켜 감정의 진폭을 줄이고, 충동 반응의 속도를 늦춘다. 이러한 변화는 단지 기분을 좋게 만드는 것뿐만 아니라, 식이장애 증상을 호전시키고 상담치료를 할 수 있는 토대를 만들어준다.

대표 약물

SSRI: 플루옥세틴Prozac, 졸로푸트Zoloft, 렉사프로Lexapro, 세로자트Seroxat

SNRI: 이펙사Effexor, 에스벤Esven

도움을 주는 상황

- 폭식과 구토가 반복해서 나타나는 경우
- 불안이나 강박 사고로 인해 식사 행동에 변화를 시도하기 어려운 경우
- 심리치료를 시작하기에 앞서 불안정한 감정 상태를 일정 수준 안정시킬 필요가 있는 경우

주의할 점

- 기분이 호전되면 갑자기 식사 제한이나 운동을 강화하는 경향이 나타날 수 있다.
- 규칙적인 식사 행동 회복 없이 약물만 사용하면 오히려 증상이 악화될 위험이 있다.
- '배가 고프지 않아도 정해진 식사를 한다'라는 원칙과 함께 약물을 사용해야 그 효과가 안정적으로 유지된다.

2. 항정신병 약물 – 굳어버린 사고에 틈을 여는 약물

항정신병 약물은 경직된 사고 패턴을 완화하고 인지의 유연성을 높이는 데 사용한다. 식사나 체중과 관련된 왜곡된 믿음이 마치 고장 난 레코드처럼 반복되고 '절대 살이 찌면 안 된다'는 식의 강박 사고가 하루종일 머릿속을 떠나지 않는 경우, 상담을 통한 논리적 설명만으로는 그러한 사고에 변화를 주기 어렵다. 이때 항정신병 약물은 경직된 사고 패턴을 완화하고 새로운 관점을 받아들일 수 있는 여지를 만들어준다.

대표 약물

올란자핀Olanzapine, 아리피프라졸Aripiprazole, 라투다Latuda

도움을 주는 상황

- 체중 증가에 관한 불안이 지나치게 커서 일상생활 유지가 어려운 경우
- 식욕 저하가 심해 식사를 시작하는 것 자체가 어려운 경우

- 수면장애와 불안 증상이 동시에 나타나는 경우

주의할 점
- 졸림, 무기력 같은 부작용이 생길 수 있다.
- 저체중 상태에서는 이런 반응에 특히 민감할 수 있으므로 소량부터 천천히 시작해야 한다.

3. 보조 약물 – 증상의 파고를 잠시 낮추는 약물

불면, 불안, 감정 기복이 심한 경우 단기적으로는 수면제·항불안제·기분안정제 같은 약물이 도움을 줄 수 있다. 다만 이들 약물은 어디까지나 일시적인 증상 완화를 위한 보조 수단일 뿐, 근본적인 치료를 대신할 수는 없다.

대표 약물

항불안제: 로라제팜Lorazepam, 알프라졸람Alprazolam

수면제: 졸피뎀Zolpidem

기분안정제: 라모트리진Lamotrigine, 발프로익산Valproic acid, 리튬Lithium

도움을 주는 상황
- 잠을 못 자는 상태가 며칠 이상 이어지는 경우
- 감정 기복이 심해 일상생활을 유지하기 어려운 경우
- 충동성이 강해 위험한 행동을 스스로 조절하기 어려운 경우

주의할 점

- 장기 복용 시 의존 위험이 있다.
- 신체 건강 상태가 취약한 경우에는 반드시 의료진의 관리 아래 사용해야 한다.

13

입원치료, 언제 필요하고 어떻게 준비해야 할까

식이장애 환자에게 '입원'이라는 말은 치료를 위한 선택이 아니라, 강제적으로 자신의 선택권과 통제력을 빼앗기는 상황에 내몰린다는 의미로 받아들여질 수 있다. 식사 행동을 스스로 통제할 수 없다는 불안, 가족에게 버림받았다는 자괴감, 병원이라는 폐쇄된 공간에 강제로 갇힌다는 두려움이 한꺼번에 몰려든다. 많은 환자와 가족이 입원을 '마지막 수단'이나 '강제적 처벌'로 인식하지만, 위기 상황에서 입원치료는 위협이 아니라 오히려 안전을 위한 첫걸음일 수 있다. 감정이 격렬하게 요동치고 자살 충동이 자주 올라오며 몸과 마음의 상태가 한계에 다다랐을 때, 자신을 보호할 수 있는 가장 안전한 울타리가 바로 입원치료다.

입원치료가 필요한 상황은 비교적 명확하다. BMI가 15 이하로 떨어지거나 급격한 체중 감소로 저혈압, 서맥(비정상적으로 느

린 심장 박동), 저혈당, 전해질 불균형 등 생명을 위협하는 신체 이
상이 발생하면 적극적인 안정 조치를 해야 한다. 또한 하루에도
여러 차례 폭식과 구토를 반복해 토할 때 피가 나오거나 심박동
이 불안정해질 때는 반드시 입원해서 안전을 확보해야 한다. 자
살 시도나 자해 행동을 반복하는 경우도 마찬가지다.

그 외에 가정 내 심한 갈등으로 환자의 심리 상태가 계속 불
안정해 외래치료가 제대로 이뤄지기 어렵거나 혹은 장기간 외래
치료에도 불구하고 오히려 증상이 악화되고 있다면 진지하게 입
원치료를 고려해야 한다.

그러나 입원치료에는 몇 가지 분명한 문제점이 있다. 가장
큰 문제는 환자의 동의 없이 이루어진 강제 입원이 남기는 관
계적 상처다. 이 과정에서 환자는 깊은 배신감과 수치심을 경험
할 수 있고 가족 역시 죄책감과 혼란에 빠질 수 있다. 이런 상황
에서는 치료에 대한 신뢰가 잘 생기지 않고 장기적인 치료 과정
에도 큰 부담을 만들기도 한다. 또한 통제된 병원 환경에서 회복
한 환자가 퇴원 후 마주하는 실제 생활이 병원 생활과 자연스럽
게 이어지지 않을 수 있다. 치료 과정에서 환자의 자율성을 제한
하는 것이 장기적인 자기 관리 능력을 오히려 약화시킬 수 있다.
여기에다 입원 비용과 보험 적용 문제에 따른 경제적 부담 역시
가볍지 않다.

그럼에도 불구하고 입원치료는 불필요한 외부 자극과 일상의 혼란에서 잠시 분리되어 최소한의 신체 회복과 감정 안정을 확보할 환경을 제공한다는 점에서 중요한 전환점일 수 있다. 2023년 보고된 한 연구에 따르면 입원치료를 받은 신경성 식욕부진증 환자의 60~75%가 건강한 체중을 회복했고, 그중 절반 이상은 퇴원 후 1년 넘게 그 상태를 유지한 것으로 나타났다.

입원치료 과정을 효과적으로 진행하려면 환자의 가족과 친지, 친구가 각자의 역할을 이해하고 적극 협력하는 것도 중요하다. 병문안을 할 때 가족은 그저 방문객이 아니라 회복팀의 핵심 구성원이 되어야 한다. "왜 아직도 체중이 늘지 않니?" "왜 스스로 조절하지 못하니?" 같은 질문보다는 "새로운 환경에 적응하기 힘들지?" "오늘 기분은 어땠어?" "새로 사귄 친구는 있어?"처럼 환자의 감정에 초점을 둔 의사소통을 하는 것이 좋다. 이러한 대화를 통해 환자는 자신의 감정을 더 편안하게 표현하고 치료에 스스로 참여하게 된다.

면회 시간에는 환자에게 심리적 안락함을 제공하는 것이 중요하다. 때로는 말없이 곁에 있어 주는 것만으로도 충분한 지지가 될 수 있다. 또한 치료팀과 협력하기 위해 정기적인 가족 면담에 참여하는 것은 매우 중요하다. 이때 환자의 과거 생활 습관, 성격 특징, 스트레스에 반응하는 방식, 대인관계 양상, 선호하거나 회피하는 음식이나 환경 같은 구체적인 정보를 치료자에게 제공하는 것이 좋다. 이러한 정보는 치료자가 환자의 정서적 민감성이나 방어기제를 더 정확히 이해하고, 그에 맞는 치료 환경과 개입 방식을 조율하는 데 중요한 자료가 된다. 예를 들어 특정 시간대에 불안이 심해지거나, 낯선 사람 앞에서 감정을 전혀 표현하지 못하거나, 특정 음식에 강한 거부감을 보일 경우, 가족이 그러한 정보를 미리 치료팀에 알려주면 치료자는 더 세심하고 유연하게 치료 계획을 세울 수 있다.

입원 치료에서는 다양한 전문가가 환자의 회복을 위해 협력한다. 정신과 의사는 치료의 큰 방향을 세우고 진행 과정을 조율하고, 영양사는 환자에게 맞춘 개별 식사 계획을 세운다. 심리상담사는 왜곡된 사고와 행동 패턴을 다루는 동시에, 그 밑에 깔린 정서적 어려움을 탐색하고 치료하는 역할을 한다. 간호팀은 환자의 일상생활을 관찰하면서 신체적 정신적 돌봄을 수행한다. 필요에 따라 운동치료사나 미술·음악 치료사도 치료 과정에 참여한다. 이처럼 여러 전문 인력이 유기적으로 협력하는 치료 체계는 환자의 신체·심리·사회 측면을 함께 다루는 통합치료 환경을 조성한다.

23세 A는 대학에서 디자인을 전공하던 중 심한 체중 감소와 영양실조로 입원하게 되었다. 다이어트를 시작해 9개월 동안 14kg을 감량한 그녀의 BMI는 13.2까지 내려간 상태였다. 입원

첫날, A는 병실의 모든 것이 낯설고 불편하게 느껴졌다. 낯선 침대, 어색한 입원복, 복도에서 들려오는 간호사들의 낮은 대화 소리까지 모든 것이 그녀의 신경을 날카롭게 건드렸다.

입원 셋째 날, A는 처음 병원 식당에 들어섰다. 그녀는 자신의 자리에 놓인 식판을 보는 순간 숨이 턱 막혔다. 그 식판에는 영양사가 계산한 적정 칼로리의 식사가 담겨 있었으나, 그녀에게는 감당하기 어려운 식사량이었다. 그녀의 손은 무의식적으로 주머니 속 티슈를 만지작거렸다. 음식을 몰래 숨기기 위한 준비였다. 식판 위에는 현미밥 한 공기, 된장국, 두부조림, 시금치나물 그리고 작은 과일 하나가 놓여 있었다. 평소 같으면 시금치나물 몇 젓가락과 과일 반쪽만으로도 한 끼 식사로 충분하다고 여겼을 것이다. 담당 간호사가 조용히 말했다.

"괜찮아요. 한 숟가락만이라도 떠볼래요?"

A는 숟가락을 들려 했지만 몸이 굳어버린 듯 움직이지 못했다. 그녀는 밥알 하나를 젓가락으로 집어 입에 넣었다가 다시 뱉어내기를 반복했다. 된장국 한 숟가락을 먹는 데만 5분이 걸렸다. 그 시간 동안, 그녀의 머릿속에서는 끊임없이 칼로리 계산이 이어지고 있었다.

'이 밥 한 공기면 적어도 200칼로리. 된장국엔 기름기가 있으니까 50칼로리는 더 될 거야. 두부조림은…. 아, 내 계산이 맞다면 이 한 끼만으로 오늘 하루 섭취해야 할 칼로리를 넘길지도

몰라.’

그녀는 식사 시간 내내 의자 가장자리에 걸터앉아 언제든지 뛰쳐나갈 것처럼 바짝 긴장하고 있었다. 간신히 식사를 마치고 병실로 돌아온 A는 바로 거울 앞에 섰다. 거울에 비친 뺨이 부어오른 것처럼 보였다. 팔뚝을 만지니 손끝에 미세한 변화가 느껴졌다. 팔뚝이 이전보다 더 두꺼워진 것 같았다. 머리로는 실제로 달라진 게 없다는 걸 알았으나 그녀는 ‘살이 붙었다’는 감각에서 벗어날 수 없었다. 그날 밤 A는 화장실 바닥에 쪼그려 앉아 조용히 흐느꼈다.

그렇게 첫 주가 흘러갔다. 그녀에게 식사 시간은 매번 전쟁이었고, 밤에는 불안이 몰려왔다. A는 아침마다 몰래 복도를 있는 힘껏 걸었다. 걸음을 옮길 때마다 머릿속에서 칼로리를 얼마나 소모하는지 자동으로 계산이 이뤄졌다. 식사 후에는 거울을 보며 배가 얼마나 나왔는지 확인했고, 자신의 두 다리 사이 간격을 확인하는 습관도 반복했다. 몸을 살펴보고 확인하지 않으면 불안해서 견딜 수 없었다.

입원한 지 10일째 되던 날, 주치의는 A에게 체중 변화 그래프를 보여주었다. 일주일간 규칙적으로 식사했으나 그녀의 체중은 놀랍게도 고작 200g만 늘어났다. A는 의아한 표정으로 그래프를 바라보았다.

“그동안 먹은 걸 생각하면 더 많이 늘어야 하는데…, 이상하네요."

주치의는 미소를 지으며 말했다.

"규칙적인 식사를 통해 몸의 신진대사가 회복되는 과정이에요. 지금 A 씨의 몸은 오랜 영양실조 상태에서 벗어나 서서히 제 기능을 되찾고 있는 중이죠."

다음 날 아침, A는 스스로 밥을 한 숟가락 떠서 입에 넣었다. 여전히 두려움과 죄책감이 남아 있었으나 전날보다 손이 덜 떨렸다. 점심시간에는 다른 환자와 처음 눈을 마주치고 짧은 대화를 나눴다. 식사를 마친 뒤 체중이나 신체 변화를 바로 확인하려는 강박 행동도 이전보다 조금 줄어들었다. 그날 저녁 그룹 치료 시간에 A는 처음 입을 열었다.

"사실…, 어젯밤에는 계단을 오르내리며 칼로리를 소모하려 하지 않았어요. 그냥…, 그냥 침대에 누워 있었어요. 처음엔 너무 불안했는데 누워 있다 보니 오히려 마음이 좀 편해졌어요. 제겐 그게 정말 큰 일이었어요."

물론 이것은 드라마틱한 변화도, 눈에 띄는 회복의 순간도 아니다. 그저 작은 한 걸음을 내디뎠을 뿐이다. 그렇지만 A에게는 그 작은 걸음조차 엄청난 용기가 필요한 일이었고, 그것은 이후 많은 변화를 가능하게 만든 첫걸음이었다.

입원 3주 차에 접어들자, A는 체중계 위에 올라가는 빈도가 점차 줄어들었다. 여전히 몸에 대한 왜곡된 인식과 식사에 대한 불안을 완전히 떨쳐낸 것은 아니었으나 작은 변화들이 조금씩 쌓여가고 있었다. 어느 날 그녀는 담당 간호사에게 조심스럽게 말했다.

"오늘은 아침 식사 후 곧바로 체중계에 올라가지 않았어요. 사실은…, 내 몸이 어떻게 변하는지 매일 확인하지 않아도 세상이 무너지지 않는다는 걸 조금씩 믿기 시작했어요."

A의 경험은 특별한 사례가 아니다. 식이장애로 입원하는 환자는 대부분 이와 비슷한 과정을 겪는다. 입원치료에는 예외 없이 저항이 따르는데 치료자와 보호자는 환자가 보이는 불안, 분노, 두려움에 민감하게 반응하되 입원치료의 필요성과 입원의 의미를 흔들림 없이 지켜나가야 한다.

많은 환자가 처음에는 입원치료에 강하게 저항한다. 병실에서 식사를 거부하거나, 음식을 숨기거나, 과도한 운동을 시도하거나, 조기 퇴원을 강력하게 요구한다. A 역시 입원 3주 차에 부모에게 "이제 괜찮아졌으니 집에 가고 싶다"라고 호소했지만, 치료팀과 상담 후 계속 입원하기로 결정했다. 아직 충분히 회복하지 않은 상태에서 퇴원하면 입원치료 경험이 도리어 더 깊은 좌절과 증상 악화로 이어질 수 있기 때문이다.

퇴원은 환자가 체중을 일정 수준 이상으로 회복하고 식사 패턴을 안정적으로 유지할 때, 특히 여성의 경우 월경을 다시 시작하게 되었을 때 고려해볼 수 있다. A는 입원 8주 차에 BMI 17.5에 도달하면서 월경도 다시 시작했다. 이와 함께 감정 조절 능력이 회복되는 모습을 보였고, 가족 상담 결과 가정에서도 충분히 지지적 환경을 유지할 수 있다고 판단되어 퇴원을 결정했다.

그렇지만 퇴원은 회복의 완성이 아니라 또 다른 회복 단계의 시작이다. 병원이라는 구조화된 환경에서 벗어나 일상으로 돌아가는 일은 식이장애 환자에게 새로운 도전이기 때문이다. 일상생활에 적응하기 위해서는 생활 리듬 유지, 안정적인 식사 환경, 감정 조절 능력의 향상, 단계적인 사회 복귀를 위한 준비 과정이 필요하다.

퇴원하고 2주가 지난 뒤 A는 하루 3~4시간씩 학교에 가기 시작했다. 처음엔 수업에 참여하지 않고 도서관이나 카페처럼 비교적 자극이 적은 공간에서 시간을 보내며 학교 환경에 다시 익숙해지는 데 집중했다. 그리고 본격적인 수업 참여에 앞서 친한 친구 2명과 만나며 사회관계에 서서히 적응했다. 식사는 처음 2주간 집에서만 했고, 3주 차부터 캠퍼스 식당에서 식사하기를 시도했다. 이러한 점진적 적응 과정은 A가 퇴원 후 3개월 동안 체중을 안정적으로 유지하는 데 중요한 역할을 했다.

퇴원 후에도 A는 주 1회 외래 진료와 영양사 상담 그리고 정기적인 그룹 치료와 가족치료에 꾸준히 참여했다. 많은 연구 결과들은 최소 6개월 이상 외래치료를 지속한 환자들의 회복률이 의미 있게 높은 수치를 보인다고 보고하고 있다.

A의 이야기에서 알 수 있듯 입원치료는 극적 변화를 일으키지 않는다. 하지만 A의 경우처럼 적절한 시기에 진행하는 입원치료는 안정적인 공간과 치료의 틀을 제공하여 회복을 위한 중요한 전환점이 될 수 있다.

입원치료, 언제 필요하고 어떻게 준비해야 할까

다음 징후 중 하나 이상이 나타나면 전문가와 상담해 입원치료의 필요성을 검토하자.

생리학적 위험 신호

- 체질량지수BMI 15 이하

  BMI 15 이하에서는 신체가 일상 기능을 유지하는 데 필요한 에너지가 절대적으로 부족한 상태이다. 이는 의학적으로 매우 심한 저체중 상태로 임상적으로 명확한 입원 기준에 해당된다.

- 1개월 내 체중 10% 이상 감소

  짧은 기간 동안의 급격한 체중 감소는 심혈관계와 내분비계 기능 저하를 초래하며, 몸의 항상성이 무너질 수 있는 위험 신호다. 체중 그 자체보다 더 중요한 것은 얼마나 빠르게 체중이 줄고 있느냐다.

- 심박수 40회/분 이하 또는 혈압 90/60mmHg 이하

  심박수가 분당 40 이하로 떨어지면 심장 기능 저하나 부정맥을 의심해야 하는 상태이다. 또한 기립성 저혈압이 심해지면 어지러움이나 일시적 실신의 위험이 커질 수 있어, 이 역시 중요한 의학적 위험 신호에 해당된다.

- 심각한 전해질 불균형(특히 저칼륨혈증)

  잦은 구토, 이뇨제 남용, 식사 제한으로 전해질 균형이 깨지면 심박동에 이상이 발생한다. 저칼륨혈증은 심장 기능에 중요한 영향을 주기 때문에, 때로는 갑작스러운 심정지를 유발할 수도 있는 응급 상황이다.

- 저체온증(35.5°C 이하)

  체온이 35.5도 이하로 떨어지면 기초대사와 순환기능이 저하되어 생명을 유지하는 전반적 기능이 위협받을 수 있다. 이는 일시적인 체온 저하가 아니라 신체 기능이 심각하게 악화되고 있음을 알리는 중요한 신호다.

심리적 위험 신호

- 구체적인 자살 생각이나 계획

  자살 방법과 시기를 구체적으로 계획하는 경우 실행할 위험이 크다. 즉각 보호와 입원 조치가 필요한 고위험 상태다.

- 잦은 자해 행동

  자해를 반복하는 것은 부정적 감정에 압도되어 견디지 못하기 때문이다. 상처가 깊어 출혈이 심하거나 감염 위험이 높다면 신체적 심리적 안전 확보를 위해 입원이 필요하다.

- 현실 검증력 저하

  자신의 신체 상태에 대한 인식이 심하게 왜곡되어 객관적인 설명이나 피드백이 전혀 받아들여지지 않을 경우, 현실 판단 능력이 저하된 상태로 본다. 인지적 경직이 심한 상태에서는 외래치료 효과가 제한적일 수밖에 없다.

- 심각한 우울이나 불안으로 인한 일상생활 불가능
  우울과 불안이 식사, 수면, 위생 등 일상생활을 무너뜨릴 정도면 외래치료만으로는 회복이 어려운 경우가 많다.

위험 신호 행동

- 하루에 여러 차례 반복하는 구토
  잦은 구토는 전해질 불균형, 탈수, 식도 손상을 일으킬 가능성이 높다. 음식을 먹을 때마다 구토를 하는 행동은 사실상 몸에 심한 손상을 주는 위험 신호이다.
- 과도한 하제나 이뇨제 사용
  하제나 이뇨제를 사용한 체중 조절은 실질적인 체중 감량 효과 없이 심각한 수분 손실과 전해질 이상만을 초래할 수 있다. 그러므로 약물 남용이 심각하면 입원치료가 필요하다.
- 음식 섭취 거부 또는 심각한 제한
  하루에 거의 음식을 섭취하지 않고, 심지어 물도 마시려 하지 않는 상태가 이어지면 몸은 생리적 회복이 불가능한 심각한 영양 결핍 상태에 이른다. 이때는 외래치료로는 한계가 있기 때문에 안전한 회복을 위해 입원치료가 필요하다.
- 심각한 수준의 운동 강박
  운동을 멈추면 강한 불안과 자기 비난이 올라오고, 운동이 체중 조절의 가장 중요한 수단이 되었다면, 이는 이미 통제력을 상실한 상태다. 이럴 땐 외래에서 강박적인 운동을 조절하기 어렵기 때문에 안전한 공간에서 운동을 멈추고 몸을 안정시킬 시간이 필요하다.

치료 관련 신호

- 외래치료의 실패 또는 악화
  외래치료를 일정 기간 지속했어도 증상이 호전되지 않거나 오히려 악화하면 치료 환경 자체를 바꿔야 한다. 이때 입원은 치료의 흐름을 전환시키고, 새로운 방향을 잡는 중요한 터닝포인트가 된다.
- 가족 내 지원 체계 부족
  가족 내 갈등이 심하여 보호자가 환자의 식사와 감정 조절을 안정적으로 돕기 어려우면 외래치료만으로 회복을 기대하기 어렵다.
- 다른 정신과 동반질환으로 인한 복잡성
  우울증, 불안장애, 강박증, PTSD 같은 동반질환이 식이장애 증상을 악화하거나 치료 개입을 방해하면, 통합적인 개입이 가능한 입원치료가 필요하다.

실질적 고려 사항

- 입원치료를 고려한다면, 식이장애 치료 경험이 있는 병원이나 치료팀을 미리 알아보는 것이 도움이 된다. 그리고 가능하다면 치료 연

속상과 가족 참여를 고려해 너무 멀지 않은 곳에 있는 병원을 선택하는 것이 좋다.

- 입원 기간은 환자의 회복 속도에 따라 달라질 수 있는데, 보통 1~3개월 정도를 예상하면 된다.
- 입원은 회복의 출발점일 뿐이다. 퇴원 후에도 꾸준한 외래 진료와 경과 관찰이 반드시 필요하다. 이를 위해서는 외래 치료자와의 연계, 지속적인 가족 협력 체계가 함께 이루어져야 한다.

2장

식사 행동 바로잡기

1

사례 개념화: 식이장애 구조를 이해하는 지도

식이장애 증상이 시작되면 평범한 일상의 식탁은 어느새 전쟁터가 되어버린다. 식탁 앞에 앉기도 전에 긴장이 온몸을 감싸고, 혹여라도 계획했던 것보다 많이 먹게 되면 두려움과 자책이 파도처럼 밀려온다. "왜 또 먹었지?" "왜 참지 못하고 구토했을까?" 이런 생각이 끝없이 머릿속을 맴돌면서 자기 비난은 점점 더 깊어진다.

사례 개념화란?

심리치료에서는 반복되는 감정과 행동의 흐름을 구조적으로 이해하는 과정을 사례 개념화라고 한다. 사례 개념화는 식이장애의 인지행동치료에서도 핵심 과정이다. 거식, 폭식 등의 증상에 대해 간단히 '식이장애'라는 진단명을 붙이는 게 아니라,

지금 겪는 어려움이 어떤 배경과 과정을 거쳐 형성되었고 왜 반복되는지 이해하기 위한 '마음의 지도'를 그리는 작업이다.

결국 현재의 행동이 어떤 생각과 감정, 과거 경험에서 비롯되었는지 살펴보고, 그런 요소가 어떻게 맞물려 지금의 증상을 유지하는지 구조적으로 이해하는 것이 사례 개념화의 핵심이다. 이 과정을 통해 드러나는 것은 언뜻 이해하기 힘든 행동조차 그렇게 할 수밖에 없는 심리적 맥락이 존재한다는 점이다. 치료자는 사례 개념화의 구조를 바탕으로 증상을 유지하는 핵심 기제를 파악해 보다 구체적이고 현실적인 개입 전략을 설계한다.

식이장애의 악순환 구조

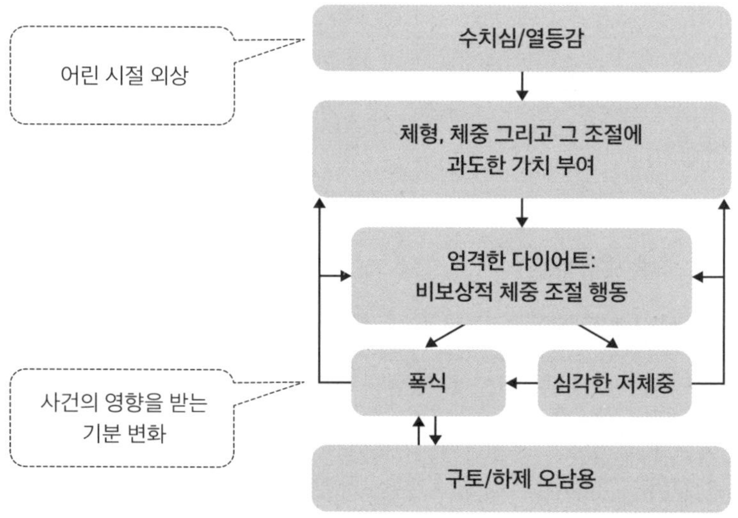

식이장애 인지행동치료의 창시작인 페어번 교수가 제시한 사례 개념화 모델에 어린 시절의 부정적 경험과 핵심 감정 요소를 추가하면, 식이장애의 악순환 구조를 더 확장된 틀에서 이해할 수 있다. 이 모델은 식이장애가 어떻게 형성되고 어떤 과정을 거쳐 반복·유지되는지 체계적으로 보여준다.

초기 경험: 어린 시절의 외모 비난, 과도한 성취 압박, 형제간 차별, 따돌림, 무관심, 방임, 학대 같은 경험은 자존감의 기반을 흔들고 자신에 관해 부정적 신념을 형성하게 만든다.

핵심 감정: 이런 경험으로 수치심, 열등감, 외로움, 불안감 같은 부정적 감정이 내면 깊이 자리 잡는다.

체형/체중에 과도한 가치 부여: '살을 빼야 인정받는다' '날씬해야 괜찮은 사람이다' 같은 믿음을 형성하고 신체 집착이 삶의 중심으로 떠오른다.

엄격한 다이어트와 통제 행동: 칼로리를 철저히 제한하거나, 강박적으로 운동하거나, 특정 음식을 회피하는 행동을 반복한다. 이러한 통제는 일시적으로 안정감을 주지만 동시에 심리적 긴장과 신체적 피로를 쌓이게 한다.

심각한 저체중 또는 폭식: 음식 섭취를 과도하게 억제하는 상태를 지속하면 몸은 생존을 위해 대사를 극도로 낮추지만, 체중은 점점 더 빠진다. 반대로 어느 순간 통제가 무너졌을 때, 그동안 축적된 생리적 결핍과 심리적 긴장감이 한꺼번에 터져 나와 폭식을 시작한다.

구토, 하제 사용 같은 제거행동: 폭식 이후 강한 불안과 수치심을 해소하기 위해 구토나 약물 사용 같은 제거행동을 반복한다.

불안 증가와 통제 강화: 체중 증가에 관한 두려움은 다시 엄격한 식사 제한과 자기 감시로 이어져, 이 악순환은 점점 더 단단하게 고착된다.

이런 요소는 한 원인이 하나의 결과로 이어지는 단순한 인과관계로 설명되지 않는다. 감정, 기억, 행동, 주변 환경은 서로 영향을 주고받으며 식이장애 증상을 강화하는 상호작용의 구조를 만든다.

왜 사례 개념화가 중요한가

사례 개념화는 단순히 정보를 나열하거나 정리하는 작업이 아니다. 지금의 고통이 어디에서 기인했고, 왜 반복되고 있는지 구조적으로 이해하려는 시도다. 이 과정은 회복의 출발점이자 앞으로 어떤 방향으로 나아갈지 설정하도록 돕는 이정표이다.

무엇보다 중요한 것은 "나는 왜 늘 이럴까?"라는 반복적 자기 비난을 "그럴 수밖에 없었던 이유와 맥락이 있었구나"라는 이해의 시선으로 전환하는 데 있다.

사례 개념화로 자신의 감정과 행동 패턴을 하나의 흐름으로 바라보면, 무작위로 흩어져 있던 고통의 퍼즐 조각이 서서히 제자리를 찾아가기 시작한다. 즉, 어떤 행동부터 다뤄야 할지, 어떤 감정에 먼저 귀 기울여야 할지 조금씩 명확해진다. 이 작업은 단순한 치료 기법을 넘어 자신을 바라보는 방식을 바꾸는 하나의 새로운 관점이다. 반복되는 식이 행동과 외면하고 싶은 감정을 새로운 관점으로 바라보면, 그동안 보이지 않던 변화의 가능성이 조금씩 드러난다.

사례 개념화는 치료자와 함께 회복의 길을 걸어갈 때도 중요한 안내자 역할을 한다. 치료자와 내담자가 하나의 지도를 손에 들고 같은 방향을 향해 가고 있다는 감각은 치료 과정을 신뢰하고 꾸준히 이어가게 해주는 든든한 기반이다. 무엇보다 이 지도는 '무엇이 잘못됐는지'를 따지는 데 쓰이는 게 아니라, '이해할 수 있는 나'에게 다가가는 길을 함께 찾는 데 사용된다.

2

식사 행동의 자기 모니터링

식사 행동의 자기 모니터링이란 언제, 어디서, 무엇을, 얼마나 먹었는지를 비롯해 그 순간 어떤 기분이었고 무슨 생각을 하고 있었는지에 대해 적는 작업이다.

처음에는 '굳이 이걸 해야 하나?' '도움이 되긴 할까?' '오히려 음식에 더 집착하게 되는 건 아닐까?' 같은 의문과 불안이 생길 수 있다. 그러나 이 기록은 음식을 통제하기 위해 먹은 음식을 적는 것이 아니라, 지금까지 흐릿하게만 느끼던 마음속 흐름은 물론 감정과 행동 사이의 연결을 좀 더 자세히 들여다보는 과정이다.

왜 자기 모니터링이 중요한가

식사 행동은 단순히 배고픔과 배부름의 감각으로 결정되는 것이 아니다. 식욕은 물론 감정, 생각, 주변 상황이 상호작용하여 만들어진 결과다. 인지행동치료에서는 이것을 무의식적으로 떠오른 생각(자동 사고)이 감정을 불러일으키고, 그 감정이 다시 행동으로 이어지는 과정으로 본다. 이 연결 고리는 매우 빠르게 자동적으로 작동하기 때문에 평소에는 잘 인식하지 못한다. 그러나 자기 모니터링을 하면 그 빠른 흐름을 자각하고 들여다볼 수 있다.

자기 모니터링은 감정과 행동 사이에 잠시 숨을 고를 수 있는 틈을 만들어준다. 그런 틈이 생기면 자연스레 '다르게 선택할 수도 있겠구나'는 생각이 가능해진다. 가령 '오전 회의 중에 긴장했던 감정이 남아 점심을 걸렀다' '오후 내내 억눌린 기분으로 있다가 퇴근하자마자 과자와 초콜릿을 왕창 먹었다' '하루 종일 상사에게 지적받은 날엔 저녁 식사를 하고 난 뒤에도 빵을 폭식한다' 등의 기록을 적다 보면 식사 행동 이면에 복잡한 감정 흐름이 있다는 사실이 점차 드러난다. 그러면 예전에는 이해할 수 없었던 식사 행동이 더 이상 단순한 충동이나 의지 부족으로 느껴지지 않는다. 오히려 그때그때 어떤 감정이 쌓여 있었는지, 어떤 생각이 그 행동에 영향을 주었는지 점점 더 자연스럽게 알아차리게 된다.

많은 사람이 자기 모니터링을 하면서 자신이 식사 시간 때마다 얼마나 불안해하는지 깨닫는다. 낮에는 거의 먹지 않다가 밤에 몰아서 폭식하는 패턴이 있다는 사실도 알게 된다. 이는 자신을 비난하는 것이 아니며 특정 상황에서 자신이 어떻게 반응하는지 이해하는 출발점이다.

어떻게 시작할 수 있을까

자기 모니터링 기록은 간단하게 시작해도 충분하다. 언제, 어디서, 무엇을 먹었는지 그리고 그 상황에서 어떤 감정을 느꼈는지 짧게 적어보자. 중요한 건 형식이 아니라 그 순간 내면에서 어떤 마음의 흐름이 있었는지를 살펴보려는 마음이다. 예를 들면 이런 식이다.

"오후 5시. 집. 과자 한 봉지. 점심을 거르고 긴 회의 끝나고 나서. 마음이 허했다."

이런 기록이 하루하루 쌓이면 '내가 언제, 어떻게 먹는지'보다 '왜 그런 행동을 반복했는지'를 더 선명하게 알아차릴 수 있다.

자기 모니터링 이후의 단계

자기 모니터링으로 반복되는 패턴을 알아차렸다면 그다음 단계는 그 패턴에 작은 변화를 주는 일이다. 가령 스트레스 상황 이후 폭식이 자주 일어났다면, 다음에 비슷한 상황이 올 때 심호흡이나 짧은 산책, 친구와의 대화 같은 대처 방법을 시도할 수 있다.

식사 시간과 섭취량에 조금씩 규칙을 적용하는 연습도 도움을 준다. 이런 변화는 하루아침에 만들어지지 않는다. 중요한 것은 작지만 구체적인 시도를 반복하는 일이다. 그렇게 축적된 변화가 점진적인 회복 흐름을 만들어낸다.

다시 한번 강조하지만 자기 모니터링은 엄격한 다이어트를 위해 식사 습관을 감시하거나 통제하려는 목적으로 하는 것이 아니다. 지금까지 무의식적으로 지나쳤던 정서 반응이나 자동 사고를 인식하고 그것이 식사 행동에 어떤 영향을 미쳤는지 점차 알아차림으로써, 보다 규칙적인 식사 행동을 실천하도록 돕는 것이 목적이다. 처음엔 이런 기록이 어색하게 느껴질 수 있고 바쁜 날에는 잊기도 한다. 그래도 괜찮다. 중요한 것은 완벽한 기록이 아니라 자신의 행동과 감정, 생각을 이해하려는 시도 그 자체다. 그렇게 모인 작은 이해의 순간이 결국 변화의 씨앗이 된다.

자기 모니터링 과정에서 흔히 겪는 의문

"기록하면 더 음식 생각만 나는 것 같아요."

그럴 수 있다. 하지만 이것은 자신의 식사 행동을 관찰하기 시작했다는 신호이기도 하다. 처음에는 섭취하는 음식에 대해 더 예민해질 수 있다. 그러나 시간이 지나면서 관점은 점점 음식이 아닌 그때 느낀 감정과 그 감정을 불러온 상황 쪽으로 옮겨간다. 그 시점부터 음식은 더 이상 감정 해소를 위한 유일한 수단이 아니라 감정 상태를 알려주는 하나의 신호로 기능한다.

"휴대전화에 적어도 되나요?"

물론 가능하다. 사실 중요한 건 '실시간' 원칙이다. 기억은 쉽게 왜곡되므로 가능한 한 그 순간에 느낀 것을 그 자리에서 간단하게라도 적어두는 것이 효과적이다.

"친구들과 함께 있을 때 기록하면 이상하게 보일까 걱정돼요."

꼭 그 자리에서 바로 적지 않아도 괜찮다. '기록을 미루지 않되 사실을 숨기지 않는 것'이 더 중요하다. 가능하면 식사 후 너무 오랜 시간이 지나기 전에 기억하는 것을 짧게라도 적는 게 좋다.

"이걸 누군가에게 보여줘도 되나요?"

친구나 가족에게는 보여주지 않는 것이 좋다. 자기 모니터링에서 가장 중요한 것은 솔직함인데, 누군가의 반응을 의식하는 순간부터 자기 검열을 하기 쉽다. 반면 치료자와 함께 이 기록을 나누면 반복 구조를 함께 분석하고 해석하는 데 큰 도움을 받을 수 있다.

"기분은 복잡한데 뭐라고 적어야 할지 모르겠어요."

처음엔 감정을 어떻게 표현해야 할지 몰라 막막할 수 있다. 꼭 정확한 단어나 정답을 써야 하는 건 아니다. '답답했다' '왠지 불안했다' '속이 울렁거렸다'처럼 짧은 느낌만 적어도 충분하다.

"폭식 후에는 너무 죄책감이 커서 기록할 마음이 나지 않아요."

그럴 수 있다. 그러나 자기 모니터링은 '잘했을 때'만 쓰는 게 아니라 잘못했을 때 왜 반복되는지 이해하기 위한 과정이다. 괴로운 날에는 완벽하게 정리하지 않아도 괜찮다. 단 한 문장이라도 그날의 감정을 짚어 주는 단서를 남기는 것으로 충분히 의미가 있다.

"적다 보면 괜히 제가 문제투성이처럼 느껴져요."

자기 모니터링은 자신을 평가하거나 비난하기 위한 도구가 아니다. 이 것은 지금까지 보이지 않던 반복 패턴을 이해하고 그럴 수밖에 없었던 이유를 찾아가는 과정이다. 기록은 잘잘못을 따지기 위한 근거가 아니라 자신을 더 잘 이해하기 위한 도구다.

＊ 크리스토퍼 페이번 지음, 《섭식장애를 위한 강화-인지행동치료Enhanced Cognitive Behavior Therapy for Eating Disorders》, 이정현 옮김, 하나의학사, 2011. 참조

자기 모니터링 기록지 예시

년 월 일 요일

시간	섭취한 음식물	장소 (누구와)	과식	구토/ 하제/ 이뇨제	상황/감정/사고
7:30	물 한 컵	혼자, 부엌			어제 폭식하고 잤더니 목마르다
8:10	바나나 반 개, 커피	혼자, 부엌			오늘은 절대 폭식하지 말아야지
11:45	현미밥 반 그릇, 참치	혼자, 부엌			평범한 점심식사
	양배추, 콩나물, 멸치				
5:30	아이스크림 반 통	혼자, 부엌	∨		도저히 멈출 수가 없다
8:00	감자칩 한 봉지	혼자, 방			내 자신이 너무나 싫다
	식빵 5장				하루를 또 망쳤다
	다이어트 콜라				
	스니커즈 바 한 개				
	단팥빵, 크림빵				

섭취한 음식물 :
- 음식의 양과 종류뿐 아니라 섭취량도 기록한다.
- 음식의 무게나 칼로리는 기록하지 않는다.

상황/감정/사고 :
- 음식만 기록하는 것이 아니라, 그 상황, 감정, 사고들 기록
- 특별한 사건만이 아니라 일상을 기록

3

식이장애 극복을 위한 네 가지 식사 규칙

식이장애 회복의 중심은 언제나 규칙적인 식사 패턴을 다시 확립하는 데 있다. 이는 끼니를 챙겨 먹고 에너지를 보충하는 차원을 넘어 혼란한 상태에 있는 식사 중추(시상하부의 공복감과 포만감을 조절하는 영역)의 기능을 회복하고, 몸과 마음의 리듬을 다시 조율하는 과정이다.

오랜 기간 다이어트를 반복하면 식사 중추의 감각이 무뎌져 공복감과 포만감의 신호를 제대로 인식하지 못한다. 즉, 자신이 지금 배가 고픈 것인지 배가 부른 것인지 정확히 느끼지 못하게 된다. 이 상태에서는 그때그때 배고픈 감각에 따라 식사하기보다 의도적이고 체계적인 방식으로 식사 습관을 재정비하는 과정이 꼭 필요하다. 영국 국립보건임상연구원NICE에서도 "규칙적인 식사 패턴을 만드는 것이 식이장애 치료의 핵심 원칙"이라고 강조하였다.

　물론 이 과정은 식이장애 환자에게 절대 쉽지 않다. 오랜 시간 체중 증가에 관한 불안을 견디며 엄격한 식이 제한을 해온 까닭에 ‘규칙적인 식사’ 자체가 위협처럼 느껴질 수 있다. 그러나 지금은 몸과 마음을 회복하기 위해 두려움이 따르더라도 식사라는 행위를 의식적으로 다시 시작해야 할 시점이다. 낯설고 두렵지만 천천히, 꾸준히 시도해가면 된다.

　지금부터 소개하는 네 가지 식사 원칙은 식이장애 치료에서 가장 기본이 되는 핵심적인 접근이다. 미국 섭식장애협회NEDA와 미국 영양 및 식이요법학회Academy of Nutrition and Dietetics, AND, 2023 역시 이러한 원칙을 식이장애의 1차 중재법으로 권장한다. 이들 원칙을 차근차근 따르다 보면 몸은 점차 균형을 되찾고 식사 행동도 다시 자연스러운 일상으로 자리 잡는다. 처음부터 완벽하게 하려 하기보다 하루 한 끼라도 계획된 식사를 시도하는 것이 변화의 출발점이다.

첫 번째 식사 규칙: 기계적으로 식사하기Mechanical Eating

　“배고픔을 느끼지 않아도 일정한 시간에 규칙적으로 음식을 먹는다”라는 말이 다소 낯설게 느껴질 수 있다. 그러나 오랜 기간 다이어트를 반복했다면 회복 과정에서 식사를 규칙적으로 반복하려는 의식적 노력이 매우 중요하다. 최근 발표한 연구들도 지나치게 엄격한 다이어트가 식사 중추의 기능을 심각하게 교란해 공복감이나 포만감을 제대로 느끼기 어렵게 만든다고 보고하고 있다.

이런 상태에서는 공복감이나 포만감에 따라 식사하기보다 정해진 시간에 정해진 양의 음식을 일정하게 섭취하는 방식이 더 안전하다. 이때 기본 원칙은 '3×3 규칙', 즉 하루 세 번 식사와 세 번 간식을 일정하게 유지하는 습관이다. 이 원칙은 단식과 폭식의 악순환을 끊고 식사 리듬을 회복하는 데 효과적이다. 여러 임상 연구에서도 일정한 식사 리듬을 회복하는 것만으로도 폭식이나 제거행동 같은 주요 증상이 크게 완화된다는 결과를 계속 보고하고 있다.

이미 전 세계 대다수 식이장애 클리닉에서도 회복 초기 단계에서 '기계적으로 먹기' 원칙을 적용하고 있다. 영국 모즐리 Maudsley 병원과 미국 컬럼비아 섭식장애센터Columbia Center for Eating Disorders의 치료 프로토콜에서도 이 원칙을 핵심 지침으로 제시한다. 만약 이 원칙을 강조하지 않는다면 그 치료 기관은 식이장애 치료를 충분히 이해하지 못하는 곳일 수도 있다.

물론 머리로 이해하는 것과 행동으로 실천하는 것은 전혀 다른 차원의 문제다. 특히 식사 불안이 큰 경우, 처음부터 이 원칙을 온전히 따르기가 쉽지 않다. 따라서 점진적인 접근이 필요하다. 하루 한 끼만 먹고 있었다면 두 끼로 늘리고, 두 끼를 먹었다면 세 끼를 시도하는 식이다. 여기에 간식을 조금씩 추가하는 것도 중요하다. 2022년 발표한 글렌 월러Glenn Waller의 연구에 따르면, 이러한 점진적인 접근은 치료 성공률을 높이는 데 유의미한 효과가 있다고 한다. 여기서 중요한 것은 공복감과 상관없이 하루에 여러 차례 정해진 시간에 식사를 꾸준히 반복하는 일이다.

이때 "이렇게 자주 먹으면 체중이 계속 늘어날 것 같아"라는 불안이 생길 수 있다. 이는 지극히 자연스러운 반응이다. 그럴 때는 마음속으로 이렇게 말해보는 것이 도움이 된다. "이제 내게는 단식과 폭식 사이클을 멈추는 게 최우선 과제야." "두려워하지 말자. 나는 천천히 회복할 수 있어." 회복은 계획을 완벽하게 실행하는 데서 오는 것이 아니다. 그것은 두려움 속에서도 작지만 꾸준히 실천하는 과정에서 서서히 이뤄진다.

두 번째 식사 규칙: 적당한 시간 간격으로 식사하기 Spacing Eating
"하루 세 끼를 챙겨 먹기도 버거운데 간식까지 먹으라고요?"

3~4시간 간격으로 식사나 간식을 챙겨야 한다는 말을 들었을 때 많은 환자가 이렇게 반응한다. '적당한 시간 간격으로 식사하기'라는 원칙이 낯설고 불편하게 느껴지는 것도 당연하다. 우리 몸은 배고플 때 먹고 배부르면 멈추는 자연스러운 식사 리듬을 원래 알고 있다. 다만 그 신호를 오랜 시간 무시하고 억누른 결과, 지금은 그 감각이 흐릿해져 있을 뿐이다. 3~4시간 간

격으로 식사하는 것은 그렇게 흐트러진 식사 리듬을 회복하기 위한 기본 원칙이다.

음식을 섭취하면 보통 위에서 소화되어 십이지장으로 내려가는데, 그 과정에서 식후 혈당이 점차 감소하기까지 평균 3~4시간이 걸린다. 그때 몸이 다시 공복감을 느끼는 것이 자연스러운 흐름이다. 그런데 식이장애가 오랫동안 지속되면 그 공복감 신호를 느끼지 못하거나 애써 무시하는 습관이 든다. 특히 체중 증가를 크게 불안해하거나 자기 몸을 수치스러워할수록 공복감을 '자연스러운 식사 신호'가 아니라 '억눌러야 할 위협'으로 느낀다.

몸이 보내는 공복감 신호를 오랫동안 무시하면 몸은 저혈당 상태에 자주 빠지고, 점차 폭식 충동이 견디기 힘들 만큼 강해진다. 그 충동마저 계속 억누르면 무기력이나 어지럼증, 짜증, 신경질 같은 신체적·정서적 증상이 더 심해진다. 이 악순환을 끊으려면 배가 고프지 않아도 일정한 간격으로 음식을 섭취하는 연습이 필요하다.

간식은 몸이 저혈당 상태에 빠지는 것을 막는 데 중요한 역할을 한다. 작은 간식 하나가 혈당을 안정적으로 유지해주고, 과도한 허기에 빠지지 않도록 도와주는 든든한 연결 고리가 된다. 예를 들어 바나나 한 개, 견과류 한 줌, 삶은 달걀, 부드러운 요거트 같은 간단한 간식은 폭식을 예방하고 몸이 스스로 균형을 회복하도록 돕는다.

처음에는 '억지로 먹는 것 같다' '배가 고프지 않은데 이렇게 먹는 게 맞나?' 하는 생각이 들 수 있다. 하지만 규칙적으로 식사를 반복하면 몸은 잊고 있던 배고픔과 포만감의 감각을 조금씩 되찾아간다.

세 번째 식사 규칙: 적당량 먹기Proper Quantity Eating

식이장애 회복 과정에서 '얼마나 먹어야 하는가'는 매우 중요한 질문이다. 동시에 이것은 막연한 불안과 두려움을 자극하는 주제이기도 하다. 오랫동안 식사량을 극단적으로 제한한 사람에게는 "충분히 먹어야 한다"라는 말 자체가 심리적으로 큰 저항감을 불러일으킬 수 있다.

몸이 실제로 회복을 시작하려면 일정 수준 이상의 열량을 꾸준히 섭취하는 것이 필요하다. 우리 몸은 가만히 누워 있기만 해도 심장이 뛰고 호흡하는 데만 하루 약 1,200kcal의 열량을 소모한다. 이처럼 기본적인 생명 유지에 필요한 에너지 소비를 기초대사량Basal Metabolic Rate, BMR이라고 한다. 이외에도 혈액 세포와 피부 조직 재생, 음식 소화·흡수, 수분과 전해질 균형을 유지하는 데 상당한 열량을 소모한다. 이 모든 과정을 포함한 하루 총 열량을 휴식기 대사량Resting Metabolic Rate, RMR이라고 하는데, 이는 보통 1,650kcal 정도다. 여기에 일상 움직임으로 소모하는 열량까지 포함하면 성인 여성은 대부분 하루 2,000~2,300kcal, 활동이 왕성한 성장기 청소년은 이보다 더 많은 열량이 필요하다. 그래서 많은 전문가가 식이장애에서 회복하기 위해 하루 최소 2,000~2,500kcal 이상의 열량을 섭취하길 권장한다. 특히 저체중 상태에서는 이보다 더 많은 열량이 필요하다.

오랜 시간 식사를 극단적으로 제한하면 몸은 생존을 위해 에너지 소비를 줄이는 방식으로 적응한다. 가장 먼저 나타나는 변화는 신진대사를 조절하는 갑상선호르몬T3 분비가 감소하는 것이다. 이 호르몬이 줄어들면 몸은 에너지를 덜 쓰는 방향으로 반응한다. 그 결과 기초대사량은 평소보다 15~20% 이상 낮아진다. 일부 심각한 저체중 상태에서는 기초대사량이 하루 1,000kcal 이하로 떨어진다.

이 상태에서는 음식을 소량만 섭취해도 체중이 빠르게 증가하는 것처럼 느껴질 수 있다. 몸이 무겁고 불편하게 느껴지기도 한다. 실제로 체중 변화가 과도하게 나타나는 현상도 발생할 수 있다. "물만 마셔도 살이 찌는 것 같다"라는 말은 괜한 과장이 아니다. 이는 몸이 부족한 에너지를 최대한 저장하려는 자연스러운 생리적 반응이다.

이 시점에서 필요한 대응은 음식 섭취량을 다시 줄이는 게 아니다. 오히려 섭취량을 천천히 늘려가며 낮아진 기초대사량을 회복하는 일을 먼저 해야 한다. 물론 처음엔 엄청난 두려움을 느낄 수 있다. 그러나 그 두려움을 넘어서야 비로소 회복이 시작된다. 하루 섭취량 1,500~1,650kcal 이상을 꾸준히 유지하면 기초 대사량이 서서히 회복되고 체중 변화 폭도 점차 줄어든다. 몸이 과도하게 무겁게 느껴지거나 붓는 듯한 불편감도 완화된다. 그리고 어느 순간부터 몸이 따뜻해지거나 땀이 쉽게 나는 변화를 느낀다. 이건 몸이 에너지를 최소한으로 쓰던 비상 상태에서 벗어나 다시 신진대사가 제대로 돌아오고 있다는 신호다.

신경성 폭식증과 폭식장애의 경우, 이러한 식사 규칙을 꾸준히 지켜나가면 체중이 도리어 안정되거나 줄어들 수도 있다. 그동안 섭취한 에너지를 대부분 지방으로 저장하던 상태와 달리 이제는 그 에너지를 실제 대사 활동에 사용하기 때문이다. 그러나 신경성 거식증의 경우, 몸의 회복을 위해 월경을 다시 시작할 때까지 하루 1,800~2,000kcal 이상 꾸준히 섭취해야 한다. 이는 단지 체중을 늘리는 차원의 문제가 아니라, 꽁꽁 얼어붙어 있던 신체 기능과 생리적 리듬을 되살리기 위해 꼭 필요한 과정이다.

네 번째 식사 규칙: 골고루 먹기 Proper Quality Eating

식사 간격을 일정하게 유지하면서 규칙적으로 식사할지라도 여전히 일부 음식을 회피하거나 특정 음식만 고집하는 식사 습관을 지속하면, 식이장애 증상은 의외로 쉽게 악화될 수 있다. 많은 사람이 다이어트를 시작할 때 기름진 음식, 단 음식 혹은 밥이나 밀가루처럼 탄수화물이 많은 음식을 가능한 한 피하려

한다. 하지만 특정 음식을 장기간 완전히 배제하는 것은 현실적으로 유지하기도 어렵고 오히려 회복을 방해할 수도 있다.

실제로 특정 음식을 '위험 음식'이나 '피해야 할 음식'으로 규정하고 강하게 통제할수록 심리적으로 그 음식에 더 강하게 집착하게 된다. 음식 제한이 심하면 해당 음식을 갈망하는 욕구와 폭식 충동이 평소보다 70% 이상 높아진다는 연구 결과도 있다.

폭식할 때 채소나 현미밥처럼 건강한 음식을 과도하게 먹는 경우는 거의 없다. 대개는 과자, 아이스크림, 빵, 케이크처럼 그동안 엄격하게 제한한 고열량 음식을 갈망하는 욕구가 갑작스럽게 터져 나온다. 이 현상은 단순히 배가 고파서가 아니라 억눌려 있던 욕구가 한꺼번에 터져 나온 결과다.

이러한 악순환을 줄이려면 특정 음식을 무조건 피하기보다는 다양한 음식을 일정하게 골고루 섭취하는 연습이 필요하다. 단백질·지방·탄수화물을 고루 포함한 식사를 일정한 간격으로 꾸준히 이어가면 그동안 '위험 음식'이라 여겨 피했던 음식에 대한 강박적 갈망이 서서히 약해지고, 결국 폭식 충동도 자연스럽게 줄어든다.

처음에는 오랫동안 금기시한 기름진 음식과 밀가루 음식이 낯설고 불안하게 느껴질 수 있다. 그동안 두려움에 피하던 음식을 다시 마주하는 일은 누구에게나 쉬운 일이 아니다. 그렇기 때문에 금기시해왔던 음식을 점진적으로 다시 접해보는 연습이 더욱 중요하다.

처음에는 하루에 한 번, 아주 작은 양부터 시작해도 좋다. 금기시한 음식을 허용 가능한 범위 안에서 조금씩 시도하는 방식은 회복에 도움이 된다. 그런 경험을 반복하다 보면 어느 순간 그 음식은 '피해야 할 대상'이 아니라 그저 평범한 식사의 한 부분으로 자리 잡는다.

지금까지 설명한 네 가지 식사 행동 원칙은 단지 체중을 늘리거나 폭식을 막으려는 조치가 아니다. 이는 오랫동안 억제하고 왜곡한 신체 리듬과 감각 그리고 뇌의 식사 중추 기능을 회복하기 위한 치료 과정이다. 물론 처음부터 완벽하게 해내기는 어렵다. 하지만 매일 조금씩, 천천히 이 원칙들을 실천하다 보면 몸은 서서히 잃어버렸던 리듬을 되찾고, 마음도 그 흐름에 맞춰 조금씩 안정되어갈 것이다.

◆

식이장애 유형별 맞춤 식사 행동 접근법

신경성 거식증(제한형)

이 유형의 환자에게는 점진적 식사 접근이 필요하다. 처음에는 하루 1~2회 식사나 간단한 간식으로 시작한다. 이후 환자의 불안 수준과 신체 상태를 보며 1~2주에 걸쳐 식사 횟수와 식단 구성을 단계적으로 늘려간다. 초기 식단은 환자가 상대적으로 불안을 덜 느끼는 '안전 식품' 위주로 구성한다. 이후 규칙적인 식사 패턴이 어느 정도 자리 잡으면 음식 종류와 구성을 점점 넓혀가면 된다.

이 과정에서 저체중, 저혈압, 저혈당 같은 신체의 위험 신호를 꾸준히 점검해야 한다. 식사 전후에 느끼는 심리적 불안을 완화하기 위해 전문가의 정서적 지지와 세심한 도움이 반드시 필요하다.

신경성 거식증(폭식/제거형)

이 유형은 제한형보다 더 세심하고 신중한 접근이 필요하다. 치료의 핵심 목표는 식사 제한과 폭식·구토를 반복하는 악순환의 고리를 끊는 것이다.

초기에는 환자가 상대적으로 불안을 덜 느끼는 소량의 '안전 식품'을 중심으로 하여, 3~4시간 간격의 규칙적인 식사 패턴을 먼저 확립하는 것이 중요하다. 만성적인 제거행동으로 부족해진 영양소 보충도 함께 이뤄져야 한다. 또한 체중 회복 과정에 대한 전문 의료진의 면밀한 감독과 정기적인 평가를 반드시 병행해야 한다.

신경성 폭식증

치료 초기의 가장 중요한 목표는 폭식과 제거행동(구토 등) 사이의 반복되는 사이클을 차단하는 것이다. 이를 위해 가장 먼저 3~4시간 간격의 규칙적인 식사 리듬을 형성해야 한다. 처음에는 소량씩 자주 먹는 방식이 환자의 불안을 줄이고 정서적 폭식을 예방하는 데 도움을 준다.

과거에 '위험 음식' 혹은 '금지 음식'으로 여기던 회피 음식은 회복 진행에 따라 단계별로 식단에 통합하는 것이 바람직하다. 식사 일지 기록은 자신의 행동 패턴과 감정 변화를 객관적으로 파악하는 데 매우 유용한 도구다. 특히 중요한 것은 폭식이나 구토를 했어도 이후 식사를 중단하지 않고 계획대로 이어가는 것이다.

폭식장애

규칙적인 식사 패턴을 가능한 한 빠르게 도입하는 것이 중요하다. 치료 초기 단계부터 하루 세 번 식사와 2~3회 간식을 포함한 '3×3 식사 규칙'을 적용하는 것이 효과적이다. 이러한 식사 패턴은 과도한 허기 상태를 예방하고 예측 가능한 리듬을 만들어준다.

폭식 충동이 올라올 때 사용할 대체 행동 계획(산책, 심호흡, 글쓰기 등)을 사전에 가급적 많이 준비하는 것이 좋다. 정서적 폭식이 주요 문제가 되는 경우가 많기 때문에 일상생활에서 느끼는 긴장감과 외로움, 폭식 이후에 따라오는 자기 비난이나 수치심에 대한 심리적 개입 역시 반드시 포함해야 한다.

4

여섯 가지 두려움과 대처법

앞 장에서 설명한 규칙적인 식사 패턴을 만들어가는 과정은 식이장애 환자에게 결코 간단한 일이 아니다. 이것은 단지 식사 습관을 바로잡는 문제가 아니다. 음식 자체에 보이는 두려움, 통제력을 잃는 것에 따른 불안 그리고 체중 증가에 관한 강한 저항감이 이 과정을 끊임없이 방해하기 때문이다. 이러한 심리적 문제는 치료 과정 내내 계속 다루어야 한다.

그럼에도 불구하고 무엇보다도 먼저 규칙적인 식사 패턴을 확립하는 과정은 식이장애 회복에서 핵심 요소다. 미국 섭식장애협회NEDA 보고에 따르면 구조화된 식사 계획을 따르는 환자는 회복 가능성이 70% 더 큰 것으로 나타났다. 그러나 많은 사람이 다음과 같은 두려움과 망설임 때문에 이 중요한 단계를 시작하는 데 어려움을 겪거나 망설인다.

1. "식사와 간식을 모두 먹으면 체중이 엄청 늘어날 거예요."

처음엔 하루에 여러 번 식사한다는 사실만으로도 불안하고 두렵게 느껴질 수 있다. 많은 환자가 "이러다 정말 살이 갑자기 찌면 어떡하죠?"라고 말한다. 그 감정은 지극히 자연스럽다. 하지만 회복하려면 무엇을 얼마나 먹느냐보다 정해진 시간에 음식을 먹는 '행동' 자체를 반복하는 것이 중요하다.

소량의 음식으로 시작해도 괜찮다. 가장 편안하게 받아들일 수 있는 수준에서 규칙적인 식사 리듬을 조금씩 만들어가는 것이 중요하다. 이런 시도를 꾸준히 이어가면 하루에 여러 번 식사하는 습관이 자연스럽게 자리 잡고, 폭식 욕구가 줄어들며, 예상한 것만큼 체중이 급격히 늘어나지 않는다는 사실을 몸으로 체감한다. 이러한 경험이 쌓이면 '규칙적으로 먹는 것이 걱정했던 것만큼 위험하지 않구나'라는 생각이 자리 잡으면서 식사에 대한 불안과 두려움이 점점 줄어든다.

실천 요령: 식사 일지를 쓴다. 이때 언제, 무엇을, 얼마나 먹었는지뿐 아니라 식사 전후에 어떤 기분이었는지도 함께 기록하는 것이 좋다. 이 과정은 단순한 식사 기록을 넘어 몸과 마음의 반응을 함께 살피는 연습이기 때문이다. 하루 세 번, 정해진 시간에 소량이라도 먹어보는 시도부터 시작한다.

2. "건강할 때도 그렇게 먹은 적이 없어요. 주변에도 그렇게 규칙적으로 식사하는 사람이 없어요. 선생님도 그렇게 먹지 않잖아요?"

맞는 말이다. 실제로 대부분의 사람들은 하루 세 끼를 정확히 챙겨 먹지 않는다. 하지만 오랜 시간 엄격한 다이어트로 몸과 마음이 모두 지쳐 있다면, 일반적인 식사 방식과는 다른 '회복을 위한 특별한 식사 규칙'이 필요하다.

우리 몸은 포도당을 주 에너지원으로 사용한다. 식사를 오랫동안 거르면 혈당이 급격히 떨어지고 몸은 이를 생존 위기로 인식한다. 이때 뇌는 스트레스 상황에 반응하는 호르몬을 분비해 '지금 당장 에너지가 필요하다'라는 강한 신호를 보낸다. 그 신호가 바로 폭식 충동이다. 규칙적인 식사는 이런 생리적 위기 반응을 미리 차단하는 가장 효과적인 방법이다.

실천 요령: 3~4시간 간격으로 복합 탄수화물과 단백질을 포함한 간식을 섭취한다. 예를 들어 사과 반 개와 아몬드 몇 알은 간편하면서도 안정적인 간식이다. 이때 섭취하는 건강한 간식은 단순한 음식이 아니라, 폭식 충동을 막아주고 몸의 생리적 균형을 되찾아주는 회복 연료다.

3. "조금만 더 먹어도 속이 더부룩하고 소화가 안 돼요. 그래서 결국 구토하고 말 거예요."

많은 환자가 식사 직후 속이 더부룩하고 소화가 안 된다는 불편감을 호소한다. 특히 신경성 거식증 환자는 심한 체중 저하로 인해 위장과 장의 운동 기능이 함께 떨어지기 쉽다. 이러한 변화는 식사량이 극도로 적은 상태가 장기간 이어지면서 생긴 생리적 적응 반응으로, 자율신경계 불균형과도 연관이 있다. 또한 체중이 크게 줄면서 배 안의 지방층이 얇아지면 십이지장이 혈관에 눌리면서 위장에 있던 음식이 소장으로 내려가지 못하고 정체되는 현상이 일어나는데, 이를 '상장간막 동맥증후군'이라고 한다. 그 결과 소량의 음식만 섭취해도 속이 꽉 찬 느낌, 더부룩함, 소화 불량 같은 불편감이 자주 나타난다.

그러나 이 반응은 몸이 오랜 영양 결핍 상태에서 회복하는 중에 나타나는 자연스러운 현상이기도 하다. 식사량이 늘어나고 체중이 점차 회복되면 식사 후 느껴지는 불편감은 대부분 완화된다. 만약 불편감이 심하거나 장기간 이어지면 내과 전문의의 평가와 병행 진료가 필요하다.

실천 요령: 식사 속도를 서서히 조절한다. 음식을 충분히 씹어 먹는 습관은 위장 부담을 줄이는 데 도움을 준다. 한 번에 많은 양을 먹기보다 소량씩 나누어 여러 번 먹는 방식이 소화 부담

감을 더 줄여준다. 식사 후에는 15분 정도 가볍게 산책하는 것이 좋다. 이처럼 작은 움직임 하나하나가 위장 활동을 촉진하고 식후의 더부룩한 불편감을 견디게 해준다.

4. "배가 고프지 않은데 왜 억지로 먹어야 해요?"

지극히 자연스러운 질문이다. 그런데 지금 느끼는 '배고프지 않은 느낌'이 신뢰할 수 없는 신호일지도 모른다는 것을 이해해야 한다. 오랜 시간 다이어트와 제한적인 식사를 반복하면서 공복감과 포만감을 느끼는 신체 감각 체계가 이미 손상된 상태이기 때문이다. 쉽게 말하면 배꼽시계가 망가졌다고 할 수 있다.

실제로는 에너지 고갈 상태인데도 배가 전혀 고프지 않다가 갑자기 배고픔을 자각했을 때는 몸이 폭식할 준비를 이미 마친 경우가 많다. 많은 식이장애 전문가가 "배고픈 신호를 기다리기보다 규칙적인 식사를 통해 몸의 감각을 회복해야 한다"라고 말한다. 배가 고프지 않아도 정해진 시간에 규칙적으로 식사하는 것은 손상된 신체 감각을 재조정하는 중요한 회복 기술이다.

실천 요령: 무엇보다 망가진 배꼽시계가 다시 작동하게 해야 한다. 휴대전화에 알람을 설정하고 정해진 시간에 소량이라도 식사를 해본다. 예를 들면 이렇게 계획할 수 있다. '오전 9시에 요구르트 한 컵, 12시에 밥 반 공기와 국, 오후 3시에 간단한 간

식, 저녁 7시에 밥 2/3공기 그리고 자기 전에 바나나 반 개.' 이러한 반복적인 식사를 통해 몸은 점차 배고픔과 포만감의 감각을 되찾을 것이다.

5. "아침, 점심을 제대로 먹어도 어차피 밤에는 폭식 욕구를 참을 수 없을 거예요."

"낮에 적당히 잘 먹었는데도 왜 밤만 되면 못 참겠죠?" 많은 환자가 당황스러워하는 문제다. 이는 의지 부족 때문이 아니라 몸의 생리적 변화와 마음속에 자리 잡은 습관이 맞물려 생긴 현상이다. 아직 체중을 충분히 회복하지 못했거나, 낮 동안 전체 에너지 섭취량이 부족할 경우, 뇌는 밤이 되어도 부족한 에너지를 보충하려 한다. 여기에다 인슐린 감수성 저하, 혈당의 변화, 하루의 피로 누적까지 더해져 밤에는 폭식 욕구에 대한 취약성이 더욱 높아진다. 그런데 많은 사람이 '밤에 폭식할까 봐' 오히려 아침과 점심의 식사량을 줄이려 한다. 이렇게 할 경우, 저녁과 밤에 더 큰 폭식 충동이 올라올 가능성이 높다.

회복의 핵심은 밤에 먹고 싶은 충동을 억제하는 게 아니라, 낮 동안 규칙적으로 식사하여 몸의 리듬을 안정시키는 데 있다. 실제로 3~4시간마다 균형 잡힌 식사나 간식을 섭취한 사람은 4~6주 후 야간 폭식이 눈에 띄게 감소했다는 연구 결과가 있다.

실천 요령: 저녁 식사 이후에는 '절대 아무것도 먹지 말아야 한다'라는 엄격한 통제 대신, 긴장을 완화시킬 수 있는 다른 루틴을 만드는 것이 도움이 된다. 가령 따뜻한 차 한 잔, 반신욕, 산책, 음악 듣기, 명상같이 폭식을 대신할 활동 리스트를 미리 준비하면 좋다. 또한 저녁 식사는 탄수화물, 단백질, 지방을 고루 포함한 균형 잡힌 식단으로 준비한다. 이럴 경우 밤늦게까지 혈당이 안정적으로 유지되어 폭식 충동이 자연스럽게 줄어든다.

6. "완벽하게 할 수 없다면 시작도 하기 싫어요."

'완벽하게 하지 못할 거라면 차라리 아무것도 하지 않는 게 낫다'라는 생각 패턴은 식이장애 환자들에게 매우 흔하다. 이는 회복을 방해하는 대표적인 사고의 오류 중 하나다. 사실 진짜 회복은 '한 번에 완벽히' 해내는 게 아니라, 실수하더라도 다시 제자리로 돌아오는 능력을 키워가는 과정이다.

하루 식사 계획을 지키지 못했다고 전체 회복 과정이 무너지는 것은 아니다. 오히려 '그럼에도 불구하고 다시 제자리에 돌아간 경험'이 하나씩 쌓일수록 회복의 토대는 점점 더 탄탄해진다.

실천 요령: 완벽주의 사고를 내려놓는 데는 단계적인 연습이 필요하다. 우선 '오늘 하루만 규칙적인 식사 패턴을 지켜보자'라는 식의 단기 목표를 정한 뒤, 거기에 집중하는 방식이 효과가

있다. '오늘 아침, 점심, 저녁 식사를 정해진 시간에 조금이라도 먹어보자' '오늘은 폭식 없이 간식 두 번을 챙겨보자' 같은 작고 구체적인 계획을 세우면 심리적 부담이 줄고 실천 가능성도 커진다.

식이장애의 회복은 단숨에 완성할 수 있는 변화가 아니다. 하루에 한 끼 식사라도 의식적으로 해보려는 시도를 반복할 때, 몸과 마음은 서서히 반응하기 시작한다. 한 30대 환자는 이렇게 말했다.

"처음 4주 동안은 아무런 변화도 없는 것 같았어요. 그런데 규칙적으로 식사하고 5주가 지났을 무렵 갑자기 저녁 식사를 적당히 마치고 숟가락을 내려놓는 저 자신을 발견했어요. 2년 만에 처음 경험하는 일이었죠. 그때 '아, 내가 지금 회복되고 있구나' 라고 느꼈어요."

두려움 때문에 망설여지더라도 먼저 아주 작은 시도부터 시작하는 것이 중요하다. 초기에는 규칙적인 식사를 하겠다는 의식적인 결정과 노력이 필요하지만 그 시도를 반복하면 낯설던 식사 행동이 점차 자연스러운 일상으로 자리 잡는다. 회복은 몸이 다시 자신의 리듬을 찾아가는 과정이다. 그 시작은 완벽하게 해내겠다는 다짐이 아니라, 지금 할 수 있는 작은 실천에서 비롯된다.

5

"정말 이렇게까지 하면서 먹어야 할까?"

"규칙적으로 식사하라"는 말은 듣기에 간단해 보이지만, 식이장애를 겪는 이들에게 그 실천은 절대 단순하지 않다. 식사 행위 자체가 체중 증가에 대한 공포를 자극하고, 배가 조금이라도 더 부룩하게 느껴지면 금세 불안에 휩싸인다. 식사 때마다 매번 무언가를 입에 넣으려다 멈추고 다시 시도했다가 포기하는 과정을 반복하다 보면, 마음속에 하나의 의문이 남는다.

"정말 이렇게까지 하면서 규칙적으로 먹어야 할까?"

이러한 의문은 가벼운 불만이 아니라 강한 두려움과 회의가 뒤섞인 절박한 호소에 가깝다. 그렇기 때문에 그 두려움과 회의를 가라앉히기 위해서는 '규칙적인 식사'가 회복 과정에서 왜 중요한지, 그것이 몸에 어떤 변화를 가져오는지 이해할 필요가 있다. 그러한 이해는 회복의 방향을 잡아주는 내면의 나침반 같은 역할을 한다.

식이장애 환자가 자주 하는 질문에 대해 핵심만 정리하면 다음과 같다.

"배가 고프지도 않은데 왜 굳이 억지로 먹어야 하는 걸까?"

그 이유는 몸의 생체 시계가 망가졌기 때문이다. 다이어트를 오래 반복하면 뇌의 시상하부에 있는 생체 리듬 조절 시스템이 혼란스러워진다. 그 결과 공복감과 포만감이라는 신체의 기본적인 신호 체계가 왜곡된다. 그래서 공복 상태에서 배고픔을 못 느끼고 충분히 많이 먹어도 포만감을 잘 못 느낀다.

이런 상태에서는 배고플 때만 식사하는 방식으로는 몸의 리듬이 쉽게 돌아오지 않는다. 배고픈 느낌과 상관없이 정해진 시간에 일정한 식사를 반복하는 것이 혼란스러워진 신호 체계를 다시 정돈하는 데 더 효과적이다.

이 시점에서 중요한 것은 '무엇을 얼마나 먹느냐'보다 '언제 어떻게 먹는 패턴을 반복하느냐'다. 안정적이고 규칙적인 식사 패턴을 반복하면 흐릿하던 공복감과 포만감의 감각을 다시 분명하게 느낄 수 있게 된다.

"조금 적게 먹는 것이 그렇게 심각한 문제인 걸까?"

그 이유는 몸이 저혈당 상태에 취약해졌기 때문이다. 체중 감량을 위해 식사를 계속 제한하면 간에 저장된 글리코겐의 양이 줄어들어 혈당이 떨어지기 쉬운 상태가 된다. 이때 느껴지는 건 단순한 허기가 아니라 어지럼증, 불안감, 식은땀, 심박수 증가처럼 교감신경이 활성화된 강한 신체 반응이다.

폭식을 반복하는 이유는 저혈당 상태에서 뇌가 빠르게 에너지를 보충하려는 생리적 반응일 수 있다. 이 악순환을 끊으려면 음식을 규칙적으로 섭취하여 혈당을 안정적으로 유지하는 식사 패턴을 만들어야 한다. 당장은 뚜렷한 변화가 느껴지지 않아도 몸은 서서히 균형을 되찾으며 폭식 반응도 점점 줄어들게 된다.

"왜 조금밖에 먹지 않았는데도 이렇게 살이 찌는 느낌이 들까?"

그것은 기초대사량이 이미 많이 감소한 상태이기 때문이다. 우리 몸은 아무런 활동을 하지 않고 가만히 누워 있을 때도 에너지를 소비한다. 심장박동, 체온 유지, 호흡 같은 생명 유지 시스템 작동을 위해 일정량의 에너지를 쓰는데 이 소비량을 기초대사량이라고 한다. 심한 다이어트를 반복하면 영양 결핍 상태에 빠진 몸은 에너지를 아끼기 위해 기초대사량 자체를 극단적으로 낮추는 생리적 적응 상태에 들어간다. 이 과정에서 렙틴 감소, 코르티솔(스트레스 호르몬) 증가 같은 호르몬 변화도 함께 나타난다.

오랜 다이어트로 낮아진 기초대사량은 단기간에 회복할 수 없다. 수개월에 걸쳐 규칙적인 식사를 지속해야 뇌는 '더 이상

에너지 결핍 상태에 빠지지 않는' 상태를 받아들이고, 비로소 기초대사량을 서서히 회복시킨다. 규칙적인 식사의 궁극적 목표는 단순히 체중 증가가 아니라 몸이 원래의 기능을 천천히 회복하도록 돕는 것이다.

"왜 자꾸 단 음식이나 자극적인 음식만 끌릴까?"

그것은 단순히 입맛이 변해서가 아니라 오랫동안 반복한 다이어트로 인해 몸과 뇌가 에너지를 빨리 보충하려는 방식으로 설정되었기 때문이다. 다이어트를 오래 하면 몸은 자주 저혈당 상태에 빠진다. 이때 뇌는 빠르게 혈당을 보충해주는 음식에 더 강하게 반응하도록 작동한다. 그 결과 혀에 있는, 맛을 느끼는 감각세포(미뢰)도 단맛에 더 예민해져 단 음식에 유독 더 끌리게 된다.

또한 반복적 식사 제한은 뇌의 도파민 보상 시스템에도 영향을 주어, 달고 기름진 음식처럼 강한 자극에만 민감하게 반응하고 일반 평범한 음식에는 쉽게 반응하지 않게 된다.

이 상태에서는 음식을 계속 제한하려 하기보다 다양한 음식을 조금씩 규칙적으로 섭취하는 경험을 반복하는 것이 좋다. 이런 경험이 계속 쌓이면 뇌의 보상 시스템도 점차 균형을 되찾고 과도하게 민감해진 입맛도 서서히 안정을 찾는다. 자극적인 음식만 찾던 식사 패턴에서 벗어나 다양한 음식을 자연스럽게 즐길 수 있게 된다.

"조금씩 먹으려 해도 소화가 잘 안 되는데, 이게 내 탓인가?"

그렇지 않다. 그것은 오랜 다이어트로 위장 기능이 약해진 탓이다. 식사 제한을 계속하면 위장의 크기 자체가 줄어들고, 음식이 위에서 소장으로 내려가는 속도도 느려진다. 그래서 식사를 규칙적으로 하면 처음엔 더부룩함이나 복부 팽만감이 자주 나타날 수 있다. 이건 위장에 문제가 생긴 게 아니라 오랫동안 쉬고 있던 위장이 다시 기능을 찾으려는 자연스러운 과정에서 오는 반응이다. 갑자기 일을 시작한 위장이 "이제 다시 움직여도 되나?" 하고 어색하게 반응하는 셈이다. 이 불편감은 어딘가가 고장 났다는 신호가 아니며 몸이 회복 중이라는 정상적인 적응 신호다.

"왜 한번 먹기 시작하면 멈추기 힘든 충동처럼 느껴질까?"

이는 오랜 다이어트로 뇌 속에 폭식을 유발하는 신경회로가 형성되었기 때문이다. 다이어트와 폭식을 반복하는 경험이 쌓이면 뇌는 "에너지가 부족해지면 가능한 한 빨리 많은 칼로리의 음식을 섭취해야 해"라는 방식으로 반응하게 된다. 그 결과 뇌는 폭식을 "위험에서 벗어나기 위한 가장 빠른 전략"으로 기억하고 강화한다. 이렇게 강화된 폭식 회로로 인해 나중에는 조금만 배가 고파도, 작은 스트레스에도, 외로워도, 슬퍼도 폭식을 하게 되는 것이다.

이 폭식 회로는 한번 굳어지면 자동 반응처럼 작동하기 때문에 쉽게 사라지지 않는다. 이 회로를 약화하는 가장 효과적인 방법은 규칙적인 식사라는 새로운 패턴을 반복해서 뇌에 학습시키는 것이다. 정해진 시간에 규칙적으로 식사하는 리듬을 이어가면 뇌는 이 예측 가능한 패턴을 안전한 방식으로 받아들이기 시작하고, 기존의 폭식 회로는 점점 힘을 잃게 된다. 우리의 뇌는 신경가소성이 뛰어나 의식적으로 새로운 행동을 반복하면 그에 맞는 새로운 신경회로를 형성할 수 있다.

결국 규칙적인 식사를 꾸준히 이어가는 것은 단순한 행동 변화가 아니라, 뇌의 반응 방식을 새롭게 만들어가는 과정이다.

6

규칙적인 식사, 이렇게 시작하자

회복 과정에서 '규칙적인 식사'는 늘 강조하는 원칙이지만, 막상 실천하려 하면 가장 먼저 마주하는 건 어디서부터 시작해야 할지 모르는 막막함이다. 무엇을 어떻게 먹어야 할지, 어느 정도 양이 적절한지 전혀 감이 잡히지 않을 수 있다. 여기에다 배가 고프지 않은데 정해진 시간에 억지로 먹는 게 무슨 의미가 있을까 싶은 막연한 회의감과 두려움이 뒤엉켜 올라온다.

"이걸 했다가 정말 체중이 확 늘어나면 어떡하지?"

"어차피 완벽하게 지키지 못할 텐데, 괜히 시작해서 무너지는 것보단 아예 하지 않는 게 낫지 않을까?"

이처럼 머릿속에 최악의 시나리오가 그려지면 자연스럽게 회피하고 싶은 마음이 든다. 그래서 처음부터 완벽하게 하려고 하기보다는 지금보다 한 걸음만 더 나아가는 정도로 시작해도 충분하다.

처음부터 ‘정상 식사’를 회복하겠다는 목표를 세우기보다 몸에 다시 규칙적인 ‘식사 패턴’을 알려주는 것부터 시작해보자. 예를 들면 하루 세 번 정해진 시간에 아주 조금씩이라도 음식을 먹는 시도를 해보는 것이다. 아침 9시에 바나나 반 개, 점심 무렵에 부드러운 죽이나 소량의 계란찜, 저녁에 감자 반 개나 국물 몇 입 등으로 시작해도 좋다. 처음에는 식사량은 중요하지 않다. 내 몸이 그 시간이 되면 무언가를 섭취한다는 반복 신호를 느끼게 하는 것이 중요하다.

처음에는 낯설고 어색해도 일정 리듬을 반복하다 보면 몸은 점차 그 리듬에 적응하기 시작한다. 일단 하루 세 번의 시간 패턴에 익숙해지면 그다음엔 하루 한 끼 정도는 제대로 된 식사를 구성하는 것이 좋다. 이를테면 밥 두세 숟가락, 달걀 한 개, 두부 몇 조각, 나물 약간 등으로 구성한다. 아직은 음식을 충분히 먹는 것보다 여러 영양소를 조금씩이라도 함께 먹는 것이 중요하다. 탄수화물·단백질·지방·식이섬유를 골고루 섭취하면 저혈당, 영양소 결핍, 전해질 불균형 같은 문제가 서서히 복구되기 시작한다.

물론 이 과정에서 불편감이 뒤따르기도 한다. 특히 위장이 더부룩하거나 소화가 잘 안 되는 느낌이 들 수 있다. 이런 반응 역시 회복 초기에 흔히 나타나는 자연스러운 과정이다. 이것은 위장 기능이 아직 완전히 회복되지 못했다는 것을 의미할 뿐, 음식을 잘못 먹었거나 위장에 문제가 생겼다는 신호는 아니다. 몸이 다시 소화 기능을 되찾아가는 과정의 일부라고 볼 수 있다.

그다음은 아마도 회복 과정에서 가장 중요한 단계일지 모른다. 계획대로 식사하지 못했을 때 어떻게 다시 회복의 흐름으로 돌아올 수 있는가 하는 문제다. 폭식한 날, 끼니를 거른 날, 식사 계획을 망친 날은 누구에게나 찾아온다. 그렇지만 회복은 '계획을 완벽하게 지킨 날'만 차곡차곡 쌓여 이뤄지는 게 아니다. 건강한 식사 규칙을 지키지 못한 하루도 회복의 일부가 될 수 있다. 중요한 것은 식사 패턴이 무너졌을 때 어떻게, 다시, 제자리로 돌아오는 시도를 하는가이다. 그런 경험이 쌓일수록 회복의 기반은 더 탄탄해진다. 가령 점심 식사를 놓쳤다면 오후 3~4시에 소소하게 간식을 먹고 저녁 식사 시간을 조금 조정해본다. 혹은 폭식한 다음 날 아침, 기분이 좀 나빠도 바나나 한 조각이라도 먹으며 규칙적인 식사 리듬을 다시 시작하는 것이 중요하다.

이런 선택을 반복할수록 혼란스러운 상황에서도 조금씩 균형을 찾을 수 있는 몸의 감각이 서서히 회복된다. 처음에는 계획대로 하지 못할 수도 있다. 몇 번이고 포기하고 싶어질 수도 있다.

그러나 회복은 '계획대로 잘 해낸 날'뿐만 아니라, 무너졌다가도 다시 돌아온 날들의 경험이 쌓이면서 이루어진다. 다시 한 번 강조하지만 규칙적인 식사는 단순한 영양 섭취만의 문제가 아니다. 그것은 몸과 다시 연결되고 나 자신과의 관계를 새로 만들어가는 회복의 첫걸음이다.

식사 패턴 예시

아래에 제시하는 식사 구성은 국제섭식장애학회 치료 지침과 식이장애 전문 영양사의 임상 경험에 기반해 단계별로 구성한 식사 예시다.

회복 극초기(처음 규칙적인 식사를 시도할 때)의 식단 구성(약 700kcal)

시간대	내용
오전 8:30	바나나 1/2개 + 따뜻한 물 1컵
오전 12:00	밥 1/3공기 + 계란찜 3~4숟가락 + 나물 반 접시
오후 3:00	요거트 1개 또는 두유 1컵
오후 6:00	감자 1개 + 두부조림 3조각 + 김치 약간
오후 8:30	삶은 달걀 1개 또는 견과류 5알

- 이 식단은 반드시 이렇게 먹어야 한다는 기준이 아니며 회복을 시작하기 위한 '식사 시간 패턴'을 보여주는 참고 예시다.

- 사실 하루 700kal에 해당하는 음식은 기초대사량에 한참 못 미치는 수준이다. 그러나 음식 섭취에 극도의 불안감을 보이는 초기에는 소량이라도 규칙적으로 먹는 경험 자체가 회복의 출발점일 수 있다.

- 무엇을 얼마나 먹느냐보다 일정한 시간에 몸에 음식을 공급하는 '행동 자체'를 반복하는 것이 더 중요하다.

식사 구성 확장 단계(900~1,000kcal)

시간대	내용
오전 8:00	밥 1/2공기 + 된장국 + 두부조림 3~4조각 + 나물 한 숟가락
오전 12:00	밥 1/3공기 + 계란찜 3~4숟가락 + 나물 반 접시
오후 3:00	바나나 반 개 + 우유 1/2컵
오후 6:30	밥 2/3공기 + 닭가슴살 2~3조각 + 찐 채소(브로콜리, 당근 등) + 김치 약간
오후 9:00	견과류 5~6알 또는 구운 고구마 한 조각

- 이 단계의 목표는 하루에 한 번은 '식사다운 한 끼'를 하는 것이다.

- 하루 한 끼를 위와 비슷한 구성으로 시도한다면 나머지 식사는 부담 없는 식단으로 유지해도 무방하다.
- 이 단계에서 핵심은 규칙적으로 식사하는 리듬을 몸에 자리 잡게 하는 것이다.

본격적인 회복을 시작하는 단계(1,500~1,650kcal)

시간대	내용
오전 8:00	밥 1/2공기 + 미역국 + 계란 프라이 1개 + 김 2장 + 깍두기
오전 10:30	바나나 1개
오후 12:30	밥 2/3공기 + 닭가슴살 70g + 나물 2종 + 된장국 + 김치
오후 3:30	플레인 요거트 1개 + 견과류 5~6알
오후 6:30	밥 1/2공기 + 두부조림 4조각 + 데친 브로콜리/당근 + 멸치볶음 + 김치
오후 9:00	우유 반 컵과 바나나 1개 혹은 계란찜이나 감자

- 이 단계에서는 식사 간격을 일정하게 유지하고 영양 균형을 조금씩 갖춰가는 연습이 중요하다.
- 하루 세 끼를 모두 챙기지 못해도 두 끼 이상은 정해진 시간에 제대로 된 식사를 하는 것이 회복 리듬을 만드는 데 좋다.

- 끼니마다 완벽하게 챙겨 먹지 못해도 괜찮다. 다양한 음식을 받아들이고 식사의 흐름을 이어가는 경험 자체가 회복 과정에서 중요한 역할을 한다.

어느 정도 안정적 회복을 진행하는 단계(약 1,800kcal)

시간대	내용
오전 8:00	밥 2/3공기 + 북엇국 + 계란 프라이 1개 + 오이무침 + 김치
오전 10:30	고구마 중간 크기 1개 + 두유 1컵
오후 12:30	밥 1공기 + 소불고기 80g + 시금치나물 + 된장찌개 + 깍두기
오후 3:30	플레인 요거트 1개 + 바나나 반 개 + 견과류 5알
오후 6:30	밥 2/3공기 + 고등어구이 1토막 + 무생채 + 애호박볶음 + 김치
오후 9:00	우유나 두유 한 컵 혹은 삶은 계란이나 견과류

- 이 단계는 일상적인 식사 패턴으로 자연스럽게 이어지는 과정이다. 총 섭취 열량은 약 1,800kcal로 단백질·채소·탄수화물이 고르게 포함된 균형 잡힌 식단이다.
- 회복은 누가 정한 기준을 쫓아가는 것이 아니라, 자기 몸이 허용하는 속도에 맞춰 조금씩 조율해가는 여정이다.

식사 계획이 무너졌을 때의 회복 전략

회복 과정에서 식사 계획을 제대로 못 지키는 일은 누구에게나 생길 수 있다. 핵심은 무너지지 않는 게 아니라, 무너진 후 어떻게 돌아오는가 하는 문제다. 다음은 실제로 도움이 되는 회복 전략이다.

1. 다음 끼니는 '그대로 이어가기'

이전 식사 때 과식이나 폭식을 했어도 다음 식사 시간에는 예정대로 식사한다. 식사를 건너뛰기보다는 적게 먹더라도 평소처럼 식사를 준비하는 것이 중요하다.

예시: 점심에 폭식했으나, 저녁 6시에는 평소처럼 밥과 반찬을 차린다.

2. 음식의 양이 부담스러울 땐 '식사 패턴만이라도 유지하기'

체중 증가가 두렵거나 포만감이 주는 불편함이 클 때는 음식량을 줄이더라도 식사 패턴만큼은 유지하는 것이 좋다. 무엇을 얼마나 먹느냐보다 정해진 시간에 규칙적으로 식사하는 습관 자체가 회복의 가장 중요한 토대가 된다.

예시: 밥 반 공기가 버겁다면 일단 세 숟가락만이라도 시도해본다. 바나나 한 개가 버겁다면 반 개라도 괜찮다. 이렇게 해서

라도 식사 패턴 자체를 놓치지 않는 것이 회복에 도움이 된다.

3. 식사 행동을 '자기 모니터링'으로 정리하기

식사 규칙을 잘 지켰든 그렇지 못했든 간단하게 기록을 남기는 습관은 회복에 큰 힘이 된다. 이 기록은 자신을 평가하거나 비난하기 위한 게 아니다. 어디까지나 자기 행동을 이해하고 다음에 어떤 방향으로 나아갈지를 잡아주는 이정표다.

예시: 다음과 같이 식사 행동을 기록하면, 비슷한 상황에서 어떻게 대처할지 감이 잡히기 시작한다.

- 시간: 저녁 7시
- 상황: 몇 시간 전부터 배가 고팠는데 참다가 결국 급하게 많이 먹음
- 감정/생각: 배가 부르니 마음이 더 불안해짐
- 참고할 점: 다음엔 허기가 심해지기 전에 간단한 간식이라도 먼저 먹어두기

4. 대체 행동으로 '균형감' 회복하기

식사 패턴이 무너진 날일수록 몸과 마음의 균형을 되찾기 위한 대처 행동을 미리 정해두는 것이 좋다. 다음 끼니로 자연스럽게 이어지도록 긴장을 완화하고 감각을 진정시키는 행동이면 무엇이든 괜찮다. 예를 들면 10분간 가볍게 산책하기, 좋아하는 음

악 듣기, 따뜻한 물 한 컵을 천천히 마시기, 다음 식사를 미리 준비하기 같은 여러 개의 대처 행동 리스트를 미리 작성하고 그중 하나를 선택해 실행한다. 이런 작은 선택을 반복할수록 규칙적인 식사는 더 이상 '애써 노력해야 하는 일'이 아니라, 자연스럽게 몸에 익은 일상의 흐름으로 자리 잡는다.

체중 변화 수용하기

규칙적으로 식사하는 날이 조금씩 늘어날수록 몸은 서서히 안정되기 시작한다. 하지만 이 단계에서 많은 환자들이 먼저 경험하는 것은, 기대했던 편안함이나 안도감이 아니라 예상치 못한 불안과 공포이다. 식사량을 점진적으로 늘려가다 보면 결국 가장 두려워하던 현실, 즉 체중 증가와 마주하기 때문이다.

그 순간 식이장애 환자의 머릿속은 불길한 상상으로 가득 찬다. "이대로 계속 먹다가 정말 통제할 수 없을 만큼 살이 찌는 거 아닐까?" "지금도 이미 감당하기 힘든데 더 늘어난 몸을 어떻게 견디라는 거지?" 이러한 두려움은 회복 초기 거의 모든 환자가 겪는 공통된 경험이다.

오랜 시간 동안 많은 환자들은 체중 증가가 곧 '나는 무가치한 사람', '나는 사랑받을 수 없는 사람'이라는 믿음의 증거라고 여겨왔기 때문이다. 그래서 이때 느끼는 불안은 단지 기분이 나쁘다는 정도가 아니다. 가슴이 꽉 조이고, 온몸의 근육이 긴장하고, 호흡이 가빠지는 등 강한 생리적 반응을 동반하는 압도적인 경험이다. 그런 이유로 체중 변화가 일어날 때, 몸에서 실제로 어떤 변화가 일어나는지 정확히 이해하는 것이 중요하다. 그래야 그 이해를 바탕으로 불안을 진정시킬 수 있기 때문이다. 특히 신경성 거식증, 신경성 폭식증, 폭식장애는 회복 과정에서 체중이 변하는 양상과 그 의미가 각각 다르게 나타난다.

신경성 거식증 환자에게 체중 변화는 단순히 몸무게가 증가하는 것만 의미하지 않는다. 그것은 신체가 절박한 '생존 모드'에서 벗어나 보다 안정된 상태로 전환되는 과정이다. 그래서 이 경우에는 '체중 증가'보다 '체중 회복'이라는 표현이 더 정확하다. 반면 신경성 폭식증이나 폭식장애 환자는 규칙적으로 식사한다고 체중이 급격히 변하는 것은 아니다. 다만 폭식이 줄었다고 처음부터 체중이 너무 빠르게 줄어드는 것 역시 바람직하지 않으므로 주의해야 한다. 회복 초기, 특히 식사를 규칙적으로 하기 시작한 첫 2~3개월 동안은 체중이 크게 변하지 않거나 오히려 조금 늘어나는 것이 장기적으로는 더 좋다.

체중이 줄면 안 되는 이유

여기까지 읽고 나면 많은 식이장애 환자가 당황하거나 혼란스러울 수 있다. 그러나 신경성 거식증이든 폭식증이든 대다수 식이장애 환자는 오랜 기간 엄격한 다이어트를 지속한 결과, 몸이 생존을 위한 극단적 에너지 절약 모드로 전환된 상태다. 정도의 차이는 있어도 이들은 모두 기초대사량이 떨어져 있고, 체온이 낮고, 생리 주기가 불규칙하거나 멈춰 있고, 소화 기능이 현저히 약하다. 뇌는 이 에너지 부족 상태를 비상 상황으로 인식하고 가능한 한 모든 생리적 기능을 억제한다. 이때 다시 규칙적으로 식사하면 감소한 기초대사량 때문에 초기에는 어쩔 수 없이 체중이 약간 늘어난다. 그러나 이 체중 변화는 몸이 생존 모드에서 벗어나기 시작했다는 신호이자 회복이 본격적으로 일어나고 있다는 뜻이기도 하다.

규칙적인 식사로 회복 초기에 나타나는 체중 증가는 평균 일주일에 100~300g이면 충분하다. 의학적으로는 신경성 거식증의 경우, 일주일에 500g에서 1kg 증가를 권장하지만 실제 임상에서는 환자가 불안해하지 않고 심리적으로 받아들일 만한 수준에서 체중이 천천히 늘어나도 괜찮다. 의학적으로 권장하는 수치는 이상적인 회복 속도일 뿐이다. 환자의 심리 안정과 변화 순응도를 고려할 때 오히려 점진적 접근이 더 효과적일 수 있다.

체중 회복은 단기간에 달성하는 변화가 아니라 시간이 지나면서 서서히 축적되는 과정이다. 최소 2~3개월 동안 체중이 줄지 않고 조금씩이라도 늘어나는 흐름이 유지된다면, 이는 몸이 영양 결핍 상태에서 천천히 회복되고 있다는 신호로 봐야 한다. 가령 규칙적인 식사로 일주일에 체중이 100g씩 증가할 경우, 1kg이 늘어나는 데 2~3개월이 걸린다. 만약 일주일에 200g씩 증가한다 해도 2kg이 늘어나기까지는 역시 2~3개월이 필요하다.

이처럼 체중 변화는 아주 천천히 이뤄진다. 주목할 점은 체중이 조금씩 늘어나는 동안에도 신체적으로는 꽤 큰 변화가 일어난다는 것이다. 예를 들면 몸이 쉽게 붓거나 소화가 잘 안 되고 잦은 복통이 생기는 변화가 일어난다. 이런 변화는 대개 신체가 다시 제 기능을 회복하는 과정에서 나타나는 일시적 현상으로, 크게 걱정할 만한 것은 아니다.

신경성 폭식증과 폭식장애는 2~3개월 동안의 규칙적인 식사로 몸이 적응 단계를 거치고 나면 드디어 체중 증가가 멈추는 신호가 나타난다. 체온이 오르고 땀이 나는 등 기초대사량의 회복 신호가 나타난다. 이 시기에는 규칙적으로 식사해도 체중이 그대로이거나 서서히 감소한다. 체중이 크게 줄어들지 않아도 몸이 이전보다 훨씬 가볍게 느껴지고 기력을 회복하면서 활동량이 증가한다.

　　신경성 거식증 환자는 상황이 조금 다르다. 이들은 영양 결핍이 훨씬 더 심각한 상태라서 체중이 일주일에 100~300g씩 꾸준히 늘어나야 한다. 회복의 최종 목표는 여성의 경우 월경이 다시 돌아올 때까지 체중을 회복하는 것이다. 폭식증 환자는 회복 과정에서 폭식 욕구의 감소와 기초대사량의 정상화가 주된 목표지만, 거식증 환자는 성호르몬의 균형과 몸의 생리적 리듬이 회복되어야 하기 때문이다. 월경을 다시 시작한다는 것은 단순히 몸의 생리적 균형이 돌아왔다는 것만 의미하는 것이 아니다. 이는 뇌가 '지금은 생존을 위협하는 상황이 아니다'라고 판단할 만큼 몸이 안정적 상태에 도달했다는 신호다.

체중 측정은 어떻게 해야 하는가

　　식이장애 환자는 대부분 체중에 과하게 집착하며 하루에도 여러 번 체중계에 올라가는 경향이 있다. 심하면 식사를 마칠 때마다 불안을 해소하기 위해 체중을 확인하는 강박 행동을 보인다. 회복 과정에서는 음식이나 수분 섭취로 체중이 일시적으로 증가하기도 하는데, 그런 상황에서 갑자기 체중계에 올라가면 감정이 크게 동요될 수 있다.

　　이러한 이유로 회복기의 체중 측정은 일정한 기준 아래 이뤄지는 것이 바람직하다. 가장 권장하는 방식은 일주일에 한 번, 일정한 시간과 조건에서 측정하는 것이다. 이를테면 매주 수요일

아침, 화장실을 다녀온 뒤, 공복 상태에서 체중을 측정하는 방법
이 비교적 정확하고 신뢰할 만하다. 여성은 월경 주기에 따른 체
중 변동도 고려해야 하므로 4주간의 평균 체중을 기준으로 삼는
방식이 더 적절하다.

목표 체중을 어떻게 설정할 것인가

회복 과정에서 목표 체중은 사람마다 다르기 때문에 하나의
숫자로 규정할 수는 없다. 개인의 유전적 체형, 과거의 다이어트
이력, 생리 회복 여부 같은 다양한 요소를 종합적으로 고려해야
하기 때문이다. 실제 임상에서는 생리 주기 회복, 영양 결핍 해
소, 전반적 신체 기능의 회복 여부가 가장 중요한 판단 기준이다.

규칙적인 식사로 몸과 마음이 안정을 찾고, 그 안정감을 꾸
준히 유지할 수 있는 몸무게가 가장 바람직한 목표 체중이라 할
수 있다. 또한 목표 체중은 단일 수치가 아닌 일정 범위range로 설
정하는 것이 바람직하다. 예를 들어 목표 체중을 '50kg' 하나의
숫자로 정하기보다는 '49~51kg'처럼 범위로 하면 마음의 부담
이 줄어든다. 이는 일시적 체중 변화에 과도하게 반응하지 않도
록 도와주며 숫자 강박도 점차 약화될 수 있다.

체중 회복, 그 너머의 의미

다시 한번 말하지만 체중 회복은 단순히 숫자의 증가가 아니

라 신체가 건강한 항상성homeostasis을 되찾아가는 복합적인 회복 과정이다. 기초대사량의 정상화, 감정 조절력 향상, 에너지 수준의 회복 그리고 음식 강박에서 해방되는 것은 모두 체중이 회복되면서 나타나는 생물학적 변화와 밀접하게 연결되어 있다.

식이장애 회복 과정에서 체중 변화에 두려움을 느끼는 것은 지극히 자연스러운 감정이다. 규칙적인 식사와 잦은 체중 측정의 제한, 목표 체중을 범위로 설정하기 등의 전략은 그 두려움을 견디는 기반이 된다. 체중 변화로 불안이 밀려올 때마다 여기서 이야기한 몸에서 일어나는 생리적 변화에 대해 다시 한번 생각해보길 바란다. 회복은 체중을 통제하는 일이 아니라, 다시 일상의 삶으로 돌아가기 위해 몸과 마음의 균형을 찾아가는 과정이다.

8

폭식은 왜 멈출 수 없는가

막연히 불가능하게 느끼던 규칙적인 식사 원칙을 용기 내 시도하던 중, 어느 날 갑자기 걷잡을 수 없는 폭식 욕구가 올라와 엄청난 양의 음식을 먹고 두려움에 휩싸여 구토하게 되는 순간이 찾아오기도 한다. 그럴 때면 당혹감과 함께 "역시 난 안 돼" "나는 의지가 약한 인간이야" 같은 자책감에 빠져 하루 종일 침대에 누워 아무것도 하지 못한 채 무기력하게 지낸다. 이런 일을 반복할수록 수치심과 자기 회의감이 더 깊어지면서 회복 의지는 점점 흐려진다.

이럴 때일수록 잠시 숨을 고르고 멈춰보자. 그리고 폭식 행동 자체를 무조건 자책하기보다 이미 규칙적인 식사를 하고 있는데 왜 갑자기 폭식이 일어났는지 그 이유를 차분히 들여다볼 필요가 있다. 폭식은 대개 몸과 마음이 보내는 중요한 신호다. 그 신호가 무엇을 말하는 것인지 하나씩 살펴보자.

"규칙적으로 충분히 잘 먹고 있다고 생각하는데, 정말 충분히 먹고 있는 게 맞나?"

폭식이 일어나는 이유 중 가장 먼저 고려해야 할 원인은 신체적 배고픔physical hunger이다. 간단히 말해 몸이 여전히 에너지 부족 상태에 놓여 있기 때문에 폭식이 발생하는 것이다. 체중 증가에 관한 불안은 무의식적인 음식 제한으로 이어지기 쉽고, 그 결과 몸은 자주 저혈당 상태에 빠진다. 자신은 충분히 먹고 있다고 생각하지만 몸은 여전히 에너지 결핍 상태인 경우가 많다.

미국 국립보건원NIH 연구에 따르면 저혈당 상태에서는 뇌의 식욕 중추가 활성화되어 주로 단맛이 강하면서 칼로리가 높은 음식을 찾는다고 한다. 이는 에너지가 고갈될 위기 상황에서 생존을 위해 에너지를 빨리 확보하려는 본능적 반응이다. 신체적 배고픔에 따른 폭식을 막기 위해 가장 중요한 전략은 '배고프기 전에 미리 먹는 것'이다.

"왜 술을 마신 다음 날에는 아침부터 폭식이 멈추질 않는 걸까?"

두 번째로 생각해볼 요인은 알코올이다. 알코올은 여러 측면에서 다이어트와 폭식에 부정적 영향을 미친다. 먼저 알코올은 뇌의 전두엽 기능을 일시적으로 낮춰 절제력을 떨어뜨린다.

전두엽은 충동을 억제하고 계획적 행동을 조절하는 역할을 하는데, 알코올로 인해 이 기능이 약해지면 평소보다 쉽게 통제력을 잃으면서 과식이나 폭식으로 이어질 수 있다. 또한 알코올은 식욕과 포만감을 조절하는 렙틴 호르몬을 억제한다. 렙틴은 "이제 충분히 먹었다"라는 신호를 뇌에 전달하는 역할을 하는 호르몬이다. 이 기능이 떨어지면 음식을 적절히 섭취한 뒤에도 포만감을 느끼기 어려워진다.

여기에다 몸이 알코올을 대사할 때 포도당을 함께 소모하기 때문에 술이 깰 무렵 혈당이 급격히 떨어지면서 강한 식욕이 올라온다. 알코올은 수면의 질까지 떨어뜨려 다음 날 피로감과 무력감을 유발하며 폭식을 부추기기도 한다. 막상 술 마신 날 밤에는 별다른 문제가 없었는데, 다음 날 아침 이유 없이 허기가 느껴져 부엌을 기웃거리게 되는 건 이러한 알코올의 복합적인 영향 때문이다. 이 점을 고려하면 식이장애 회복 과정에서는 가능한 한 음주를 줄이거나 아예 중단하는 것이 좋다. 현실적으로 술을 끊기가 어렵다면 최소한 술을 마시기 전에 충분히 식사하고, 다음 날 아침 식사를 거르지 않는 습관을 유지하는 것이 좋다. 이것만으로도 폭식 위험을 줄이는 데 큰 도움이 된다.

"한번 정한 규칙을 조금이라도 어기면 모든 것이 끝장이다?"

폭식을 유발하는 세 번째 요인은 강박적 사고방식이다. 폭식을 경험하는 사람 중에는 "저녁 6시 이후에는 절대 아무것도 먹으면 안 돼!" "기름진 음식은 무조건 피해야 해!" 같은 엄격한 규칙을 자신에게 강요하는 경우가 많다. 지나치게 경직된 식사 규칙은 조금만 어긋나도 '이젠 다 틀렸어' '어차피 망했어' 등의 생각으로 이어지고, 이는 결국 폭식으로 이어지는 악순환을 낳는다.

심리학에서는 이런 사고방식을 '이분법적 사고dichotomous thinking'라고 한다. 이는 모든 것을 '완벽한 성공' 또는 '완전한 실패'로만 바라보는 사고방식이다. 이 사고방식에 사로잡혀 있으면 자신이 세운 식사 규칙을 어긴 후 몰려오는 후회와 자책감을 견디지 못하고 모든 회복 시도를 포기하게 된다. 가령 '밀가루는 절대 안 된다'는 다이어트 원칙을 지키던 사람이 데이트 도중 빵 한 조각을 먹고 난 뒤 "이제 다 망쳤어"라고 느끼며, 그날 이후 규칙적인 식사를 포기하고 계속 빵과 과자를 폭식하기도 한다.

식사 규칙이 무너지면 자신을 무조건 비난하기보다는 그 상황에서 어떤 방식이 조금 더 현실적이고 도움이 되는 대처 방법인지 생각해보는 태도가 필요하다. '이건 꼭 지켜야 해' 하는 강박적 사고보다 '이렇게 해보는 게 지금 나한테 더 효과적일지도 몰라' 같은 유연한 접근이 몸과 마음을 지키는 데 더 효과적이다. 실제로 유연하게 사고하려는 시도는 자기 비난에서 벗어나기 위한 현실적인 출발점이 될 수 있다.

"진짜 배가 고픈 걸까, 아니면 마음이 허기진 걸까?"

폭식의 네 번째 원인은 정서적 폭식emotional eating이다. 우리는 불안하거나, 외롭거나, 부끄럽거나, 분노하거나, 이유 없이 허전할 때 그 감정을 말로 다 표현하지 못하고 음식으로 달래려 하는 경향이 있다. 이런 경우를 정서적 허기emotional hunger라고 한다. 혼자 있을 때 누구의 눈치도 보지 않고 음식을 마음껏 먹으면 잠시나마 긴장감이 풀리면서 해방감을 느낀다. 그러나 바로 이어지는 것은 "내가 왜 그런 멍청한 짓을 했을까" 하는 후회와 자책이다. 그 후회와 자책 때문에 또다시 폭식을 하게 된다. 이런 경우, 폭식은 배고픔에 의한 것이 아니라 불편한 감정을 해소하기 위한 수단이다.

불안, 외로움, 자책감 같은 불편한 감정이 이어지면 우리 몸은 스트레스 호르몬인 코르티솔을 과도하게 분비한다. 이때 코르티솔은 도파민 보상 경로를 자극해 즉각 만족감을 주는 달고 기름진 음식을 섭취하려는 욕구를 높인다.

이런 정서적 폭식에 대처하려면 폭식을 유발하는 스트레스 요인이 무엇인지 살펴보고, 그에 적절히 대응하는 방법을 찾아가는 과정이 필요하다. 우선 스트레스를 받아 폭식 욕구가 올라올 때, 그것이 실제로 배가 고파서가 아니라 불편한 감정 문제를 음식으로 회피하려는 반응임을 알아차려야 한다. 그리고 폭식 대신 자신을 편안하게 해줄 다른 방법을 미리 준비하는 것도 도움이 된다. 따뜻한 물로 샤워하기, 명상, 심호흡, 좋아하는 음악 듣기, 짧은 산책, 간단한 스트레칭, 친구에게 연락하기, 글쓰기 등이 대표적이다. 이 소소한 행동들은 자신에게 주는 작지만 의미 있는 돌봄일 수 있다.

폭식의 원인을 이해하는 것이 첫걸음이다

폭식은 단순히 의지가 약해서 생겨나는 문제가 아니다. 그것은 때로는 생리적 결핍의 신호일 수 있고, 또 때로는 정서적 긴장의 분출일 수도 있다. 중요한 것은 그런 신호를 억누르거나 비난하는 게 아니라, 바로 그 신호가 자기 몸과 마음에 무엇을 전하려 하는지 귀 기울이는 자세다.

무엇이 부족했고 무엇이 지나쳤는지, 어떤 감정이 힘들었고 지금 자신이 무엇을 필요로 하는지 알아차리는 것이 반복되는 폭식 패턴을 멈추는 출발점일 수 있다.

9

나도 몰랐던 '비밀 식사 규칙'

아침에는 "오늘은 규칙적으로 식사해서 절대 폭식하지 않을 거야"라고 다짐하지만, 늦은 밤이 오면 걷잡을 수 없는 폭식 욕구에 휩싸여 결국 음식을 멈추지 못한다. 이러한 악순환에 빠진 경험은 많은 식이장애 환자에게 너무 익숙한 현실이다. 이해하기 어려운 건 하루 세 끼를 챙겨 먹고 간식까지 규칙적으로 섭취했음에도 이런 일이 반복된다는 사실이다. 겉으로 보기엔 식사 패턴이 비교적 안정적인데 왜 밤이 오면 다시 참기 힘든 폭식 충동이 일어나는 걸까? 이는 겉으로 보이는 식사 패턴 이면에 숨어 있는 '비밀 식사 규칙'이 작동하기 때문인 경우가 많다.

비밀 식사 규칙의 특성

식이장애 회복 과정에서 많은 환자가 "하루 세 끼를 규칙적으로 챙겨 먹으려 노력하고 있어요"라고 말한다. 그러나 실제 식사 행동을 기록한 자기 모니터링 기록지를 함께 검토하면 식사의 양이나 패턴이 지나치게 제한적이고 엄격한 다이어트 규칙 안에 갇혀 있는 경우가 많다.

예를 들면 '밥은 1/3공기 이상 먹지 않기' '저녁 식사는 6시 이전에 끝내기' 같은 규칙이 자연스럽게 작동하는 일이 흔하다. 정작 본인은 이런 규칙을 문제로 인식하지 못한다. 체중 증가를 두려워하는 본인이 무의식적으로 만든 '비밀 식사 규칙'이기 때문이다.

이러한 비밀 규칙은 식사 시간부터 음식의 종류, 섭취량, 식사 방식까지 모든 측면을 지배한다. 이 규칙이 작동되면 자동적으로 식사의 양과 내용을 엄격히 제한하여, 몸이 필요로 하는 최소한의 에너지조차 충분히 공급하지 않는 경우가 많다. 겉보기에는 '정상 식사'를 하는 것 같지만 실제로는 섭취하는 음식의 양과 영양이 현저히 부족한 상태이다.

폭식을 부르는 비밀 규칙의 작동 원리

식이장애 전문가들의 연구에 따르면, 식이장애 환자의 약 87%가 스스로 의식하지 못한 채 비밀 식사 규칙을 따른다고 한다. 흥미로운 점은 식이장애가 없는 일반인조차 68%가 무의식적 식사 규칙의 영향을 받고 있다는 사실이다. 많은 사람이 이런 규칙을 '건강한 식사 습관'이라 생각하지만 실제로는 신체의 에너지 균형을 무너뜨리고 폭식을 유발하는 요인이 되기 쉽다.

비밀 식사 규칙과 폭식 사이에는 분명한 인과관계가 존재한다. 비밀 식사 규칙은 몸을 에너지 결핍 상태로 만들 뿐만 아니라 '먹어도 되는 음식'과 '먹으면 절대로 안 되는 음식'을 나누는 엄격한 금지 조항을 만든다. 이 금지 조항이 오래 지속될수록 특정 음식에 대한 갈망은 더 커지고, 결국 어느 순간 폭식 충동이 걷잡을 수 없이 몰아친다.

자신의 비밀 식사 규칙 탐색하기

이제 자신에게 다음과 같은 질문을 던져볼 필요가 있다.

- 내가 지키려는 식사 규칙은 정말로 내 몸을 건강하게 돌보는 방식일까?
- 혹시 나를 옥죄고 지치게 만드는 지나치게 엄격한 다이어트 규칙이 아닐까?
- 그 기준은 과연 어디에서 온 것일까?

그 규칙은 생각보다 오래된 기억에서 기인했을 가능성이 크다. 다음은 비밀 식사 규칙이 형성될 수 있는 경험의 예시다.

- 어린 시절 가족과의 식사 자리에서 외모나 체형을 비교당한 경험
- 초등학교 시절 또래들에게 "뚱뚱하다"라고 놀림을 받은 기억
- "살 좀 빼면 예쁠 텐데" 같은 어른들의 무심한 한마디
- 명절이나 친척 모임에서 매번 반복되는 외모 평가
- 친구나 연인이 무심히 던지는 "예전보다 살이 찐 것 같아 보여"라는 말
- 체육 시간에 몸무게를 공개 측정할 때 느낀 수치심

오래전 경험은 마음 깊은 곳에 수치심을 남기고 그 수치심으로부터 자신을 지키기 위해 '비밀 규칙'을 만든다. 그런데 시간이 흐르면서 그 규칙은 점점 더 강박적으로 작동하고, 결국 몸과 마음을 가혹하게 억누르며 폭식과 자책이라는 또 다른 고통으로 이어지는 덫이 된다.

비밀 식사 규칙 완화하기

오랜 시간에 걸쳐 형성된 비밀 식사 규칙을 단기간에 모두 없애기는 어렵다. 하지만 지금의 규칙이 지나치게 엄격해 오히려 폭식을 유발한다는 사실을 이해한다면, 폭식을 멈추기 위해 먼저 그 비밀 규칙을 조금씩 느슨하게 풀어보려는 시도가 필요하다. 갑작스러운 변화는 도리어 불안과 저항을 키울 수 있으므

로 작은 변화부터 시작하는 것이 바람직하다.

시간 규칙 완화: '저녁 6시 이후엔 아무것도 먹지 않는다'라는 규칙이 있다면, 처음에는 저녁 9시에 따뜻한 차 한 잔이나 과일 한 조각을 허용해본다.

식사량 완화: '밥은 무조건 1/3공기까지만'이라는 기준이 있다면, 하루 한 끼만이라도 밥을 반 공기로 늘리는 연습을 해본다.

간식 허용 연습: '간식은 절대 안 돼!'라는 금지 규칙이 있다면, 일주일에 두세 번은 미리 계획한 시간에 가볍게 간식을 먹는 시도를 해본다.

때로는 비밀 식사 규칙을 조금씩 완화하려는 시도조차 체중이 급격히 늘어날 것이라는 두려움을 불러올 수 있다. 그러나 이 두려움은 대개 최악의 상황을 상상한 결과로, 실제보다 훨씬 과장되었을 가능성이 크다. 규칙적인 식사를 시작한 뒤 나타나는 체중 변화는 체내 수분이 일시적으로 증가하거나, 평소보다 섭취한 음식량이 많아져 위장 속에 남아 있는 시간이 길어진 결과일 경우가 많다. 이 변화는 대개 며칠 지나면 자연스럽게 안정을 찾는다. 비밀 식사 규칙을 조금 완화한다고 갑자기 체중이 많이 늘어나는 건 아니다.

그래도 불안과 두려움이 올라온다면 자신에게 이렇게 말하는 것도 좋다.

"지금 이 감정은 과거의 패턴이 만든 자동 반응일 뿐이야. 내 몸은 이제 새로운 방식을 원하고 있어. 이건 실패가 아닌 회복을 위한 연습이야. 오늘 하루 이것을 시도한 것만으로도 나는 충분히 잘 해내고 있는 거야."

이러한 자기 대화는 불안에 휘둘리지 않도록 마음의 중심을 잡아주고, 회복의 방향을 놓치지 않게 도와주는 내면의 버팀목이다.

엄격한 '비밀 식사 규칙'에서 서서히 벗어나 자신의 배고픈 신호에 귀 기울이고, 거기에 유연하게 반응하는 법을 배우는 것이 회복의 핵심이다. 진짜 회복은 '얼마나 식욕을 잘 참았는가'가 아니라 얼마나 정직하게 자신의 몸과 마음의 신호를 듣고 그에 맞춰 반응했는가에 달려 있다.

◆

비밀 식사 규칙을 완화하기 위한 내면의 대화

오랫동안 지켜온 비밀 식사 규칙을 조금씩 내려놓으려 할 때, 언제든지 불안과 두려움이 올라올 수 있다. 그 순간에 사용할 수 있는 내면의 대화를 아래와 같이 연습해보자.

밤에 간식을 먹으려다 망설일 때

"지금 느끼는 이 욕구는 내가 의지가 약해서가 아니라 내 몸이 에너지가 부족하다고 알려주는 신호야. 과일 한 조각이 나를 망치는 게 아니야. 이건 폭식이 아니고 회복을 선택하는 작은 연습이야."

평소보다 밥을 더 먹으려 할 때

"이 정도 양은 결코 지나친 게 아니야. 머리로는 충분히 알고 있지만 불안해지는 건 오랫동안 익숙해진 비밀 규칙이 여전히 작동하고 있어서야. 지금 이 식사는 불안을 느끼면서도 내 몸이 필요로 하는 걸 허락하는 연습이야."

정해진 시간 외에 배고픔이 올라올 때

"규칙적으로 식사를 하는데도 갑자기 음식이 더 땡길 때도 있어. 그래도 괜찮아. 지금 느껴지는 배고픔은 잘못된 게 아니야. 몸이 에너지가 더 필요하다고 보내는 신호일 수도 있어. 그럴 땐 그 신호를 무조건 억누르려 하지 말고, 그 신호에 따라 조금 더 먹어도 괜찮아. 지금은 새로운 규칙을 만들어가는 중이야."

회복을 위한 자기 대화 연습

다음은 불안이 올라올 때마다 스스로 조용히 되뇔 수 있는 핵심 문장이다. 반복할수록 뇌는 점점 더 새로운 회복 언어에 익숙해진다.

"지금 이 감정은 과거의 패턴이 만든 자동 반응일 뿐이야."

"내 몸은 이제 새로운 방식을 원하고 있어."

"이건 실패가 아니라 회복을 위한 연습이야."

"오늘 하루 이것을 시도하는 것만으로도 나는 충분히 잘하고 있는 거야."

"나는 지금 내 몸과 다시 연결하는 중이야."

10

정서적 폭식

정서적 폭식이란 특별히 배고프지 않아도 불편한 감정 때문에 음식을 과도하게 먹는 경우를 말한다. 사실 이는 현대 사회에서 많은 사람이 겪고 있는 중요한 건강 문제 중 하나다. 실제로 일반 인구의 30～40%가 정서적 폭식을 경험한다는 연구 결과가 있는데, 특히 여성과 만성 스트레스를 겪는 사람의 경우 정서적 폭식의 빈도가 더 높게 나타났다. 감정의 소용돌이가 너무 커 감당하기 어려운 상황에서 이를 풀어낼 건강한 방법이 없을 때, 뇌는 스트레스에 대응하는 하나의 방식으로 '먹는 행동'을 선택한다.

정서적 폭식의 메커니즘

불안, 분노, 외로움, 수치심 같은 불편한 감정이 올라올 때 뇌는 그 상태에서 벗어날 가장 빠르고 확실한 해결책을 찾으려 한다. 이때 음식 섭취는 가장 빠르고 쉽게 시도할 수 있는 보상 수단이 된다.

단것이나 기름진 음식을 먹으면 뇌에서 쾌감을 유발하는 신경전달물질인 도파민을 분비해 잠시 기분이 좋아지거나 안정감을 느끼게 된다. 뇌는 이 경험을 학습하고 기억했다가 이후 불편한 감정이 일어날 때마다 자동적으로 음식 섭취를 해결책으로 떠올린다.

이 경험을 반복하면 뇌는 '불편한 감정이 올라오면 바로 먹는다'라는 공식을 점차 학습하게 된다. 그 결과 감정을 정확히 인식하기도 전에 자동으로 '무언가를 먹고 싶다'는 충동이 올라온다.

이런 반응은 누구에게나 나타날 수 있는 뇌의 자연스러운 생존 메커니즘이다. 특히 어릴 때부터 부정적 감정에 자주 압도당한 경험이 있으면, 감정이 올라올 때마다 먹는 것으로 마음을 진정시키려는 이 대처 반응이 습관처럼 굳어지기 마련이다. 이렇듯 정서적 폭식은 단지 '의지가 약해서'가 아니라 감정을 조절하기 어려운 상황에서 뇌가 선택한 생존 방식 중 하나라는 점을 이해해야 한다.

왜 식이장애 환자는 감정에 더 취약할까

식이장애 환자는 유독 특정 감정에 민감하게 반응하는 경향이 있다. 단지 감정을 강하게 느끼는 것에 그치지 않고, 감정을 인식·표현·조절하는 내면의 정서 시스템 자체가 구조적으로 취약한 경우가 많다. 실제로 식이장애 환자는 자기 감정을 명확히 인식하거나 언어로 표현하는 것에 어려움을 겪는 경우가 있는데, 심리학에서는 이를 '감정표현불능alexithymia'이라 부른다. 이러한 상태에서 불편한 감정은 신체 증상이나 잘못된 식사 행동으로 표현되는 경우가 많다.

기능성 뇌영상fMRI 연구에 따르면 식이장애 환자는 감정 자극에 노출되었을 때 감정 처리를 담당하는 뇌 영역의 활동은 감소하는 반면, 편도체 같은 감정 반응에 관여하는 부위는 과도하게 활성화하는 양상을 보인다. 이는 감정에 과민하게 반응하지만, 정작 그 감정을 조절하거나 통합하는 시스템이 제대로 작동하지 않는다는 것을 보여준다.

이처럼 감정을 조절하는 뇌 기능이 충분히 작동하지 않을 때, 불쾌한 감정이 올라오는 순간 뇌는 '이 감정은 위험하다' '감당할 수 없다' 하고 자동적으로 인식하게 된다. 그 결과 감정을 억누르거나 회피하려는 반응이 쉽게 활성화되는데 이런 반응이 반복되면 점차 감정을 직접 표현하지 못하고, 신체 감각(예: 위장 불편, 무기력, 가슴 답답함)이나 잘못된 식사 행동(예: 거식, 폭식) 같은 간접 방식으로 드러내는 패턴이 굳어진다.

정서적 폭식을 유발하는 감정

1. 수치심

수치심은 정서적 폭식을 유발하는 대표적인 감정 중 하나다. 이는 특정 상황에서 느끼는 일시적인 부끄러움이나 창피함 같은 감정과는 성격이 다르다. 수치심은 '나는 본질적으로 결함이 있는 사람이다' '나는 근본적으로 부족하다' 같은 깊은 자기 인식과 연결되어 있다.

이처럼 수치심은 자기 가치와 존재감의 근원을 뒤흔드는 감정이라 쉽게 말하거나 표현하기가 어렵다. 그래서 많은 사람이 이 감정을 더욱더 감추거나 피하려 하고, 그렇게 하는 것이 자신을 보호하는 유일한 방법이라고 여기게 된다. 그 결과 수치심은 간혹 대인기피, 과도한 완벽주의 같은 심리적 특성으로 위장되기도 하고, 식이장애나 신체 증상으로 나타나기도 한다.

2. 외로움과 공허감

외로움은 단순히 혼자 있을 때 생기는 감정이 아니다. 누군가에게 이해받고 싶고 연결감을 느끼고 싶은 기본적인 요구가 충족되지 않을 때 생겨나는 감정이 바로 외로움이다. 심리학 연구에 따르면 외로움은 뇌의 경계 시스템을 자극해 스트레스 반응을 유발하고, 신체와 정서 건강에 광범위하게 영향을 줄 수 있다.

한편, 공허감은 뚜렷한 이유 없이 내면이 텅 빈 듯한 느낌을 말한다. 감정을 잘 인식하지 못하거나 자신의 감정과 욕구를 억누르는 상태가 오래 이어질 때 공허감이 생기기 쉽다. 특히 감정을 표현하는 데 익숙하지 않거나 자신이 무엇을 원하는지 잘 모를 때 공허감은 더 빈번하게 찾아온다.

외로움과 공허감은 모두 '정서적 결핍'에서 기인한다는 공통점이 있다. 이때 음식은 그 결핍을 한때나마 채워주는 수단으로 쓰이기 쉽다. 음식은 외로울 때 관계의 빈자리를 '대신하는' 역할을 하고, 공허할 때는 텅 빈 마음을 '채워주는' 역할을 한다. 그래서 이 두 감정은 정서적 폭식으로 이어질 가능성이 크다.

3. 불안과 두려움

불안과 두려움도 정서적 폭식과 깊이 연결된 감정이다. 식이장애 환자는 예측하기 어렵고 통제할 수 없는 상황에 놓이면 최악의 시나리오를 떠올리며 극심한 불안에 휩싸인다. 이때 뇌는 그 불편한 감정에서 벗어나기 위해 즉각 위안을 줄 만한 방법을 찾는다. 그중 가장 빠르고 강력한 방법이 바로 '먹는 행동'이다.

특히 식이장애 환자는 음식과 체중을 강하게 통제하려는 경향이 있어서 식사 계획이 조금만 틀어지거나 체중에 변화가 생기면 불안과 두려움이 쉽게 증폭한다. 이 감정을 가라앉히기 위해 정서적 폭식이 빈번하게 일어나는 것이다.

4. 분노

분노는 식이장애 환자가 매우 다루기 어려워하는 감정 중 하나다. 그들은 '화를 내는 것은 잘못된 일이다' '화를 내면 사랑받을 수 없다' 같은 내적 신념을 갖고 있기 때문에, 분노를 적절히 표현하는 것에 강한 저항감을 느낀다. 그 결과 분노는 밖으로 드러나지 못하고 억눌린 채 내면에 머무는데, 억압된 그 분노는 결국 자신에게로 향한다.

이때 나타나는 '먹고 토하는 행동'은 표현하지 못한 분노를 간접적으로 드러내는 한 가지 방식이다. 식이장애 환자는 겉으로는 조용하고 무력해 보이지만 마음속에는 억눌린 분노가 차곡차곡 쌓여 있는 경우가 많다. 이렇게 표현하지 못한 분노가 바깥이 아닌 자기 자신을 향하면서 스스로를 비난하거나 벌주는 행동으로 이어지기도 한다. 이렇게 폭식과 구토는 흔히 자신을 처벌하는 수단으로 작동한다.

5. 죄책감

식이장애 환자에게 죄책감은 단순히 '많이 먹어서' 생기는 감정이 아니다. 어떤 경우에는 '먹고 싶다'는 생각을 한 것만으로도 죄책감을 느끼기도 한다. 어릴 때부터 자신의 욕구를 표현하거나 충족하는 것을 비난받으면, 아이는 자신에게 필요한 욕구를 느끼는 것조차 잘못된 것으로 여긴다. 이에 따라 음식에 대한 욕구 자체에 죄책감을 느끼고 음식을 먹기 전, 먹는 동안, 먹은 후에도 내내 그 감정이 따라붙는다. 이러한 죄책감은 자기 억제를 더 강화하거나 반대로 '어차피 다 망쳤어'라는 자포자기의 심정으로 이어져 정서적 폭식을 반복하게 만든다.

우리를 진짜 힘들게 하는 건 위에서 말한 감정들이 생긴다는 사실 자체가 아니다. 누구나 수치심을 느끼고, 불안하거나 외롭고, 화가 날 수 있다. 정말 중요한 것은 그 감정을 어떻게 받아들이고 다루느냐이다.

정서적 폭식의 해결책

먼저 회복의 출발점은 감정을 억누르거나 무시하는 데 있지 않다. 중요한 건 감정을 있는 그대로 인식하고 그것이 어떤 감정인지 구분하는 연습을 차근차근 하는 것이다. 결국 감정과 새로운 방식으로 관계를 맺는 경험이 바로 회복의 중요한 전환점이다.

감정과 거리 두기: 여백 만들기

"갑자기 가슴이 답답해지고 불안이 올라오니까, 배가 고픈 것도 아닌데 냉장고 앞에 서 있는 나를 발견했어요."

이처럼 감정이 밀려오고 폭식 욕구가 생길 때, 효과적인 대응 방법 중 하나는 그 감정에 휩쓸리지 않고 잠시 멈추어보는 순간을 만들어보는 일이다. 이러한 멈춤이 가능해지면 감정과 나 사이에 공간이 생겨 그 감정을 한 걸음 떨어져서 바라보고 다룰 수 있는 여지가 생긴다.

이러한 멈춤과 공간을 만드는 가장 쉬우면서도 효과적인 방법은 호흡을 천천히 가다듬는 것이다. 불안이나 폭식 충동이 올라올 때마다 우선 천천히 심호흡을 해보자. 여기서 기억해둘 점은 들이쉬는 숨보다 내쉬는 숨을 조금 더 길게 하는 것이다. 이 간단한 호흡법만으로도 신체가 이완되고, 감정에 휩쓸려 저절로 폭식으로 이어지는 반응에 잠깐의 멈춤이 생길 수 있다. 이렇게 되면 그 감정을 차분히 들여다보고 말로 표현할 수 있는 상태가 된다.

감정에 이름 붙이기

"뭔가 불편한데 그게 불안인지 외로움인지 말로 표현할 수 없었어요."

불편한 감정에 휩싸이면 자신이 지금 어떤 감정을 느끼는지조차 알아차리기 어렵다. 그럴수록 마음은 더 혼란스럽고 폭식 충동은 더욱 강해진다. 회복 과정에서 자신이 느끼는 감정을 빠르게 인식하고, 그 감정에 이름을 붙이는 연습은 매우 중요한 단계다. 감정에 이름을 붙이는 순간, 대개 감정의 강도는 한결 누그러지고, 충동 행동으로 이어지는 속도도 늦출 수 있다.

실용적인 방법 중 하나는 자신의 감정을 글로 적어보는 것이다. 감정 일지를 활용해 언제, 어떤 상황에서, 어떤 감정을 느꼈는지 짧게라도 기록해보자. 이 작업은 감정과 충동 행동 사이의 연결 고리를 보다 명확히 인식하게 해준다. 또한 반복되는 정서 반응 패턴을 이해하는 데도 도움이 된다. 감정을 언어로 표현하면 그다음엔 그 감정이 내 몸에 어떤 영향을 주는지 감각적으로 알아차리는 연습으로 자연스럽게 이어갈 수 있다.

감각 인식을 통해 현재에 집중하기

"온몸이 긴장한 상태에서 머릿속은 과거의 안 좋은 기억들로 가득 차게 돼요."

이럴 때 도움이 되는 하나의 접근은 신체 감각을 활용해 '지금 여기'에 집중하는 훈련이다. 불편한 감정은 대개 좋지 않은 과거 경험이나 미래에 대한 과도한 불안과 연결되어 있기 때문에, 지금 느껴지는 몸의 감각에 주의를 기울이는 것만으로도 감정의 강도가 조금은 가라앉을 수 있다. 다음과 같은 방식으로 지금 이 순간의 감각을 하나씩 인식해보자.

눈에 보이는 것 다섯 가지(시각) → 손으로 만질 수 있는 것 네 가지(촉각) → 들리는 소리 세 가지(청각) → 맡을 수 있는 냄새

두 가지(후각) → 입안에서 느껴지는 감각 한 가지(미각).

이 간단한 순서를 따라가다 보면 복잡하게 휘몰아치던 감정에서 조금씩 벗어나 현재에 집중하는 힘이 생긴다. 지금 이 순간에 머무는 감각에 익숙해지면, 이제는 그 감정을 몸의 움직임과 함께 안전하게 흘려보내는 연습으로 자연스럽게 이어갈 수 있다.

신체 감각 활용하기

"머리는 멍한 채 가만히 있는데, 몸은 점점 더 조여드는 것처럼 긴장돼요."

이럴 때는 신체 감각을 적극 활용하는 방식이 정서 조절에 도움이 된다. 긴장된 몸을 풀기 위해 가볍게 스트레칭을 하거나 실내를 천천히 걸으며 발바닥에 느껴지는 감각에 집중해보자. 편안함을 주는 향기를 맡거나, 따뜻한 물에 손을 담그거나, 손끝으로 부드러운 담요의 질감을 느껴보는 것도 감정을 진정시키고, '다룰 수 있는 상태'로 만드는 데 효과적이다.

이렇게 신체 감각을 활용하여 몸이 다시 안정을 찾으면, 이제 충동을 행동으로 옮기기 전에 잠시 멈추는 연습이 가능해진다.

폭식 충동 지연하기

"이제는 그만 먹어야 한다는 걸 알면서도 손은 계속 과자 봉지를 뜯고 있어요."

폭식 충동이 강하게 느껴질 때, 그 행동을 즉시 실행하지 않고 잠시 시간을 지연하는 연습은 매우 중요하다. 예를 들면 타이머를 10분 정도로 맞춰두고 그 시간 동안 산책하기, 신발장 정리, 방 청소하기, 반려동물 돌보기와 같은 대체 활동을 시도한다. 이 간단한 시도만으로도 '불편한 감정 → 폭식 행동'으로 이어지는 기존 반응 회로를 차단하는 데 효과적이다. 충동을 한 걸음 늦춘 그 짧은 시간에 안정감을 주는 누군가와 연결될 수 있다면 폭식 충동은 더욱더 진정될 수 있다.

사회적 연결 활용하기

"누군가에게 말하면 민폐가 될까 봐 망설였는데, 막상 이야기를 나누고 나니 한결 가벼워졌어요."

불편한 감정이 감당하기 어려울 정도로 커졌을 때, 타인과의 연결은 정서적 긴장을 완화하는 데 중요한 역할을 한다. 신뢰할 만한 가족이나 친구 또는 편안한 사람에게 자신의 감정 상태를 간단히 알려보자. 꼭 깊은 대화가 아니어도 괜찮다. "나, 지금 좀 힘들어"라고 표현하는 것만으로도 감정이 더 커지는 것을 막고, 그 감정을 적절한 수준에서 유지하는 데 도움이 된다.

감정은 억누를수록 더 증폭되는 경향이 있어서 그것을 밖으로 꺼내 누군가와 나누는 시도 자체가 치유의 시작일 수 있다. 이처럼 편안한 관계 안에서 감정을 표현하는 경험이 쌓이면, 점점 정서적 폭식이 아닌 다른 방식으로 감정을 다루는 힘이 생겨난다.

중요한 것은 이 모든 전략이 감정을 없애기 위한 게 아니라, 감정을 더 건강한 방식으로 받아들이고 조금씩 조절해보기 위한 연습이라는 점이다. 처음에는 낯설고 어렵게 느껴질 수 있다. 하지만 아무리 작은 시도라도 하나씩 하다 보면, 어느 순간 감정에 휘둘리지 않고 정서적 폭식이 아닌 다른 방법으로 대처하는 자신을 발견하게 될 것이다.

11

제거행동에서 벗어나기

구토, 씹고 뱉기, 하제·이뇨제 남용, 강박적 운동 같은 제거행동은 식이장애 회복 과정에서 큰 걸림돌로 작용한다. 스스로도 '이렇게까지 해야 하나?' 하는 의문이 들 때도 있지만, 막상 멈추려 하면 불안과 두려움이 더 커진다. 이런 행동이 여러 면에서 몸과 마음에 해롭다는 건 머리로는 분명 알고 있어도, 그 제거행동을 자동적으로 반복하게 되면 자책감은 점점 더 깊어진다. 옆에서 지켜보는 가족도 어떻게 도와야 할지 몰라 지쳐가고, 때론 제거행동 때문에 서로에게 상처가 되는 말을 주고받기도 한다.

제거행동은 처음에 폭식 이후 체중 증가를 막으려는 의도로 시작된다. 이를 '보상적 제거행동'이라 부른다. 이것은 폭식 충동을 참지 못해 음식을 과도하게 섭취한 뒤, 체중이 증가할까 봐 불안해서 억지로 구토하거나 약물을 복용하는 등의 반응을 말한다. "지금 먹은 걸 바로 토해내지 않으면 살이 찔 거야." 많은 환자가 이러한 불안에 휩싸여 구토를 반복한다. 어떤 환자는 "위장에 음식이 남아 있다는 느낌만으로도 숨이 막히고 미칠 것 같다"라고 말한다.

시간이 지나면서 제거행동은 폭식하지 않은 상황에서도 나타난다. 불안, 죄책감, 수치심 같은 감정이 제거행동을 유발하면 이는 '비보상적 제거행동'으로 분류한다. 이 경우 제거행동은 단지 체중 조절을 위한 게 아니라 정서적 불편감을 덜어내기 위한 수단으로 기능한다.

제거행동을 유지하는 내면의 동기에는 몇 가지 공통 요소가 있다. 우선 음식을 먹은 뒤 느껴지는 포만감 자체를 극도로 불쾌하게 받아들이는 경우가 가장 흔하다. 위장에 음식이 가득 찬 느낌만으로도 강한 거북함과 불쾌감이 올라오고, 그 불편함을 빨리 없애야 한다는 압박감에 사로잡힌다. 어떤 이들은 식사 후의 불편감을 빨리 제거하지 않으면 곧바로 체중이 끔찍할 정도로 늘어날 거라는 무서운 상상을 하며, 제거행동을 불가피한 선택으로 받아들인다.

여기에는 '재앙화 사고catastrophic thinking'라는 인지 왜곡이 깊게 작용하고 있는 경우가 많다. 이는 사소한 감각이나 사건을 지나치게 확대해석하고 그것이 곧 끔찍한 결과로 이어질 것이라는 믿음이다. 가령 '지금 이만큼밖에 안 먹었는데도 벌써 살이 엄청 찐 것 같아. 여기서 더 먹는다면 아마도 끝없이 체중이 불어날 거야' 같은 생각은 제거행동을 정당화하면서, 그 행동을 반복하게 만든다.

한편, 인간관계에서 느끼는 강한 불안이나 수치심을 해소하기 위한 수단으로 제거행동을 선택하는 경우도 많다. 이런 제거행동은 몸이나 음식을 통제해 내면의 혼란을 조절하려는 시도로 이해할 수 있다. 눈에 보이지 않고 다루기 어려운 감정과 달리 구체적이고 손에 잡히는 몸이나 음식은 쉽게 조절할 수 있기 때문이다. 제거행동은 감정 통제가 어려운 상황일수록 통제감을 회복하려는 반복 행동 패턴으로 굳어지기 쉽다.

제거행동 반복과 중독: 불안을 잠재우는 위험한 습관

실제로 감정 조절 능력이 부족할수록 식이장애 증상이 더 심해진다는 연구 결과가 있다. 감정을 제대로 인식하거나 적절히 조절하지 못할 경우, 제거행동으로 이어질 가능성이 크다는 것이다. 또 다른 연구에서는 제거행동 후 몸의 긴장이 잠시 풀리고 뇌에서 도파민 같은 보상 호르몬이 분비되면서, 제거행동이 정서적 안정감을 주는 방식으로 학습된다는 사실을 확인했다. 이러한 신경생리학적 반응은 제거행동을 감정을 달래주는 일종의 '위안 수단'으로 기억하게 만들고, 이는 시간이 지나면서 중독처럼 쉽게 끊기 어려운 반응 패턴으로 굳어진다.

또 다른 경우에는 제거행동이 자신을 벌주는 방식으로 나타난다. '너 같은 주제에 음식을 그렇게 마음 편히 먹다니, 넌 그럴 자격이 없어! 뭔가 벌을 받아야 해'라는 자기 비판적 생각이 강해지면, 제거행동은 단순히 섭취한 음식을 없애는 차원을 넘어 자신에게 고통을 주는 수단이 된다.

모든 제거행동은 단기적으로 불안과 두려움을 줄이는 것처럼 보이지만, 장기적으로는 폭식과 제거행동 사이의 악순환을 강화한다. 구토하고 난 뒤 잠깐의 안도감은 뇌가 그 행동을 '계속 이용할 수 있는 효과적인 해결책'으로 기억하게 만든다. 그로 인해 '어차피 다 토하면 괜찮다'라는 생각이 굳어지면서 다음 폭식을 더 쉽게 하게 된다. 결국 제거행동은 폭식을 유발하고, 폭식은 다시 제거행동으로 이어지는 악순환 구조가 굳어진다.

더 나아가 제거행동은 감정을 인식하고 조절하는 내면의 힘을 점점 약화시킨다. 불편한 감정이 올라올 때마다 그것을 제거행동으로만 해소하게 되면 감정을 다루고 통제하는 능력이 점차 떨어진다. 그 결과 시간이 지날수록 불편한 감정을 감당하는 힘이 약해지고, 작은 스트레스에도 쉽게 짜증이나 신경질, 분노 폭발이 일어나는 상태로 이어질 수 있다.

제거행동이 체중 조절에 효과적이라고 믿는 사람이 많지만, 사실 생리학적 관점에서 그 효과는 매우 제한적이다. 몇몇 연구에 따르면 구토로 제거되는 칼로리는 평균적으로 섭취량의 절반 정도에 불과하다. 이는 자기 유도성 구토가 체중 조절에 실질적 도움을 주지 않는다는 생리학적 근거를 뒷받침한다. 여기에다 구토 반복은 위장 운동의 조절 기능을 약화해 식사 후 포만감을 인식하는 데 혼란을 주고, 소화 기능 전반에 영향을 미친다.

하제와 이뇨제도 대부분의 영양소가 이미 흡수된 이후에 작용하기 때문에 체지방 감소에 거의 영향을 미치지 못한다. 잠시 체중이 줄어든 것처럼 느껴져도 실제로는 수분 손실에 불과하며, 이는 혈액량 감소로 이어져 기립성 저혈압의 위험을 높일 수 있다.

이를 종합하면 제거행동은 심리적 부작용과 신체 손상을 상당히 심각하게 주면서도 실질적 도움은 별로 주지 않는 위험한 선택이다. 처음에는 불안을 줄이는 위안 수단처럼 느껴지겠지만 결국 더 깊은 불안과 자책, 외로움으로 이어진다. 또한 습관적으로 배달 음식을 먹고 제거행동을 반복하는 경우, 경제적 손실도 만만치 않다.

회복은 제거행동이 자신에게 전혀 도움을 주지 않는다는 진실을 몸과 마음으로 이해하고 받아들이는 데서 시작된다. 이 깨

달음은 어느 날 갑자기 찾아오는 게 아니라, '이게 정말 내게 도
움이 되는 걸까?' 하는 작은 의문으로 출발해 점차 '제거행동은
몸과 마음을 망칠 뿐이야'라는 믿음이 서서히 자리 잡는 과정에
서 나타난다.

제거행동이 몸에 남기는 상처

반복적인 제거행동은 신체 회복력을 점점 약화시키며, 다음과 같은 후유증을 초래할 수 있다.

전해질 불균형

구토나 하제 남용은 칼륨, 나트륨, 염소 같은 주요 전해질 농도를 불균형하게 만들어 심장에 위험한 영향을 줄 수 있다. 특히 혈중 칼륨 수치가 급격히 떨어질 경우, 부정맥이나 심장마비로 이어질 위험이 높아진다. 설명할 수 없는 근력 약화, 피로감, 심계항진 등이 느껴진다면 즉시 의료진의 평가를 받아야 한다.

위와 식도 손상

반복해서 하는 구토는 위산이 식도와 구강으로 역류하게 만들어, 식도나 구강에 염증을 유발한다. 또한 위장 점막에도 손상을 줄 수 있다. 그로 인해 음식물을 삼킬 때 통증을 느끼고 입안이 헐거나 피가 나는 증상이 반복될 수 있다. 이러한 변화는 식사 자체를 더욱 고통스럽게 만들어 결국 일상생활 전반에 큰 영향을 준다.

구강 건강 악화

잦은 구토로 위산에 구강이 자주 노출되면 치아의 에나멜층이 부식되어 치과 치료를 받는 경우가 많다. 또한 반복적 구토는 얼굴 양쪽에 있는 침샘(특히 귀밑에 있는 이하선)을 자극해 염증이나 부종을 유발하며, 그 결과 얼굴이 붓는 현상이 나타날 수 있다. 침샘 비대는 구토가 심한 환자에게 흔히 나타나는 현상으로 외형상 얼굴이 부어 체중이 늘어난 것처럼 보이기도 한다.

대장 기능 저하

하제를 반복해서 사용하면 대장은 인위적인 자극에만 반응하게 되어, 자연스러운 장 운동 기능은 점점 약해진다. 그 결과 만성 변비와 복통, 전반적인 장 기능 저하가 나타날 수 있다. 심하면 하제 없이 스스로 배변하기 어려운 상태로 악화될 수 있다.

근골격계 손상

에너지 부족 상태에서 과도한 운동을 지속하면 근육이 손상되거나, 체중을 지탱하는 뼈에 미세한 금이 가는 피로골절이 생기기 쉽다. 특히 저체중 상태에서는 회복 속도가 느리며, 이러한 손상이 반복될 경우, 만성 근육 통증이나 관절 부위의 통증으로 이어질 수 있다.

탈수와 저혈압

구토나 이뇨제 사용으로 체내 수분을 과도하게 잃게 되면 탈수 상태가 지속되면서 기립성 저혈압이 동반될 수 있다. 이러한 상태는 어지럼증, 실신, 무기력감을 유발시키며, 장기적으로는 심장 기능에도 부담을 준다.

신장 기능 저하

이뇨제를 반복해서 사용하면 신장이 꾸준히 과부하를 받아, 수분과 전해질을 과도하게 배출하면서 점차 제 기능을 잃어간다. 이 상태가 지속될 경우, 만성 신장 질환으로 이어질 위험이 커진다.

이러한 신체 이상이 감지되면 결코 가볍게 넘기지 말고 반드시 의료진과 상담해야 한다. 다행히 대부분의 증상은 제거행동을 중단하고 적절한 회복 과정을 거치면 충분히 좋아질 수 있다.

◆

제거행동 줄이기: 회복을 위한 단계적 접근법

습관적 제거행동을 단번에 멈추는 것은 누구에게나 쉽지 않다. 회복의 출발점은 '지금 당장 이 행동을 끊어야 해'라는 조급함이 아니라, '지금 할 수 있는 다른 선택지'를 하나씩 만들어가는 일이다. 아래에 소개하는 방법은 당장 오늘부터 시도해볼 수 있는 소소한 실천들이다.

1. 구토 충동 다루기

만약 계획보다 많이 먹은 뒤 '큰일이야. 빨리 토해야 해'라는 생각과 함께 화장실로 달려가고 싶은 충동이 밀려온다면, 단 30초만이라도 시간을 벌어보자. 이를테면 손에 얼음 조각을 쥐거나 찬물로 손을 씻는 것은 구토 충동에 제동을 거는 데 효과가 있다. 그 차가운 감각 자극은 충동 반응을 잠시 멈추게 하고, 자동적으로 작동하려는 행동의 흐름에 잠깐 숨 돌릴 여유를 만들어준다.

또는 눈을 감은 채 숨을 천천히 들이쉬고 내쉬며 호흡에 잠시 집중해보자. 이렇게 하면서 구토 충동을 억지로 참으라는 말은 아니다. 호흡에 집중하면서 구토 충동이 조금씩 누그러질 수 있다는 사실을 몸으로 직접 경험해보는 것이다. 충동이 조금 진정되면 산책을 하거나 좋아하는 음악을 들으며 긴장을 풀어보자. 따뜻한 물로 샤워하거나 반려동물을 쓰다듬고 안아보는 것도 좋다. 감정을 맘껏 표현하는 일기를 쓰는 방법도 있다. '왜 구토하고 싶은지' '지금 무슨 기분인지'를 글로 적다 보면,

그 순간의 충동과 나 사이에 약간의 여유가 생긴다.

2. 하제와 이뇨제 사용 줄이기

하제나 이뇨제를 습관적으로 사용하고 있다면 처음부터 그 충동을 완전히 없애려 하기보다 먼저 '그 생각을 있는 그대로 바라보는 연습'부터 해보자. "내가 지금 변비약을 먹고 싶다는 생각이 드는구나. 하지만 그 생각을 지금 당장 따라야 하는 건 아닐 수도 있어." 이렇게 한 걸음 떨어져 생각을 바라보는 연습만으로도 반응 속도를 늦출 수 있다. 그다음에는 조금 더 구체적인 시도를 해본다. "오늘은 어제보다 한 알만 덜 먹어보자" "이번 주엔 하루만 건너뛰자" 같은 작은 계획부터 시작해도 좋다.

만약 그 목표를 지켰다면 자신에게 조용히 말해보자. "아주 잘했어. 오늘은 용기를 내어 새로운 선택을 해본 거야"라고 자신을 충분히 칭찬하자. 비록 줄인 하제나 이뇨제 양이 적어 보여도 그 의미가 작은 것은 아니다. 왜냐하면 그것은 단순히 하제나 이뇨제의 개수를 줄인 것이 아니라, 오랫동안 반복해온 행동 패턴에서 한 걸음 벗어나려는 첫 시도이기 때문이다. 지금부터 단계를 나눠 서서히 줄여가면 된다.

3. 강박적 운동 조절하기

운동을 쉬면 불안하고 하루라도 빠지면 큰일이라도 일어날 것 같은가? 그렇다면 그 운동이 정말 자신을 위한 건강한 습관인지, 아니면 체중 증가에 대한 불안을 피하기 위한 수단인지 자신에게 조용히 물어보자. 운동 목적이 오로지 '체중을 줄이기 위해서'라면 그건 강박적 운동일 가능성이 크다. 그 강박적인 운동은 이미 제거행동으로 기능하고 있는 것이다.

강박적 운동을 한 번에 멈추는 것은 쉽지 않다. 우선 하루 운동 시간을 10분만 줄이는 연습부터 시작하자. 줄인 시간에는 짧게 전화 통화를 하거나, 좋아하는 음악을 듣거나, 책 한 페이지를 천천히 읽는 것 같은 기분 좋고 편안한 활동의 리스트를 만들고, 하나씩 실천해가 보자. 하루쯤 운동을 쉬어보거나 운동 강도를 조금 낮춰보는 것도 좋다. 그 작은 시도 하나하나가 운동과 더 건강한 관계를 만들어가는 첫 단추일 수 있다.

이러한 연습은 처음부터 완벽하게 실천해야 하는 과제가 아니다. 그냥 오늘 하루, 단 한 번이라도 '아, 이런 방법도 있지' 하고 서툴더라도 시도한다면 그것으로 충분하다. 중요한 건 새로운 시도를 해보는 것이고 그 시도가 이어질수록 제거행동은 천천히, 그렇지만 분명히 줄어들 것이다.

12

신경성 거식증: 체중 회복이 반드시 필요한 이유

체중 회복의 중요성과 환자들의 저항

'체중 회복'은 신경성 거식증 치료에서 가장 민감하면서도 본질적인 과정이다. "체중을 늘려야 한다"라는 말을 들으면 많은 환자들은 즉각 복잡한 감정에 휩싸인다. 그동안 힘겹게 유지해 온 통제력이 한순간에 무너질 것 같은 두려움이 고개를 들 수도 있다. 또한 체중 감소를 통해 자신의 자존감과 정체성을 지탱해 온 사람들에게는 "체중을 늘려야 한다"라는 말이 존재 자체를 위협하는 것처럼 느껴지기도 한다. 이들이 체중 증가에 강한 거부감을 보이는 것은 지극히 자연스러운 반응이다. 이는 결코 마음이 약해서거나 고집을 부려서 생기는 문제가 아니다. 이 저항감 자체가 신경성 거식증의 핵심 증상이므로 치료 관점에서는 이를 피하지 않고 정확히 짚고 넘어가는 것이 중요하다.

신경성 거식증 환자의 경우, 체중 회복은 증상 회복을 위한 선택이 아니라 필수 조건이다. 그들이 겪는 몸과 마음의 고통은 대부분 저체중 상태에서 비롯된 것이기 때문에 회복의 출발점은 우선 체중이 정상화되는 것이다. 실제로 최근 연구에 따르면 치료 초기에 체중을 회복한 환자의 회복률은 60~70%에 이른다. 반면 저체중 상태가 5년 이상 이어지면 회복 가능성이 급격히 낮아진다. 이제부터 저체중이 몸과 마음에 미치는 영향을 다시 한번 짚어보려 한다. 이미 여러 차례 언급한 내용이지만 회복의 핵심과 직접 연결된 중요한 부분이기에 다시 정리해볼 필요가 있다.

저체중이 신체에 미치는 영향

저체중 상태가 이어지면 몸은 에너지를 보존하기 위해 다양한 신체 기능을 스스로 억제한다. 대표적으로 기초대사량이 감소하고 체온이 떨어지며 생리가 멈추는 변화가 일어난다. 또한 피부가 건조해지고 면역력이 약해지며 추위에 과도하게 민감해진다.

여성은 생리가 불규칙해지거나 완전히 중단되기도 하고, 장기적으로 골밀도 감소가 나타난다. 실제로 신경성 거식증 환자의 40~50%는 골다공증을, 90%는 골밀도 감소를 경험한다. 이런 상태가 오래 지속되면 골절의 위험이 높아질 수밖에 없다.

또한, 청소년은 성장 속도가 눈에 띄게 둔화된다. 저체중 상태가 2년 이상 이어지면 평균적으로 키가 3~5cm 정도 덜 자랄 수 있다는 보고도 있다.

또한 소화 기능 저하로 인한 만성 소화불량과 변비, 그리고 느린 심박수, 저혈압, 어지럼증 등이 함께 나타날 수 있다. 이처럼 다양한 증상은 불편함을 넘어, 심각할 경우 생명을 위협하는 수준까지 발전할 수 있다. 한 연구에 따르면 심각한 저체중 환자는 심장 박동 이상이나 심부전 등의 위험이 일반인보다 4~5배 높다. 이러한 심장 관련 문제는 신경성 거식증과 관련된 주요 사망 원인 중 하나로 알려져 있다.

저체중이 뇌 기능에 미치는 영향

에너지 결핍은 신체는 물론 뇌에도 직접 영향을 미친다. 감정 조절, 판단력, 사회적 상호작용을 담당하는 뇌 영역이 위축돼 감정 기복이 심해지고 사소한 자극에도 예민하게 반응하는 경향이 나타난다. 다수의 연구에 따르면 저체중 상태에서는 전두엽(판단력과 충동 조절)과 변연계(감정 조절) 기능이 현저히 감소한다고 한다. 또한 저체중은 세로토닌과 도파민 같은 주요 신경전달물질의 생산량을 40~50%까지 감소시켜 우울, 불안 증상을 더욱 악화시킨다.

영양 결핍이 장기화되면 뇌 회백질 양이 최대 10%까지 감소한다. 체중이 정상의 85% 이하로 떨어질 경우, 인지 기능이 평균 15~20% 저하한다는 연구 결과도 있다. 뇌 기능 저하는 사고의 유연성을 떨어뜨리고 사소한 결정을 할 때에도 과도한 불안을 느끼게 만든다.

이러한 뇌 기능의 변화는 종종 '성격 문제'로 오해되기 쉽지만, 실제로는 저체중 상태가 만든 결과인 경우가 많다. 즉, 환자의 심한 감정 기복과 사고의 경직성, 그리고 대인관계에서 겪는 어려움은 뇌의 생물학적 변화에 의한 것일 수 있다.

체중 회복이 불러오는 변화: 몸과 마음 회복

충분한 영양을 안정적으로 공급해야 비로소 몸의 기능이 회복되고, 뇌 기능도 서서히 되살아나면서 감정 조절력과 사고의 유연성을 점차 회복한다. 실제로 체중을 회복하고 6개월 뒤 시행한 인지 유연성 테스트에서 평균 점수가 45% 높아지고, 뇌의 회백질 양도 6~12개월에 걸쳐 점점 회복되었다는 연구 결과가 있다.

체중이 안정되면 대인관계에서 예민하고 방어적인 반응이 줄어들고 감정 표현도 한결 자연스러워진다. 완벽주의 사고나 자기 비난 경향도 약화하며 자신을 있는 그대로 바라볼 수 있는 심리적 여유가 생긴다. 놀랍게도 체중 회복만으로도 심리치료 과정에서 기대하는 긍정적 변화가 나타나기 시작하는 것이다.

또한 정상 체중의 90% 이상까지 회복한 여성의 약 70%는 자연스럽게 월경이 다시 시작된다. 이것은 몸과 마음이 회복되고 있다는 중요한 생리학적 신호다. 물론 월경이 다시 시작되는 시점은 개인에 따라 차이가 있으며, 체중뿐 아니라 심리적 안정, 운동량, 질병의 경과 기간 등과 같은 여러 요인이 영향을 준다. 영양 재활과 점진적 체중 회복이 진행되면 골밀도는 연간 3~5% 늘어나며 25세 미만에서는 최대 5.5%까지 회복된 사례도 있다. 골밀도는 작은 변화에도 골절 위험이 크게 달라지기 때문에, 이 수치는 임상적으로 의미 있는 개선이 일어났다는 것을 보여준다.

이런 변화를 경험하면서 많은 환자는 자신이 겪는 다양한 고통이 실은 저체중이라는 생리적 상태에서 기인했음을 새삼 인식하게 된다. 체중 회복은 단순한 숫자 변화가 아니라 몸과 마음을 다시 회복시키는 삶의 전환점이다.

체중 회복 전략: 혼자가 아닌 함께하는 여정

신경성 거식증 환자에게 체중 회복은 치료 과정에 꼭 필요하지만, 동시에 극심한 불안과 저항이 동반되는 도전이다. 따라서 이 과정을 환자 혼자 감당해야 할 과제로 두면 안 된다. 체중 회복은 반드시 정서적 지지와 전문 치료 과정 속에서 체계적인 계획 아래 진행해야 한다. 실제로 영양 재활, 정신치료, 가족 개입이 포함된 통합적 치료 모델은 치료 효과를 안정적으로 유지시켜 재발률을 크게 줄인다는 연구 결과도 있다.

임상 연구에 따르면 저체중이 심한 경우, 회복 초기 단계에는 주당 0.5~1kg의 체중 증가를 가장 안전하고 효과적인 회복 속도로 권장한다. 만약 이 변화 속도를 감당하기 어렵다면 주당 200~300g씩 서서히 늘려가도 좋다.

목표 체중은 특정 숫자에 지나치게 매달리기보다 신체 기능이 실제로 회복되는 체중 범위를 기준으로 설정하는 것이 바람직하다. 예를 들면 월경 재개, 체온과 맥박의 안정, 빈혈이나 전해질 수치의 개선 같은 구체적인 생리적 지표를 기준으로 삼는 것이 적절하다. 체중 회복 속도도 무조건 빠른 게 좋은 것은 아니다. 신체가 감당할 수 없을 만큼 체중이 빠르게 늘어나면 심장에 부담을 줄 수 있기 때문이다. 또한 환자 스스로가 정서적으로 감당할 만한 속도로 진행되어야 체중 회복을 안정감 있게 지속할 가능성이 커진다.

체중 회복, 진짜 나를 다시 만나는 길

체중 회복은 단순히 몸무게를 늘리는 일이 아니다. 몸의 통제력을 포기하는 것도 아니다. 오히려 몸과 마음을 더 건강하게 돌보는 방식을 배우는 과정이다. 어느 정도 체중이 회복되면 감정은 서서히 안정을 찾고 인간관계에서도 예전보다 덜 지친다.

무엇보다 음식과 체중에 보이던 강박이 옅어지면서 희미해졌던 자신에 대한 감각이 되살아나는 순간들이 찾아온다. 처음엔 그것이 짧고 미약할 수 있다. 하지만 점차 더 자주, 더 오래 찾아오면서 회복의 방향으로 자연스럽게 이끌어준다.

거식증이라는 좁은 렌즈로 세상을 바라보는 시간은 점점 줄어들고, 조금씩 새로운 시선으로 나와 삶을 바라보는 것이 바로 진짜 회복이다. 지금 당장은 건강한 체중 회복이 낯설고 어색하게 느껴질 수 있다. 그러나 '이 변화가 혹시 나를 위한 올바른 선택일 수 있지 않을까'라는 생각이 아주 조금이라도 떠오른다면, 그 순간이 바로 회복의 시작점이다.

◆

구명튜브를 놓으라고 하기 전에

저체중이 심한 신경성 거식증 환자에게 "식사를 규칙적으로 해서 체중을 회복시켜야 한다"는 말은, 단순한 치료 지침이 아니라 생존을 위협하는 압박으로 들릴 수 있다. 이를 이해하기 위해 하나의 비유를 들어보자. 태평양 한가운데에서 수영을 전혀 못하는 사람이 구명튜브 하나에 의지해 간신히 물 위에 떠 있으면서 "살려 달라"고 외치고 있다고 상상해보자. 그에게 구조선이 충분히 가까이 다가가지 않은 채 "그 구명튜브를 버리고 이쪽까지 헤엄쳐 오면 살려 주겠다"고 말한다면, 그 말은 구조의 약속이라기보다 오히려 더 큰 공포로 느껴질 가능성이 크다. 그 사람에게 그 구명튜브는 단순한 도구가 아니다. 지금 이 순간, 물에 빠지지 않게 해주는 유일한 생명선이다. 목숨이 위태롭다고 느껴지는 상황에서는 그 튜브를 더 단단히 붙잡는 것이 지극히 자연스럽고 본능적인 반응이다.

신경성 거식증 환자에게도 마찬가지다. 저체중 상태를 유지하려는 거식 행동은 겉으로 보기에는 병리적으로 보일 수 있지만, 환자에게는 그동안 극심한 불안과 붕괴의 위협 속에서 자신을 지탱해온 하나의 '생존 방식'이었을 수 있다. 그래서 준비되지 않은 상태에서 체중 회복만을 목표로 이 방식을 즉시 내려놓으라고 요구받을 때, 환자는 생존의 위협을 느끼고 더 강하게 저항하게 된다.

머리로는 체중 회복이 꼭 필요하다는 것을 알고 있지만, 지금 당장 그렇게 할 수 있는 상태가 아닐 수도 있다. 그래서 치료는 무조건 구명튜브를 놓게 만드는 것부터 시작하면 안 된다. 먼저 필요한 것은, 왜 이 사람이 지금 그 구명튜브를 놓을 수 없는지에 대한 이해다. 그 이해가 바탕이 되었을 때 비로소 어떤 도움을 먼저 제공해야 할지, 어떻게 하면 조금 더 안전한 상태를 만들어갈 수 있는지에 대한 현실적인 접근이 가능해진다. 지금 이 순간을 견디는 데 꼭 필요한 최소한의 안정과 지지가 먼저 제공되어야 하는 이유다.

이런 경험이 반복되면, 환자는 서서히 깨닫게 된다. 구명튜브에만 매달려 있지 않아도 잠시 숨을 고를 수 있는 시간이 생길 수 있다는 것을. 그리고 시간이 지나 충분한 신뢰와 안정이 쌓이면, 언젠가는 그 구명튜브, 즉 신경성 거식증이 없어도 괜찮다고 느껴지는 날이 온다.

중요한 것은 조급해하지 않는 것이다. 각자의 속도로, 조금 더 안전한 쪽으로 이동해 가는 그 과정 자체가 이미 소중한 회복의 일부이기 때문이다.

13

변화를 두려워하는 마음 이해하기

많은 식이장애 환자가 회복을 원하면서도 막상 변화의 문 앞에 서면 두려움이 더 커지는 순간과 마주한다. 분명 지금의 고통이 크다는 걸 알면서도 낯설고 새로운 방식으로 나아가는 일이 더 위협적으로 느껴질 수 있다. 단지 용기가 부족해서가 아니다. 오랫동안 익숙해진 방식을 놓을 때는 누구에게나 자연스럽게 저항이 따른다. 식이장애의 많은 증상이 단순히 '문제 행동'이 아니라 한때나마 감정을 조절하고 삶을 버티게 해준 수단이기도 했기 때문이다.

예를 들어 식욕을 억누르고 음식을 거르면 불안이 조금 가라앉고, 폭식 후 토하면 잠깐 해방감을 느꼈을 수 있다. 이 방식은 불완전하고 위험하지만 당시엔 그 나름대로 기능을 했던 생존 전략이었다.

그런 맥락에서 본다면, 회복은 단지 증상을 없애는 게 아니라 오랫동안 자신을 지켜준 익숙한 방식을 내려놓고 불편한 감정과 삶의 버거움을 새로운 방식으로 견디는 법을 배우는 과정이다. 그런 만큼 당연히 두려울 수밖에 없다. 도대체 식이장애 환자들은 무엇을 그렇게 두려워하는 걸까? 증상에서 회복하려면 먼저 그 두려움의 정체부터 들여다볼 필요가 있다.

변화에 저항하는 원인

1. 통제력 상실에 따른 두려움

어떤 사람에게는 식사와 체중을 조절하는 행동이 혼란스럽고 두려운 세상에서 유일하게 자신이 통제할 수 있는 영역일 수 있다. 식사와 체중을 통제하는 일은 단순한 습관을 넘어 자신을 지탱해온 정체성의 일부이기도 하다. 그래서 이 통제를 내려놓고 규칙적인 식사와 체중 회복을 시도하는 변화 과정이, 간신히 지켜온 자기 정체성의 일부를 내려놓는 일처럼 느껴질 수 있다. 바로 그 지점에서, 자신을 지켜주던 버팀목이 사라지는 것 같은 강한 두려움이 생겨난다.

2. 감정에 압도될 것 같은 두려움

"힘든 감정을 꺼내 놓으면 내가 감당하지 못할 것 같아요."

식이장애를 경험하는 많은 사람이 이런 두려움을 말한다. 오랫동안 억눌러온 감정과 욕구가 한꺼번에 터져 나와 자신을 압도할 것 같기 때문이다. 그 감정이 너무 강렬하고 압도적이라 일단 감정을 느끼기 시작하면 이후 터져 나오는 감정의 소용돌이를 감당할 수 없을 것 같은 두려움이 생기는 것이다.

실제로 감정을 조절하는 뇌 기능이 약해져 있으면 불편한 감정이 훨씬 더 강하게 느껴져 쉽게 압도당할 수 있다. 식이장애 환자의 뇌에서 감정을 조절하고 안정시키는 기능이 제대로 작동하지 않는 경우가 많다는 연구 결과가 여럿 있다. 이들에게는 감당하기 어려운 복잡한 감정보다 식사나 체중처럼 '눈에 보이고 측정 가능한 것'에 집중하는 편이 덜 고통스럽게 느껴질 수 있다. 그 점에서 식이장애 증상은 통제하기 힘든 감정을 막아주는 일종의 심리적 방어막 역할도 하고 있는 셈이다.

3. 익숙한 패턴이 주는 예측 가능성을 잃을 것 같은 두려움

지금 상태가 아무리 괴로워도 그 고통이 오래되어 익숙하다면 예측할 수 있기 때문에 오히려 안정감을 줄 수 있다. 최근 뇌과학 연구에 따르면 인간의 뇌는 이미 적응해서 익숙해진 패턴을 '안전하다'고 인식하는 경향이 강해 그 패턴을 바꾸는 데 상당한 에너지와 시간, 뇌의 유연성이 필요하다는 것이 밝혀졌다. 그러니까 '익숙한 고통'이 '낯선 회복'보다 덜 위협적으로 느껴질 수 있다.

회복을 위해 규칙적인 식사를 시작하고 체중을 회복해 나가려면 반드시 지금까지와는 다른 새로운 행동 패턴을 만들어야 한다. 이 변화는 대개 불안과 불확실성을 동반하기 때문에 식이장애의 회복 과정이 훨씬 더 어렵고 위협적으로 느껴질 수 있다.

4. 고통의 의미를 잃을까 하는 두려움

어떤 식이장애 환자는 "이제 와서 내가 변하면 그동안 견뎌온 시간이 무의미해질 것 같아요"라고 말한다. 이 말에는 단순히 변화에 저항하는 것을 넘어서 오랫동안 겪은 고통을 자신에게 의미 있는 것으로 남기려는 깊은 심리적 이유가 숨어 있다.

심리학 연구에 따르면 인간은 자신의 고통에도 의미를 부여하며 살아가려는 성향이 있다. 특히 어린 시절부터 오랫동안 고통을 견뎌온 사람일수록 그 시간을 단순한 상처가 아닌 자신을 설명해주는 삶의 일부 혹은 정체성의 한 조각으로 받아들인다. 이에 따라 회복 과정에서 몸과 마음의 고통이 서서히 줄어들면 한편으로는 안도하면서 다른 한편으로는 이런 생각을 하게 된다. '내가 그토록 힘들게 버텨온 시간이…, 결국 아무 의미도 없었던 걸까?' 이 생각은 변화의 발걸음을 망설이게 만든다.

5. 좋아질 자격이 없다고 느껴질 때 찾아오는 두려움

자기혐오감이 깊이 자리 잡은 마음속에는 '나는 회복할 자격조차 없는 사람이야'라는 신념이 뿌리 깊게 자리 잡고 있다. 이 것은 단순한 생각이 아니라 오랜 시간 반복된 자기 비난과 수치심이 몸과 마음에 깊이 새겨져 만들어진 내면의 진실에 가깝다. 실제로 많은 연구에서 식이장애를 겪는 사람 중 상당수가 극도로 낮은 자존감과 강한 자기 비난에 시달린다는 결과를 보고하고 있다.

특히 어린 시절부터 이어진 정서적 방임이나 비난, 수치심의 경험은 '나는 소중하지 않다' '나는 사랑받을 가치가 없다'는 내면의 확신으로 굳어져, 회복을 시도하는 일 자체가 낯설고 불편하게 만든다. 자신을 스스로 돌보는 방법을 배우지 않은 사람에게는 자신에게 따뜻한 위로의 말을 건네거나 한 끼 식사를 제대로 챙겨 먹는 일조차도 서툴고 어색하게 느껴질 수 있다. 자신을 위로하는 말이나 돌보는 행동이 자기에게 어울리지 않는다고 느끼기 때문이다. 건강한 삶은 남들에게만 가능할 뿐 '나 같은 사람에게는 어울리지 않는 삶'처럼 느껴지기 때문에, 회복을 위한 한 발을 내딛는 일조차 망설여진다. 이러한 자신에 대한 무가치함은 회복을 향한 발걸음을 마치 금지된 영역에 들어가는 일처럼 느끼게 만든다.

6. 회복 후 마주할 주변의 기대에 대한 부담감에서 오는 두려움

오랜 시간 병을 앓아온 사람에게는 '나는 지금 환자니까 어쩔 수 없어'라는 생각이 일종의 심리적 방어막 역할을 할 때가 있다. 공부나 일, 사회생활에서 자꾸 뒤처질 때 '나는 병 때문에 어쩔 수 없어'라는 생각은 스스로에게 주는 작은 위로이자 자신을 합리화할 여지가 되어준다. 그러다 보니 회복을 시도하려는 순간 또 다른 불안감이 고개를 들게 된다. "정말 좋아지면 이제는 어떤 변명도 할 수 없을 거야." 그때부터 일상의 역할과 책임, 주변의 기대가 다시 자신을 짓누를 것 같은 압박감이 밀려온다.

특히 청소년 식이장애 환자는 회복 이후 부모나 사회의 기대에 다시 부응해야 한다는 부담감을 더 크게 느낀다. "이제 몸이 건강해졌으니 예전처럼 성적도 잘 받고, 밝고 씩씩한 착한 딸이 되어야지"라는 부모의 암묵적 기대를 아이는 놀라울 만큼 정확히 알아차린다. 그 기대를 자신이 반드시 충족해야 할 기준으로 받아들인 아이는 회복 과정을 더 부담스럽고 두려운 일로 느끼게 된다.

심리학에서는 이를 '2차 이득 상실에 관한 두려움'이라고 설명한다. 오랜 고통 속에서 만들어진 심리적 이득, 즉 가족의 배려, 감정 표현의 자유, 일시적 책임 회피가 회복과 함께 사라질 것이라는 두려움은 실제로 많은 환자가 회복을 주저하게 만드는 이유다.

7. 관심과 돌봄의 상실에서 오는 두려움

많은 식이장애 환자가 "지금은 내가 아프니까 가족이나 친구들이 나를 이해하고 챙겨주지만, 식이장애 증상이 나으면 모두 내게 관심을 끊을까 봐 무서워요"라고 말한다. 이 말은 단순한 의존 성향을 드러내는 것이 아니라, 혼자 남겨질까 두려워하는 마음을 보여주는 말이다. 불안정한 애착 관계 속에서 자란 사람일수록, 회복은 곧 식이장애 때문에 받아온 관심과 돌봄을 잃는 일이 될 수 있다. 식이장애 증상이 사랑과 관심을 받을 수 있는 유일한 방식이었기에, 회복은 그 사랑과 관심을 모두 잃을지도 모른다는 두려움과 연결된다.

'이제 괜찮아졌으니 더는 기대지 말아야 해'라는 암묵적 메시지를 예상하는 순간, 회복은 깊은 외로움과 불안감을 불러일으킨다. 건강해지면 더 이상 사랑받을 수 없을지도 모른다는 두려움은 실제로 많은 사람에게 회복을 가로막는 보이지 않는 장애물이 된다.

8. 현실 문제와 마주해야 하는 두려움

식이장애는 인간관계에서의 갈등, 현실의 복잡함으로부터 자신을 보호하는 심리적 방패 역할을 한다. 감당하기 어려운 현실의 문제나 통제할 수 없는 상황을 직접 마주하기보다 식사와 체중이라는 눈에 보이고 조절 가능한 문제에 집중함으로써, 잠시나마 안정감을 얻기 때문이다. 하지만 회복은 그 방패를 내려 놓고 다시 세상과 자기 자신을 있는 그대로 마주하는 일이다.

회복 과정을 시작하면 그동안 외면해온 인간관계와 현실의 문제가 하나씩 떠오르면서 그것을 어떻게 다뤄야 할지 막막한 두려움이 밀려온다. 그래서 변화는 단지 식사 습관을 바꾸는 일이 아니다. 그동안 회피해온 삶의 여러 문제와 다시 마주해야 하는 낯설고 두려운 과정이기도 하다.

9. 무기력과 절망감

식이장애로 고립과 무기력감이 오래 이어지면 '어차피 나는 안 될 거야'라는 자포자기 심정이 마음 깊이 자리 잡는다. 이것은 일시적인 낙담이 아니라 어린 시절부터 반복된 실패와 좌절 속에서 굳어진 깊은 체념이다. 이때 '변화를 시도해봤자 소용없다'라는 학습된 무력감이 마음을 지배한다. 그래서 회복을 향한 작은 시도조차 무의미하게 느껴지고 변화의 첫걸음을 내디딜 동기조차 생겨나지 않는다.

회복을 위한 실질적인 단계

지금껏 살펴본 것처럼 변화에 대한 저항 뒤에는 다양한 심리 요인이 복잡하게 얽혀 있다. 여러 다른 색깔의 두려움은 회복 과정의 어느 지점에서든 모습을 드러내며, 때론 회복을 가로막는 큰 장벽이 되기도 한다. 그러한 저항의 의미를 이해하고 인정하는 것이 곧 변화의 첫걸음이다.

회복을 바라는 동시에 변화를 두려워하는 마음은 누구에게나 자연스럽게 찾아오는 반응이다. 따라서 변화하지 못하는 자신을 자책하거나 두려움을 외면하기보다 그것을 있는 그대로 받아들이고 그 안에서 한 걸음씩 나아갈 방법을 찾는 것이 중요하다. 다음은 변화를 시작하기 위한 몇 가지 실질적인 단계다.

1단계. 회복을 향한 변화는 작게, 불완전하게 시작해도 된다

많은 사람이 변화를 시작하지 못하는 이유는 처음부터 완벽해야 한다는 압박감 때문이다. '식사를 정확히 조절하고 규칙적으로 먹어야 한다' '체중을 빠르게 회복해야 한다' '구토는 곧바로 멈춰야 한다' 같은 과도한 압박감을 주는 기준은 도리어 회복을 향한 시도를 주저하게 만든다.

진정한 회복은 첫걸음부터 그렇게 거창하게 시작하지 않아도 된다. 지금 자신이 할 수 있는 작고 불완전한 시도에서부터 출발해도 좋다. 가령 하루 세 끼 챙겨 먹는 것이 불가능하다고 느껴진다면 한 끼만이라도 정해진 시간에 먹어보는 것, 구토 충동이 밀려올 때 단 5분만이라도 더 버텨보는 것, 음식 앞에 앉아 조용히 속으로 "이건 배고픔이 아니고…, 외로움일지도 몰라" 라고 말해보는 것 등이 있다. 이처럼 사소해 보이는 작은 시도를 반복할수록 마음속 두려움과 압박감은 조금씩 누그러지고 그 자리에 "조금씩 이젠 나도 변화해도 괜찮을지도 몰라" 하는 믿음이 자라난다.

2단계. 변화하고 싶은 '나만의 이유'를 다시 떠올린다

변화를 이어가는 힘은 단순한 의지에서 나오지 않는다. '나는 무엇을 위해 살아가고 싶은가?'에 대한 자신만의 이유, 다시 말해 자신이 진심으로 원하는 삶의 방향이 분명해질 때 비로소 회복의 힘이 생겨난다. 이는 길을 잃지 않게 도와주는 나침반처럼, 혼돈과 두려움 속에서 방황할 때마다 다시 나아갈 방향을 찾게 해준다. "나는 왜 변화하고 싶은 걸까?" 이 질문은 단순히 식이장애 증상으로부터 벗어나고 싶다는 마음을 넘어 앞으로 어떤 삶을 살고 싶은지, 어떤 사람이 되고 싶은지를 마주하는 깊은 탐색이기도 하다.

변화를 하고 싶은 이유가 특별히 거창하거나 색다를 필요는 없다. 그 이유가 누군가의 기대가 아닌 자신의 마음속에서 나왔다는 것이 중요하다. 결국 변화는 "나는 무엇을 위해 살고 싶은가?"라는 질문에 나만의 언어로, 나만의 진심으로 답을 찾아가는 여정이다. 그 대답이 선명해질 때, 두려움을 이겨내고 다시 한 걸음 내디딜 용기가 생긴다.

3단계. 실패도 변화의 일부임을 잊지 않는다

변화는 식이장애 증상이 조금씩 완화되는 것만 의미하진 않는다. 진정한 변화는 실패해도 다시 변화를 시도하려는 용기와 힘이 천천히 자라나는 과정이다. 어떤 날은 괜찮아진 것 같다가도, 다음 날엔 다시 막막했던 예전으로 되돌아간 듯한 기분이 들 수 있다. 규칙적으로 식사를 잘 해내 뿌듯한 날이 있는가 하면, 갑자기 폭식하거나 구토를 반복하고는 "난 역시 통제 불가능한 인간이야"라는 자책이 고개를 드는 날도 있을 것이다. 하지만 감정이 오르락내리락하는 그 불완전한 과정이 실제로 변화가 일어나고 있다는 증거다. 그 안에는 실패 속에서도 자신의 감정을 다시 들여다보려는 시도, 넘어지고도 다시 자기 삶을 선택하려는 작지만 단단한 용기가 분명히 담겨 있다.

◆

나는 왜 변하고 싶은가 - 좋아지고 싶은 마음의 목록

- 음식과 체중에 집착하지 않고 하루를 좀 더 자유롭게 보내고 싶다.
- 가족과 식탁 앞에 앉았을 때, 눈치를 보지 않고 편하게 이야기하고 싶다.
- 계속되는 무기력과 절망에서 벗어나 마음과 몸에 생기가 돌았으면 좋겠다.
- 이제는 사람들 앞에서 위축되지 않는 삶을 살고 싶다.
- 나 자신을 덜 미워하고, 지금보다 좀 더 편안하게 받아들이고 싶다.
- 진심으로 좋아하는 일을 찾고, 그에 맞게 미래 계획을 다시 세우고 싶다.
- 더 이상 거짓말하지 않고, 숨기지 않고, 내 모습을 있는 그대로 보여주고 싶다.
- 건강한 몸으로 여행하고 사진을 찍고 소소한 즐거움을 느끼고 싶다.
- 누군가를 사랑하고, 또 사랑받을 수 있는 나로 살아가고 싶다.
- 이대로 무너지고 싶지 않다. 내 안에 아직 변화하고 싶은 마음이 있다는 걸 믿고 싶다.
- 아침마다 눈을 뜰 때 '오늘 하루를 어떻게 버틸까'보다 '오늘은 뭘 할까'라는 생각이 들었으면 좋겠다.
- 거울 앞에 설 때마다 내 몸을 탓하지 않고 그냥 '나'라고 느낄 수 있었으면 좋겠다.

- 식사 약속을 미루지 않고 좋아하는 사람과 편하게 밥을 먹는 하루를 살아보고 싶다.
- 오늘 하루가 무사히 끝났다는 안도감 대신, 내일을 조금 기대하는 마음으로 잠들고 싶다.
- 나를 숨기지 않아도, 굳이 설명하지 않아도 편안히 함께할 수 있는 사람들 사이에서 살고 싶다.
- 식이장애 안에 갇혀 있는 내가 아닌, 진짜 나의 모습을 찾고 싶다.
- '이 상태로는 안 된다'라는 절박함이 아니라, '조금 다르게 살 수도 있구나'라는 믿음으로 하루를 시작하고 싶다.

변화를 바라는 이유, 한 가지부터 써보기

지금 이 순간 마음속에 가장 또렷하게 떠오르는 '내가 회복을 바라는 이유 한 가지'를 적어보자. 여러 개가 떠오른다면 다 적어도 괜찮다. 아주 작고 소소한 바람이어도 괜찮다. 중요한 건 이 글을 쓰는 지금 이 순간만큼은 그 마음을 솔직하게 마주하는 일이다.

나는 회복을 바란다. 왜냐하면,

3장

식이장애의 핵심 감정, 수치심 파헤치기

1

거식과 폭식의 이면에 감춰진 감정

식이장애 치료 현장에서 자주 마주치는 장면이 있다. 환자 자신도, 가족도 모두 진심으로 회복을 원하고 각자의 자리에서 최선을 다하는데도 증상이 제자리걸음을 반복한다. 폭식이 조금 잦아지는 듯하다가 다시 원점으로 돌아가고, 규칙적인 식사 습관을 잘 유지하다가도 어느 순간 갑자기 흔들린다. 체중도 늘었다 줄었다를 반복하고, 잠시 마음의 안정을 찾나 싶더니 또다시 불안정해진다. 그러다 보면 환자는 좀처럼 나아지지 않는 자신을 탓하고, 환자를 지지하던 가족은 점점 지쳐간다. 결국 치료자마저 미궁 속에 빠진 듯한 무력감을 느끼게 된다. 이럴 때는 증상이 왜 반복되는지에 대해서만 연연해할 것이 아니라, 그 증상이 무엇을 말하려고 하는지 깊이 들여다봐야 한다.

거식, 폭식, 구토, 체중에 집착하는 것은 겉보기에 통제가 불가능한 행동 같아 보인다. 하지만 실제 임상에서는 그것이 감당할 수 없는 고통스러운 감정을 견디려는 무의식적 생존 전략이라는 것을 반복해서 확인하게 된다. 어떤 사람에게는 거식이 '절제'라는 이름으로 감정을 통제하려는 유일한 수단이었고, 어떤 사람에게는 폭식이 참기 힘든 감정으로부터 벗어나는 유일한 '탈출구'였다. 이런 방식은 일시적으로 자신을 지키는 데 도움을 주지만, 시간이 지날수록 몸과 마음을 병들게 하고 관계를 고립시키며 일상을 파괴한다.

그래서 회복을 진지하게 이야기하려면 증상 자체를 없애는 데 집중하기보다 그것이 어떤 역할을, 왜 하고 있는지 이해해야 한다. 식이장애 증상은 단순한 고통의 표현이 아니라, 생존을 위한 정서적 적응 전략이기도 하다. 이러한 이중성을 이해하지 못하면 치료는 겉돌고 정작 그 이면에 있는 본질은 놓치고 만다.

식이장애 증상의 이면에 반복해서 등장하는 감정이 바로 수치심이다. 수치심은 어떤 상황에서 느끼는 창피함이나 부끄러움과는 결이 완전히 다른 감정이다. 그것은 '나는 근본적으로 잘못된 사람이다'라는 자기 정체성의 근간을 뒤흔드는 감정이다. 그것은 생각이 아니라 몸이 먼저 반응하는 강렬한 감각으로, 누군가의 무심한 시선이나 시큰둥한 평가에 온몸이 달아오르고 움츠러들게 만든다. 또한 완벽하지 않으면 존재 자체가 무너질 것 같은 느낌까지 밀려온다. 이 수치심은 사람을 끊임없이 자기 비난으로 몰아넣고 자신을 통제하려는 강박적 행동을 유발한다.

식이장애를 겪는 이들의 말을 들어보면 처음엔 주로 체중, 외모, 식사, 폭식, 구토 같은 문제들이 먼저 나온다. "체중이 느는 게 너무 두려워요." "또 참지 못하고 폭식했어요. 제가 의지가 약한 거죠." "이대로 체중이 늘어나면 사람들이 다 저를 싫어할 거예요." 하지만 좀 더 주의 깊게 귀를 기울이면 이런 말 속에 수치심이라는 감정이 숨어 있다는 것을 알게 된다. 엄격한 다이어트나 강박적 운동도 결국엔 수치심을 조절하려는 필사적 시도다. 결국 폭식이 찾아오고 여기에 뒤따르는 자책은 또 다른 수치심을 만든다. 그렇게 수치심은 증상을 낳고, 증상은 다시 수치심을 강화하는 악순환을 반복한다.

거식과 폭식은 겉으로 드러난 빙산의 일각일 뿐이다. 그 아래 숨어 있는 거대한 빙산의 몸통에는 '나란 존재는 결함투성이'라는 믿음이 단단히 자리하고 있다. 수치심은 단지 식이장애 증상에만 영향을 주는 게 아니다. 그것은 관계와 자아 개념, 감정 반응, 삶의 태도 전반을 조율하고 제한한다. 이 감정이 삶을 어떻게 조형하고 왜곡하는지 이해하는 일이 회복의 중요한 기점이다. 물론 수치심을 마주하는 건 결코 쉬운 일이 아니다. 때로는 그 어떤 감정보다 더 고통스러울 수 있다. 그러나 그 감정을 외면하지 않고 조심스럽게 직면하려는 시도가 바로 회복의 시작이자 출발점이다.

2

수치심이라는 생존 전략

사실 수치심은 대다수가 일상에서 반복적으로 겪는 감정이다. 남들 앞에서 발표하다가 실수했을 때, 시험 성적이 기대에 미치지 못했을 때, 관심 있는 이성에게 거절당했을 때, 처음 나간 아르바이트에서 일 못한다고 지적받았을 때, 입은 옷이 친구들보다 초라하게 느껴질 때 등 우리는 일상에서 부끄러움과 열등감을 자주 경험한다. 이런 경험을 어린 시절부터 반복해서 겪게 되면 순간의 부끄러움과 열등감이 점차 견고한 수치심으로 굳어지고, 이는 몸과 마음을 움츠러들게 하고 세상과 거리를 두게 만든다.

우리는 대개 수치심을 부정적 감정이라고 여긴다. 창피함, 무가치함, 불안 같은 불편한 감각을 동반하기 때문이다. 이 수치심은 우리 행동을 제한하고 감정 표현을 억제하며 사회관계 속에서 자신을 감추게 만든다. 그토록 불편하고 고통스러운 수치심이 왜 우리의 정서 시스템에 여전히 남아 있는 걸까? 만약 이 감정이 정말 불필요하다면 진화 과정에서 사라졌어야 하지 않을까?

수치심의 발달적 특성

왜 우리는 수치심이라는 감정을 경험할까? 불안과 분노는 태어날 때부터 지니는 선천적 감정으로 1차 감정이다. 반면 수치심은 사람이 성장하며 타인과 관계를 맺는 과정에서 배우는 후천적 감정으로 2차 감정이다. 누가 특별히 가르치지 않아도 주변 사람들의 표정과 말투, 시선을 통해 자연스럽게 배우게 된다.

이렇게 수치심은 사회관계 속에서 우리가 어떻게 행동해야 할지를 조율해주는 정서적 메커니즘이다. 이 감정은 대인관계에서 위험하거나 부적절할 수 있는 상황을 감지할 때 저절로 작동한다. '내 말이 상대방을 불편하게 만들었나?' '이건 상대방이 원치 않는 행동인가?' 같은 생각은 수치심이 작동하고 있다는 전형적인 신호다. 수치심은 우리가 사회적 경계를 지키고 과도한 자기중심성을 조절하도록 돕는 감정이다. 즉, 수치심은 그저 우리의 행동을 억제하는 게 아니라 공동체 안에서 관계를 유지하며 살아가는 데 도움을 주는 중요한 감정이다.

진화 관점에서의 수치심

인간은 아주 이른 시기부터 같이 살아가는 무리 안에서의 분위기와 타인의 반응에 민감하게 반응하도록 진화해왔다. 그래서 수치심은 인간이 무리 속에서 살아남기 위해 진화시켜온 정서 시스템이라고 볼 수 있다. 실제로 유아도 낯선 환경과 사람 앞에서 얼굴을 붉히거나 고개를 숙이는 행동을 보이는데, 이는 외부의 평가와 시선에 민감하게 반응하는 감정의 초기 형태로 이해할 수 있다.

원시 공동체에서는 누군가가 무리의 규범을 위반하거나 일탈 행동을 할 경우, 그 무리에서 배제될 확률이 높았다. 그리고 무리에서 쫓겨난다는 것은 곧 생존 자체를 위협받는다는 것을 의미했다. 이런 위험을 방지하고자 인간은 자신이 무리에 안전하게 소속되어 있는지 계속 확인하는 정서 시스템을 발달시켰다. 이것이 진화론적 측면에서 보는 수치심의 기원이다.

수치심은 내면 깊은 곳에서 계속해서 질문을 던진다. '나는 지금 이 무리 안에 안전하게 소속되어 있는가?' 그런데 수치심이 감당하기 어려울 만큼 커지고 오래 지속되면 이야기가 달라진다. 원래는 관계 유지를 위해 작동하던 이 감정이 오히려 관계를 끊고 스스로 숨어들게 만들어 사회적 고립을 초래할 수 있다.

적응 수치심에서 독성 수치심으로

문제는 수치심 그 자체가 아니다. 이 감정이 너무 자주, 너무 강하게, 그리고 엉뚱한 순간에 작동할 때 문제가 된다. 원래는 나를 보호하려던 감정이 나 자신을 해치는 감정이 된 것이다. 심리학에서는 이 상태를 '만성 수치심chronic shame' 또는 '독성 수치심' 개념으로 설명한다.

독성 수치심은 단순히 '그 행동은 부적절했다'라는 판단을 넘어 '나는 본질적으로 결함이 있다'라는 신념을 마음속에 자리 잡게 한다. 이 신념은 일시적인 생각이나 판단이 아니라, 자기 자신에 대한 깊은 정체성으로 뿌리내린다. 이를테면 '나의 실체가 드러나면 사람들이 나를 거부할 것이다'라거나 '진짜 내 내면을 알게 되면 다들 나를 떠날 것이다'라는 믿음이 단단해지면서 결국 자신의 진정한 모습을 감추고, 타인과의 관계에 벽을 만들게 된다.

정리하자면, 수치심은 원래 우리가 안정적인 관계를 맺으면서 사회에 적응하도록 돕는 감정이었다. 그런데 이 적응적 수치심이 독성 수치심으로 변하면 오히려 우리가 관계를 맺고 사회에 적응하는 것을 방해한다.

"수치심을 비난하는 게 아니라 이해하려는 순간부터 당신은 이미 이 감정의 지배에서 벗어나는 첫 단계를 밟고 있는 셈이다."

― 브레네 브라운Brené Brown (수치심 연구자)

3

독성 수치심이 생겨나는 이유

수치심은 본래 관계 속에서 행동을 조절하고 타인과 조화를 이루도록 하는 중요한 감정이다. 그런데 이 감정이 반복해서 생기고 강해지면 단순한 후회를 넘어 '나는 원래 잘못된 사람이다' '나는 사랑받을 자격이 없는 사람이다' 같은 자기 정체성 자체가 된다. 전문가들은 이 상태를 '독성 수치심'이라 부른다.

독성 수치심은 부모의 이혼, 사망, 폭력, 학대, 성폭행처럼 누구에게나 감당하기 힘든 충격적인 사건으로 갑자기 생기기도 한다. 하지만 임상 현장에서 더 자주 마주치는 것은 반복된 사소한 상처들이 쌓이면서 독성 수치심이 생겨나는 경우다. 이 경우 아이가 겉으로는 평범한 일상을 보내는 듯하지만, 내면에서는 독성 수치심이 서서히 깊게 자라날 수 있다.

예를 들어보자. 아이가 말썽꾸러기 동생 때문에 속상해서 화를 내고 있는데, 그럴 때마다 엄마가 "누나가 그 정도는 참아야지"라고 말한다면 어떨까? 엄마는 형제간의 갈등을 해결하려고 한 말이겠지만, 아이는 자신이 동생에게 느낀 감정과 행동을 잘못된 것으로 받아들일 수 있다. 그리고 '동생에게 이런 감정을 느끼는 내가 이상한 건 아닐까?' 혹은 '내가 잘못해서 엄마가 화를 내는 건가?' 하고 자신을 의심한다. 이런 경험을 반복하다 보면 그 의심은 점차 '나는 잘못된 아이' '나는 부족한 아이'라는 믿음으로 굳어진다.

또 다른 경우도 살펴보자. 아이가 부엌에서 엄마 일을 돕다가 접시를 깨거나 동생과 놀다가 실수로 장난감을 망가뜨렸을 때, 아빠가 "넌 다 큰 아이가 왜 그렇게 덤벙대니?"라고 주의를 준다면 어떨까? 아이는 '내가 실수했구나'라고 생각하기보다는 '나는 문제가 있는 아이야'라는 인식을 조금씩 내면화한다.

부모는 올바른 행동 지침을 가르치려는 생각으로 한 말일지라도 아이는 그 말의 억양, 감정, 말하는 순간의 뉘앙스나 분위기에 따라 전혀 다르게 받아들일 수 있다. 즉, '이건 내 행동이 잘못된 거야'가 아니라 '나는 원래 잘못된 아이구나'라는 믿음이 생겨날 수 있다.

그러면 아이는 점차 실수 그 자체보다 실수로 '부족하고 잘못된 나'가 드러날까 봐 두려워하게 된다. 점점 아이는 감정 표현을 더 부끄러워하고 조심스러워하며 나중에는 감정뿐 아니라 자기 존재 전체를 숨기는 것이 가장 안전한 선택이라고 믿는다.

부모가 아이의 감정에 적절히 반응하지 못하는 상태를 심리학에서 '정서 비조율affective misattunement'이라 부른다. 이는 부모가 아이의 감정 신호를 잘 읽지 못하거나 반복해서 엇나간 반응을 보일 때 발생한다. 자기 감정이나 요구를 표현할 때마다 반복해서 수용되지 않거나 거절당하는 경험이 쌓이면, 아이는 '나는 이상한 아이인가 봐' '나는 지나치게 욕심 많은 부적절한 사람인가 봐' 같은 생각을 자연스럽게 하게 된다. 결국 아이는 자기 감정이나 요구를 표현하는 걸 점점 더 위험하고 두려운 일로 느끼게 된다.

이런 상황에서 부모, 형제, 교사, 또래 친구의 직접적인 비난·무시·비교·거절까지 더해지면, 아이가 겪는 수치심은 훨씬 더 강렬해진다. 아이는 이제 '내 행동이 문제야'를 넘어 '내 존재 자체가 문제야' '나는 본질적으로 결함이 있는 사람이야'라는 믿음을 자기 정체성으로 받아들인다. 이런 믿음은 시간이 지날수록 마음 깊숙이 자리 잡고, 결국 아이는 자신을 있는 그대로 받아들이는 일이 점점 더 어려워진다.

이러한 독성 수치심은 깊은 내면의 고통을 수반하기 때문에, 아이는 그 고통을 피하려고 자신만의 생존 전략을 만든다. 가령 자기 욕구를 철저히 숨기고, 타인의 기분을 먼저 살피며, '괜찮은 사람’ ‘착한 사람’처럼 보이기 위해 애쓴다. 또한 실수하지 않기 위해 완벽을 추구하고 칭찬을 받고자 자신의 진짜 욕구보다 타인의 기대에 더 맞추려고 한다.

겉으로 보기엔 매우 모범적이고 적응을 잘하는 아이처럼 보일 수 있다. 그러나 그 모습은 독성 수치심 때문에 자신을 철저히 숨겨온 방어일 가능성이 크다. 그렇게라도 하지 않으면 자신이 정말로 버려질지도 모른다는 두려움이 이미 마음속에 깊이 뿌리내렸기 때문이다.

이처럼 독성 수치심은 과거에 생겨났지만, 식이장애 환자의 현재의 삶에도 많은 영향을 주고 있다. 중요한 것은 과거에 누가 잘못했는지 따지는 일이 아니다. 이 독성 수치심이 내 안에서 언제 어떤 자극을 받아 고개를 들고, 어떻게 증상을 악화시키고, 어디에 숨게 만드는지 알아차리는 일이 더 중요하다. 이런 알아차림이 쌓여갈수록 그 감정의 소용돌이에 빠지는 대신, 그 감정을 조금 객관적으로 바라볼 수 있게 된다. 그때부터 그 감정은 나를 지배하는 힘이 아니라, 내가 다룰 수 있는 대상이 된다.

◆

수치심과 애착: 감정의 뿌리를 들여다보다

애착 이론을 발전시킨 미국의 심리학자 앨런 쇼어Alan Schore는 수치심을 애착 관계에서 만들어지는 핵심 감정 중 하나로 보았다. 아이는 양육자와의 관계에서 감정이 조율되고 충분한 안정감을 경험할 때 건강한 자아감을 형성한다. 반대로 감정이나 욕구를 표현했을 때 반복해서 무시당하거나 사소한 실수에도 과도하게 비난을 받으면, 마음속에 '나는 잘못된 존재일지 모른다'는 수치심이 서서히 자리 잡는다. 이 수치심은 애착 유형에 따라 다르게 드러난다.

안정형 애착Secure attachment의 수치심

안정형 애착을 형성한 아이도 실수나 거절을 경험하며 수치심을 느낀다. 그러나 이 감정은 자아 전체를 위협하지 않고 대체로 관계 속에서 건강하게 조절이 이뤄진다. 이들은 수치심을 '인내의 창window of tolerance' 안에서 적절히 조절할 수 있기 때문에, 수치심으로 인해 과도하게 불안한 상태hyperarousal, 혹은 지나치게 위축된 상태hypoarousal로 쉽게 치닫지 않는다.

여기서 '인내의 창'이란 자기 감정을 비교적 안정적으로 느끼고 조절할 수 있는 상태를 말한다. 이 인내의 창에 머물면 불안이나 수치심 같은 감정을 받아들이고 다룰 수 있지만, 그 범위를 벗어나면 감정이 폭발하 듯 터져 나오거나 반대로 감정이 완전히 차단되어 느껴지지 않게 된다. 안정적 애착을 경험한 사람은 이 인내의 창이 넓고 유연해서 수치심조 차도 자기 성장을 위한 내면의 자극으로 받아들일 수 있다. 따라서 안 정형 애착을 형성한 이들에게 수치심은 독성 감정으로 쉽게 변질되지 않고, 오히려 관계를 유지하고 자신을 성장시키는 데 쓰이는 '기능적 수치심functional shame'으로 작동한다.

회피형 애착Avoidant attachment의 수치심

자신의 욕구나 감정을 표현했을 때 반복해서 거절당한 아이는 점차 감 정을 억누르고 욕구를 드러내지 않게 된다. 자신의 욕구를 드러낼수록 관계가 위험해진다고 느끼기 때문이다. 겉으로는 조용하고 차분해 보 이지만 내면에는 깊은 외로움이 자리 잡고 있는 경우가 많다. 이들은 종종 스스로 완벽해지려 하고 감정을 억누른 채 아무렇지도 않은 척하 며 살아간다. 이런 상태를 억제형 수치심repressed shame이라고 한다.

불안-양가형 애착Anxious-ambivalent attachment의 수치심

이 유형의 아이는 양육자와의 관계가 끊겨질까 봐 늘 마음을 졸인다. 그와 동시에 자신이 충분히 받아들여지지 않는 데 대한 분노도 함께 품 고 있다. 그래서 부모의 반응에 과도하게 민감하며 관계를 유지하기 위해 끊임없이 애쓴다. 부모의 기대에 맞추고자 자신을 늘 희생하고 자기 감정보다 타인의 반응을 먼저 살핀다. 그러다가 거절 혹은 무시를 경험하면 수치심이 과하게 활성화된 상태에 빠져 과도하게 불안해하거나 분노하게 되는데, 이를 과민형 수치심hypersensitive shame이라고 한다.

혼란형 애착Disorganized attachment의 수치심

혼란형 애착을 형성한 아이는 '연결되어야 할 사람'을 동시에 '두려워해야 할 대상'으로 경험한다. 이 양가감정은 아이에게 깊은 내적 갈등을 일으킨다. 사랑받고 싶은 마음과 상처받지 않기 위해 자신을 방어하려는 마음이 충돌하면서 심한 혼란을 겪는다. "내가 뭔가 잘못됐나 봐." "내 안에 뭔가 이상한 게 있나 봐." 이 혼란 속에서 수치심은 아이에게 자기 존재 자체에 심각한 의문을 품게 만들고, 자아감에 깊은 균열을 남긴다. 쇼어는 이 상태를 혼란형 수치심disorganized shame이라고 설명했다.

4

수치심의 방어 기능

식이장애가 있는 환자 중에서도 어린 시절 학대나 방임을 경험한 사람은 무슨 일이 생기든 "이건 다 내 잘못이야"라거나 "내가 멍청하고 한심해서 이런 일이 생긴 거야"라고 여기는 경향이 뚜렷하다. 이러한 자기 비난은 왜곡된 생각이기도 하지만, 동시에 도저히 받아들이기 힘든 현실을 버텨내기 위한 심리적 생존 전략일 때가 많다.

아주 어릴 때 아이에게 부모는 세상의 전부다. 아이는 부모의 영향을 절대적으로 받을 수밖에 없다. 그런데 그 전부였던 부모가 아이를 무시하거나 학대하거나 지속적으로 방임한다면, 아이는 결국 두 가지 생각 중 하나를 선택할 수밖에 없게 된다.

첫 번째, '부모가 잘못된 사람이다. 나를 아프게 하는 존재다.'

두 번째, '내가 나쁜 아이라서 이런 일이 생기는 거다.'

아이는 대부분 두 번째 생각을 하게 된다. 첫 번째 생각은 아이로서는 도저히 받아들일 수 없는 진실이기 때문이다. 부모가 잘못된 사람이면 '나는 이 세상 누구에게도 기대지 못한다'라는 뜻이고, 그건 아이에게 세상은 낯설고 위험한 곳이라는 뜻이 된다. 결국 아이는 부모와의 연결을 유지하기 위해 자신을 탓하는 쪽을 선택한다. "내가 잘못해서 엄마, 아빠가 화를 낸 거야." "내가 미운 짓을 해서 엄마가 나를 안 보는 거야."

아이에게 이런 자기 비난은 그나마 견딜 만한 현실로 느껴진다. 또한 최선을 다해 노력하면 상황이 달라질 수 있다는 희망을 갖게 해준다.

"내가 더 착하게 행동하면 아빠에게 사랑받을 수 있을 거야." "내가 좀 더 참으면 언젠가 엄마에게 인정받을 수 있을 거야." 그 믿음은 숨이 턱턱 막히는 현실 속에서도 아이가 하루하루를 버티게 해주는 마지막 끈 같은 것이다. 그러나 시간이 지나면서 그 믿음은 '노력하지 않으면, 기대에 부응하지 못하면 나는 사랑받을 수 없다'는 결론에 이르게 된다.

분명 처음에는 견디기 힘든 상황을 어떻게든 버티기 위한 생각이었다. 그런데 시간이 흐르고 다양한 경험을 해도, 심지어 부모가 더 이상 비난하거나 무시하지 않아도 '나는 원래 부족한 사람이야. 나는 완벽하지 않아서 사랑받지 못해'라는 믿음은 점점 더 확고해지면서 자신을 끊임없이 괴롭힌다.

이러한 자기 비난에 익숙해지면 사람은 자신이 변화할 수 있다는 사실조차 받아들이기 어려워진다. 변화를 시작하려면 적어도 '나는 변화할 수 있다. 그럴 자격이 있다'라는 믿음이 필요하다. 그런데 독성 수치심은 그 변화의 시작부터 가로막는다. "난 원래부터 잘못된 인간이야." "난 좋아질 자격이 없는 사람이야." 내면에서 이런 메시지를 반복 재생하면 아무리 폭식이 줄어들고 체중을 회복해도, 아무리 좋은 성과를 내고 남들에게 칭찬을 받아도, '나는 괜찮다'라는 말이 전혀 믿어지지 않는다. 오히려 '괜찮아지는 것' 자체가, 마음속에 깊이 뿌리내린 '나는 원래 부족한 사람이야'라는 오래된 믿음과 충돌하면서, 그 괴리감 때문에 더 큰 수치심을 유발하는 상황이 펼쳐진다. 이 모순된 내면의 풍경이 수치심의 가장 역설적인 특징 중 하나이다.

사실 자기 비난과 수치심은 어린 시절 감당하기 어려운 상황을 버티기 위해 아이가 걸친 낡은 외투 같은 것이다. 그 외투 덕분에 그때 무너질 수 있었던 마음이 겨우 버텨낸 것이다. 그런데 지금은 그 무겁고 낡은 외투 때문에 자신을 드러내지 못한 채 매번 눈치를 보고, 억지로 웃고, 뭐라고 한마디 들을까 긴장하며 살아가는 것이다.

자기 비난과 수치심은 한때 나를 지켜준 피난처Shame was my

safe place였고, 그 힘든 시절을 버티기 위해 필요했던 생존 전략이었다. 그 시절 왜 내가 그런 방식으로 버틸 수밖에 없었는지 하나하나 짚어보게 될 때, 비로소 마음속에서 이렇게 말할 수 있게 된다. "그건 내 잘못이 아니었어." "그때는 그럴 수밖에 없었어." "그 방식 덕분에 내가 살아남을 수 있었던 거야." 이렇게 수치심을 새롭게 이해하게 될 때, 우리는 오래된 외투를 벗고 지금의 자신에게 맞는 새로운 옷을 입을 수 있을 것이다.

5

수치심의 다양한 얼굴

처음 식이장애 환자를 만나면 수치심이 체중이나 외모에 대한 걱정과 고민으로만 드러나고 있는 것처럼 보일 때가 많다. 그러나 그 걱정과 고민을 더 깊이 들여다보면 수치심은 식이장애 환자의 삶 전체, 즉 생각, 감정, 행동, 관계, 회복에 대한 태도에까지 깊이 스며 있다. 창피함이나 부끄러움을 넘어 삶을 위축시키고 관계를 회피하게 만드는 독성 수치심의 가장 큰 특징은 자기 존재 자체를 부정하는 것이다. '나는 무가치하다' '나는 사랑받을 자격이 없다' '나는 실패한 인간이다' 같은 생각은 그냥 자신을 낮게 평가하며 못마땅해하는 차원을 넘어선다. 그것은 '나는 수치심을 느낀다I feel shame'가 아니라 '나는 수치심 그 자체다I am shame'라고 믿는 상태다. 다시 말해 자신을 수치심 그 자체로 규정하는 깊은 믿음이다. 이 믿음은 회복을 꿈꾸는 일마저 포기하게 만든다. "내가 아무리 노력해도 나아지지 않을 거야." "치료해도 결국 다시 무너질 거야." 그렇게 미래에 대한 희망은 사라지고 자신은 애초에 회복이란 걸 기대할 수 없는 사람이라고 믿게 된다.

흔히 수치심은 부정적 상황에서만 느끼는 감정이라고 생각한다. 그런데 놀랍게도 식이장애 환자는 기쁨이나 따뜻한 친밀감을 느낄 때조차 독성 수치심의 영향을 받는다. 즐거운 일이 생기거나 좋은 사람과의 관계에서도 그 긍정적 감정을 온전히 받아들이기 어려워하고 경계하는 모습을 보인다. '어차피 이 기쁨은 곧 사라질 거야' '내가 즐거움을 느끼는 건 잘못된 일이야' 같은 생각이 자동으로 떠오르며, 안정감과 즐거움을 믿지 못하고 오히려 두려워한다.

독성 수치심은 타인의 시선이나 평가에 보이는 과도한 민감성으로도 드러난다. 그래서 누군가의 표정이나 말투, 무심한 한마디에도 예민하게 반응하고 그것들을 오랫동안 마음에 담아둔 채 자신을 계속 괴롭힌다. '저 사람이 나를 한심하게 생각할 거야' '내가 뭔가 실수한 걸까?' 같은 생각이 자동적으로 떠올라, 걱정과 긴장 속에서 쉽게 위축된다.

많은 식이장애 환자는 자기 감정을 철저히 숨기면서 타인의 감정에만 온 신경을 쏟는다. 이들은 부모의 피곤한 표정에도 죄책감을 느끼고 친구의 말투 하나에도 쉽게 마음이 흔들린다. 심지어 자신이 키우는 고양이 눈치까지 살피며 조심스럽게 행동하기도 한다. 이런 '조심스러움'은 겉으로는 따뜻한 배려처럼 보일 수 있지만, 실제로는 거절당하거나 미움받지 않기 위한 생존 전략에 가깝다. 즉 '내 감정보다 상대의 감정을 먼저 읽어야 살아남을 수 있다'라는 학습된 태도이다. 그래서 많은 환자들은 친구와 좋은 시간을 보내고도 진이 빠졌다고 말한다.

이처럼 자신의 존재를 감추는 방식으로 관계를 유지해온 사람일수록, 누군가와 진심으로 가까워지려 할 때 더 큰 불안을 느낀다. 관계가 깊어질수록 수치심이 더 강하게 올라오기 때문이다. 겉으로는 배려심이 많고 잘 어울리는 것처럼 보이지만 마음속에서는 '내가 진짜 어떤 사람인지 알면 분명 실망하고 떠나갈 거야' '더 다가가면 나를 부담스러워할 거야' 같은 생각이 머릿속을 떠나지 않는다. 결국 가까워지고 싶은 마음이 있어도 스스로 관계를 끊거나 거리를 둔다.

이러한 거리 두기는 단순한 회피가 아니라, 자신의 부족함이 드러나 결국 상처받을지도 모른다는 두려움으로부터 자신을 보호하려는 방어 행동이다. 결국 혼자 있는 것이 더 안전하다고 느끼게 된다. 외로움보다 '있는 그대로의 자신'을 보였을 때 마주할 수치심이 훨씬 더 두렵기 때문이다.

독성 수치심은 미래를 바라보는 전망조차 어둡게 만든다. '어차피 내 미래는 좋아질 수 없어' '앞으로도 나는 계속 실패할 거야'와 같은 생각에 갇히게 되면 결국 '나는 애초에 가능성이 없는 사람이었어'라는 자기 존재를 부정하는 결론에 이른다. 이렇게 독성 수치심은 변화의 가능성을 스스로 포기하게 만들고 앞으로 나아가려는 의지마저 꺾어놓는다.

독성 수치심은 식이장애 환자의 삶 곳곳에 다양한 방식으로 조용히 스며들어 몸과 마음과 삶 전체를 서서히 무너뜨린다. 독성 수치심은 그냥 스쳐가는(일시적인) 감정이 아니다. 그것은 삶을 버겁게 만들고, 스스로를 포기하게 만드는 매우 강력한 정서적 고통이다.

◆

수치심의 다양한 얼굴

심리학자 조지프 버고^{Joseph Burgo}는 수치심을 단순한 부끄러움의 문제가 아니라, 인간의 내면을 가장 깊게 뒤흔드는 감정 중 하나라고 하면서 이를 네 가지 유형으로 나누었다. 이 분류는 식이장애 환자가 느끼는 수치심의 감정 구조를 이해하는 데도 매우 유용하다.

1. 사랑받지 못하는 존재로서의 수치심(Unloved)

반복된 비난, 방임, 외모나 능력 비교 속에서 성장하면 '나는 사랑받을 수 없는 사람이다'라는 생각이 마음 깊이 새겨진다.

→ 거절당한 느낌, 가치 없는 존재라는 느낌, 사랑스럽지 않고 중요하지 않다는 감정

2. 배제된 존재로서의 수치심(Left out)

관계 속에서 소외당하고 무시당하고, 투명인간 취급당한 경험에서 기인한다.

→ 외로움, 따돌림, 소속되지 못함, 이해받지 못하는 존재라는 느낌

3. 원치 않는 노출의 수치심(Unwanted Exposed)

자신의 약점, 서투름, 부족함이 드러났다고 느낄 때 생긴다.

→ 죽고 싶을 정도의 부끄러움, 어색함, 어딘가에 숨고 싶은 마음

4. 무너진 기대의 수치심(Disappointed)

누군가의 기대에 미치지 못했을 때 자신을 무능하고 실망스러운 사람
으로 느낀다.
→ 좌절감, 열등감, 실패감, 늘 부족한 사람이라는 느낌

수치심의 이 네 가지 형태는 한 사람 내면 안에서 서로 겹치면서 복잡
한 양상으로 나타난다. 그래서 수치심은 한마디로 설명하기 어려운 다
양한 결을 지닌 감정으로, 알아차리기도 쉽지 않다. 바로 그 강렬하면
서도 혼란스러운 수치심을 알아차리고, 거기에 이름을 붙이고 분류하
는 것은 자신의 경험을 객관적으로 바라보는 계기가 된다.

누군가의 기대에 미치지 못했을 때 자신을 무능하고 실망스러운 사람

→ 좌절감, 열등감, 실패감, 늘 부족한 사람이라는 느낌

6

수치심과 친해지기

수치심은 누구나 느낀다. 이것은 인간의 가장 보편적인 근본 감정이다. 앞서 말했듯 수치심은 우리가 세상에 태어나 처음 배우는 감정으로, 주변 사람들과 어울려 살아가는 데 꼭 필요하다. 수치심은 지금 내가 하는 말이나 행동이 너무 지나치지 않은지, 내 의도와 달리 누군가에게 상처나 불편함을 안겨주지 않았는지, 다른 사람의 눈에 내가 무례하거나 부담스럽게 보이지 않았는지 스스로 살펴보게 만든다. 즉, 수치심은 인간관계 속에서 나를 조율하게 하는 일종의 정서 브레이크 역할을 한다.

그런데 어떤 사람은 수치심을 거의 느끼지 못한다. 이들은 타인의 시선 혹은 반응에 전혀 신경 쓰지 않거나 아예 무관심하다. 또 어떤 사람은 누군가에게 상처를 주고도, 잘못된 행동을 하고도 죄책감과 미안함을 전혀 느끼지 않는다. 수치심을 느끼지 못하는 것은 반사회적 성향이나 특정 인격장애의 한 특징일 수 있다. 이들은 더 많은 사회 문제나 대인관계 문제를 일으킬 수 있다. 그러니까 수치심을 느낀다고 해서 너무 실망하며 위축될 필요는 없다. 오히려 수치심을 느낀다는 것은 사회생활에서 지극히 자연스럽고 누구나 경험하는 반응이라는 걸 잊지 말자. 수치심은 우리 존재를 무가치하고 쓸모없다고 단정 짓는 감정이 아니라, 우리가 더 조화롭게 주변과 연결되도록 경계를 알려주는 감정이다.

수치심과 나 사이에 공간 만들기

머리로는 그렇게 이해해도 막상 수치심이 강하게 올라오면 온몸에서 일어나는 신체 반응 때문에 쉽게 압도당하고 당황하거나 위축되기 쉽다. '나는 틀렸어' '나는 부끄러운 존재야' '나는 실패자야' 같은 자기 비난의 목소리가 마음을 뒤덮고, 몸이 움츠러들며 숨 막힐 듯 답답해진다. 이럴 때는 자신이 '수치심 그 자체가 된 것'처럼 느끼기 쉽다. 그 감정과 자신이 하나로 뒤엉키면서 압도되는 것이다. 그래서 수치심과 친해지려면 역설적으로 그 감정과 나 사이에 거리를 둘 수 있어야 한다. 내 안의 수치심을 잠시 밖으로 꺼낸다고 상상해보자. 수치심을 밖으로 꺼내 놓고 그냥 익숙하고 편안한 친구라고 생각하며 바라보면 수치심과 나 사이에 약간의 거리가 생기면서 그 감정에 휘둘리지 않고 주체적으로 다룰 수 있게 된다. 예를 들면 마음속으로 이렇게 말해 본다. "아, 지금 수치심이라는 감정이 내 안에서 올라오고 있구 나." "지금 이 감정이 내 몸과 마음을 뒤흔들고 있지만, 나는 그 감정을 느끼는 사람일 뿐 감정 그 자체는 아니야." 이처럼 감정 을 자신과 분리해서 바라보는 연습을 감정의 외현화externalization 라고 한다.

이제 그 수치심을 좀 더 구체적인 이미지로 떠올려보자. 꺼 내 놓은 수치심을 인형이나 이미지로 상상해보는 것도 좋다. 수 치심은 어떤 모양인가? 어떤 색깔인가? 크기는 얼마나 되는가? 옆에 종이가 있으면 수치심의 모습을 한번 그려보는 것도 좋다. 형태가 명확하지 않아도 괜찮다. 동그라미나 네모, 세모 같은 단 순한 도형으로 가볍게 시작해도 된다. 그렇게 형상화한 수치심 이 내게 어떤 말을 건네는지 써보는 것도, 수치심과 거리를 두는 데 도움이 된다. 꼭 완성한 그림이나 멋진 문장일 필요는 없다. 그냥 하나의 낙서, 하나의 단어로 시작해도 충분하다. 어설퍼도 괜찮고 구체적이지 않아도 된다. 중요한 건 압도적인 수치심을 밖으로 꺼내 놓고 바라보려는 시도 그 자체다.

상상력을 조금 더 발휘해 수치심이 얼마나 강한지 표현하는 것도 의미 있는 작업이다. 가령 수치심을 바람이라고 상상해보 자면, 지금 느끼고 있는 그 수치심은 서늘한 바람인가? 아니면 얼굴을 후려치는 강한 돌개바람인가? 만약 수치심이 비라면 가랑비인가, 눈앞이 보이지 않을 만큼 쏟아지는 장대비인가? 천둥이라면 멀리서 들려오는 기분 나쁜 소리인가, 바로 옆에서 들리는 가슴 철렁한 굉음인가? 말로 설명하기 어려운 수치심 강도를 이런 비유로 표현하면, 우리는 그 감정의 크기와 무게를 덜 위협적으로 받아들일 수 있다.

수치심은 콧물이다

조금 우습게 들릴 수 있지만 다음과 같은 비유도 수치심과 자신을 분리하는 데 의외로 도움을 준다.

"수치심은 감기에 걸렸을 때 코에서 매일 흘러나오는 콧물과 같다. 콧물은 분명 내 몸에서 생기지만 그렇다고 내가 콧물 그 자체는 아니다."

이 비유는 수치심과 자기 비난이 아무리 강하게 밀려와도 그 감정이 내 전부는 아니라는 걸 일깨워준다. 즉, 감정은 몸에서 일어나는 반응이고 생각은 마음을 스쳐 가는 흐름일 뿐이다. 이는 어떤 감정이나 생각이 머릿속을 떠돈다고 그 감정과 생각이 곧 나 자신을 뜻하는 것은 아니라는 사실을 받아들이는 데 도움을 준다. 감기가 지나가면 콧물이 멈추듯, 수치심이 지나가면 당신 안의 다른 건강한 모습이 나타날 것이다.

수치심은 과거에서 온 그림자다

수치심을 외현화하고 구체화하는 작업을 통해 그것을 좀 더 거리를 두고 바라보게 되었다면, 그다음엔 수치심이 어디서 시작되었는지 되짚어보자. 수치심은 대부분 과거 경험과 연결되어 있다. 그 반응이 너무 강렬해 마치 지금 막 생긴 감정처럼 느껴질 수도 있지만, 사실 그 반응은 오래된 기억이 반복 재생되고 있는 경우가 흔하다.

그 수치심이 언제, 어디서 시작되었는지 떠올리기 위해 옆에 꺼내 놓은 수치심에게 혹은 종이에 그려놓은 수치심에게 조용히 물어보자. "내가 이런 강한 수치심을 처음 느낀 게 언제였지?" "이 수치심은 언제부터 내 안에 이토록 강하게 자리 잡은 것일까?" "이런 식으로 나를 처음 놀린 사람이 누구였더라?" "그때 누가 내 곁에 있었고 그중 누구의 말이 유독 마음에 남아 아팠을까?" "그때 나는 어떤 표정을 짓고 있었나? 어떤 감정을 느꼈었나?"

어린 시절 가족과 친구 관계 속에서 경험하는 비난, 조롱, 무시, 방임은 대개 수치심의 근원이 되기 쉽다. 사실 우리는 유치원, 초등학교, 중고등학교 때 그리고 집과 학교에서 자주 수치심을 겪는다. 물론 성취감과 칭찬 같은 좋은 경험이 수치심을 덜어주기도 하지만 은근하게 반복된 무시, 비교, 따돌림의 경험은 마음속에 깊은 수치심의 뿌리를 남긴다. 오래전에 들은 말 한마디,

스쳐 간 눈빛 하나가 지금도 내 마음 한구석에 생생히 살아 있고 여전히 나를 강하게 움츠러들게 만든다. 수치심은 '과거에서 온 그림자' 같은 것이다.

이 감정이 어디에서 기인했는지 알았다면, 이제 그 오래된 감정과 좀 더 친해지는 시간이 필요하다. 과거에 느낀 수치심을 지금의 시선으로 다시 바라보며 그 시절의 내게 말을 건네보는 것이다. "그땐 정말 무섭고 힘들었겠다." "그건 네 잘못이 아니었어." "어린아이로서는 최선을 다한 거야." 지금의 내가 그때의 내게 이런 말을 건네는 것, 그 자체가 오랫동안 억누르고 감추곤 했던 수치심을 조금씩 다르게 바라보는 첫걸음이 될 수 있다.

수치심과 친해진다는 것은 수치심을 있는 그대로 알아차리고, 그것이 어디서 왔는지 이해하면서 그게 곧 나 자신이 아니라는 사실을 조금씩 이해해가는 과정이다. 이런 과정을 통해 수치심은 더 이상 나를 삼키는 존재가 아니라 내가 다룰 수 있는 감정이 된다.

◆

왜 머리로는 아는데 마음은 믿지 못할까

식이장애 환자의 가족과 친구, 애인 들은 자주 지지와 격려의 말을 해준다. "그건 네 잘못이 아니야." "넌 충분히 괜찮은 사람이야." "그렇게까지 자책할 일은 아니잖아." 하지만 이런 따뜻한 말은 환자의 마음에 쉽게 와닿지 않는다. '그냥 위로하려고 하는 말이겠지' '진짜로 그렇게 생각하는 건 아닐 거야' '나는 원래 잘못된 사람이니까…' 같은 생각들 때문에 그 따뜻한 말이 마음 안으로 들어가지 못한다. 이는 위로의 말이 부족해서가 아니라, 그 말을 받아들일 수 없게 만드는 마음의 장벽이 있기 때문이다. 역설적으로 정작 실망과 좌절감 때문에 "다 내 잘못이야…"라며 괴로워하는 다른 사람에게 식이장애 환자는 진심으로 이렇게 말해준다. "그건 네 잘못이 아니야." "넌 충분히 애썼고 그 상황에서 어쩔 수 없었잖아." 다른 사람에게는 따뜻하고 너그러운데 유독 자기 자신에게만 가혹하다.

왜 그럴까?

그건 수치심에서 비롯된 자기 비난의 신념이 오랫동안 몸과 마음에 깊이 새겨진 감각에 뿌리를 두고 있기 때문이다. 수치심은 단지 '머릿속 생각'이 아니라 몸이 기억하고 반응하는 감정 패턴이다. 그래서 합리적인 논리나 이성적인 설득만으로는 쉽게 사라지지 않는다. 그러니 그 말이 당장은 받아들여지지 않아도 언젠가 마음에 닿을 수 있다는 가능성을 남겨두는 것만으로도 괜찮다. 타인에게 위로의 말을 건넨다는 건 자기 자신에게도 같은 말을 건넬 마음의 여지가 남아 있다는 뜻이다. 다른 사람에게 해준 그 따뜻한 말을 언젠가 자신도 진심으로 느껴보도록 허락하는 것이 회복의 시작인지도 모른다.

7

내면의 비판자란?

식이장애를 겪는 사람들의 마음속에는 비슷한 패턴의 내면의 목소리가 자리하고 있는 경우가 많다. 그 내면의 목소리는 하나같이 아주 냉혹하고 비판적이다. "그렇게 하고도 괜찮다고 생각해?" "넌 부족하고 한심해." "넌 멍청하니까 남들보다 더 노력해야 해!" 때때로 이런 목소리는 외부의 다른 사람이 하는 말처럼 느껴지기도 한다. 하지만 사실 외부가 아닌 내면에서 스스로에게 끊임없이 쏟아붓는 말이다.

심리학에서는 이 목소리를 '내면의 비판자inner critic'라고 부른다. 이는 다중 인격처럼 완전히 자아가 분리된 상태를 의미하는 것은 아니다. 원래 우리 마음 안에는 서로 다른 역할을 하고 다른 감정을 느끼는 여러 자아상태들이 함께 존재한다. 처음엔 낯설게 들릴 수 있으나 누구나 내면에는 다양한 자아상태들이 존재한다.

자아상태치료나 내면가족체계치료에서는 마음의 이 다양한 자아상태를 '파트part'라고 부른다. 그중에서도 비판자 파트는 다른 파트들보다 훨씬 더 강한 영향력을 갖고 있기 때문에 마음속 판단과 행동을 이끌어가는 경우가 많다. 여기서 놀라운 것은 이 비판자 파트가 애초에 자신을 비난하고 위협하기 위해서가 아니라 보호하기 위해 만들어졌다는 사실이다.

예를 들어 어린 시절 사소한 실수에도 지적을 받았거나 감정을 표현했다가 번번이 거절당했다면, 아이 마음은 간혹 이런 결론을 내렸을 것이다. "남들보다 내가 먼저 내게 조심하라고 야단치면, 덜 창피하고 덜 아플 수 있어." "내가 잘못되었다고 먼저 인정하면, 거절당해도 상처가 덜할 거야." 이처럼 내면의 비판자는 어린 시절 힘든 상황에서 살아남기 위해 생긴 마음의 일부분이다.

이러한 마음의 일부분, 이른바 '파트'는 계속해서 주위의 시선이나 평가를 경계하게 만든다. 또한 실수하지 않도록 조심하게 하고, 기대에 맞추기 위해 끊임없이 노력하게 만든다. 그래야 외부의 비판을 조금이나마 피할 수 있기 때문이다. 그러니까 이 비판자 파트는 실제 공격과 비난으로부터 피해를 줄이기 위해 미리 경고를 울리는 사이렌 역할을 한다. 그런데 문제는 이 내면의 비판자가 시간이 갈수록 더 강해지고 고집스러워진다는 데 있다. 외부 비난이 줄어들었는데도 내면의 비판자 목소리는 더 가혹해진다. 경계를 풀었다가 다시 위험에 빠질까 걱정을 하기 때문이다.

그래서 가혹해진 비판자의 목소리는 현실을 점점 왜곡하며, 결국 현실에서 일어난 긍정적 경험조차 왜곡된 방식으로 받아들이게 만든다. 주변의 칭찬도, 가까이 다가오는 따뜻한 관계도, 뿌듯한 성취의 순간조차도 이 비판자의 목소리 앞에서는 힘을 잃는다. 그 목소리는 여전히 단호하다. "그건 그냥 운이 좋았을 뿐이야." "그 사람은 네 정체를 잘 몰라서 그렇게 말한 거야." "이건 일시적인 것이고 곧 다시 무너질 테니까 조심해야 해." 이처럼 내면의 비판자 파트의 목소리가 너무 강해지면, 어느 순간 그 말은 내면의 흔들리지 않는 진실이 되어버린다.

결국 이 비판자 파트는 수치심을 점점 더 강화한다. 이 파트는 애초에 어린아이가 수치심을 덜 느끼도록 보호하기 위해 생겨난 것이지만, 시간이 지나면서 오히려 수치심을 더 집요하게 강화하는 존재가 되어버린다. 아이를 지키려고 생겨난 목소리가 이제 아이의 숨통을 조여오는 셈이다.

이 비판자로 인해 강해진 수치심은 결국 식이장애 증상으로 이어진다. 처음에는 '조금 더 괜찮은 사람으로 보이고 싶어서' 시작한 다이어트가 어느 순간 '무가치한 나를 숨기기 위한 필사적인 노력'으로 변질되는 것이다. 하지만 아무리 식단을 완벽히 지켜도, 아무리 체중이 줄어들어도 이 비판자 파트는 사라지지 않는다. 아니, 사라지기는커녕 오히려 더 가혹해진다. "그 정도로는 부족해." "여기서 실패하면 완전 구제 불능이야." 이런 말로 몰아세우며 더욱 채근한다. 그리고 다시 더 높은 기준을 요구하며 끝없이 날카로운 비난을 퍼붓는다.

이 악순환은 '내면의 비판자 → 수치심 → 식이장애 증상 → 더 강한 비판자'라는 흐름으로 무한 반복된다. 오랫동안 반복되어온 이 악순환의 흐름을 스스로 끊기가 쉽지 않다. 그 흐름에서 벗어나기 위해서는 먼저 그 비판자 파트가 왜 그렇게 가혹할 수밖에 없었는지, 그 목소리 안에 숨어 있는 불안과 두려움이 무엇인지 들여다봐야 한다.

나를 지키기 위해 나섰던 내면의 비판자

처음엔, 내면에서 들려오는 자기 비난의 목소리가 그저 차갑고 가혹하게만 느껴진다. 쉴 틈 없이 비난하며 몰아붙이면서 조금도 편하게 놔두지 않기 때문이다. 그렇지만 그 목소리를 좀 더 깊이 들여다보면, 거칠게 들려오는 그 목소리도 실은 나를 지키려는 선한 의도에서 비롯된 것임을 알 수 있다. 나를 지키기 위해 다양한 모습으로 나타나는 내면의 비판자에 대해 알아보자.

완벽해야 한다는 강박

내면의 비판자가 가장 자주 취하는 모습 중 하나가 '완벽해야 한다'는 강박이다. 어릴 적 작은 실수 하나에도 심한 비난이나 처벌을 받은 기억은 시간이 지나도 사라지지 않고 계속 수치심과 두려움을 불러일으킨다. 이런 상황이 지속되면 어느 순간 내면의 비판자가 나타나 완벽을 요구하며 실수하지 않도록 끊임없이 채찍질하기 시작한다. "절대 실수하면 안 돼. 반드시 완벽해야 해." 이 속삭임은 과거에 실수했을 때 받은 상처를 반복하지 않으려는 절박한 방어이자 수치심을 피하려는 필사의 대응책이다.

때로는 특별히 혼난 기억이 없는데도 완벽하지 않으면 안 된다는 강박에 시달리는 사람도 있다. 꼭 필요한 시기에 충분한 사랑과 관심을 받지 못한 아이는 "나는 누구도 신경 쓰지 않는 무가치한 존재인가 봐" "내가 못나서 누구도 관심이 없는 거야"와 같은 생각을 하게 된다. 시간이 지나면서 이 생각은 점점 굳어져 결국 완벽해야 조금이라도 사랑받고 인정받는다는 강박적 믿음을 형성한다. 자신의 감정을 제대로 이해받지 못하고 반복해서 외면당하는 환경 속에서 자란 아이는 스스로를 지키기 위한 생존 전략으로 완벽함을 선택했던 것이다.

비교와 경쟁 강요

내면의 비판자는 때로 경쟁과 비교를 강요한다. "다른 사람에 비해 네가 얼마나 재능과 노력이 부족한지 알아? 그런데도 그렇게 대충 살아도 된다고 생각해?" 이 말은 단순한 경쟁심이 아니다. 뒤처지면 인정받지 못하고, 결국 버림받을지도 모른다는 두려움에서 비롯된 절박한 다그침이다. 어린 시절 누군가에게 크게 뒤처진 경험은 없었지만, 형제나 또래 중 유독 뛰어난 사람에게 부모가 관심과 칭찬을 집중하는 장면을 반복해서 지켜봤다면 아이는 어느새 이렇게 믿는다. '나도 오빠처럼, 언니처럼 해야 부모의 관심과 사랑을 받겠구나.' 누가 대놓고 비교한 건 아니었지만 반복해서 그런 장면을 보다 보면 자신도 모르게 비교라는 틀 안에 갇히게 된다. 그때부터 내면의 비판자는 "누구보다 더 열심히 뛰어나야만, 더 잘해야만 사랑받을 수 있다"라는 믿음을 마음 깊이 새긴다. 결국 사랑과 인정을 얻기 위해 주변의 모든 사람과 끊임없이 경쟁해야 한다는 믿음을 내려놓지 못한다.

관계 속 상처를 피하라는 신호

"절대 다른 사람에게 기대려고 하면 안 돼. 너의 실체를 알면 아무도 너를 사랑하지 않을 거야." 사실 이 목소리의 이면에는 깊은 외로움이 숨어 있다. 겉으로는 차갑고 단호해 보이지만 그 안에는 관계에서 상처받을지도 모른다는 두려운 마음이 숨어 있다. 어린 시절 가장 가까운 관계에서 무시와 방임 같은 상처를 반복해서 받으면, 이후 성장하면서 경험하는 모든 친밀함에 의심과 불안을 동시에 느낄 수밖에 없다. 결국 내면의 비판자는 상처받지 않도록 하기 위해 관계가 친밀해질수록 조심하라는 메시지를 계속 보낸다.

과거의 비판을 되풀이하는 내면의 녹음기

어떤 내면의 비판자는 어린 시절 반복해서 들은 목소리를 그대로 재현하기도 한다. "넌 머리가 나빠. 못났어. 게으르고 나태해. 쓰레기 같아." 심한 학대와 폭력적인 환경에서 살아남기 위해 내면의 비판자는 자신에게 가혹하게 대한 사람의 말을 고스란히 받아들인다. 그리고 마치 녹음기를 틀어놓은 듯 내면에서 그 가혹한 말을 끝없이 반복한다. "넌 차라리 사라지는 게 나아. 넌 맞아야 정신 차려! 넌 좋아질 가망이 없는 인간이야." 실은 이 가혹한 내면의 비판자조차도 또다시 상처받지 않기 위한 절박한 마음에서 비롯된 것이다. 과거에 느꼈던 공포와 무력함을 다시는 겪고 싶지 않아서 마음속 어딘가에서 그때의 가해자 흉내를 내는 것이다. 그래서 그 말이 잔인할수록 그 안엔 더 깊은 두려움과 무력함이 숨겨져 있다.

자신을 탓하는 내면의 전략

자신에게 차갑고 가혹했던 부모를 오히려 감싸고 지키려 하면서 그 비난의 화살을 자신에게 돌리는 방식으로 나타나는 내면의 비판자도 있다. "부모님은 좋은 분이었어. 내가 나쁜 아이였던 거야." "한심하고 모자란 날 키우느라 부모님 모두 지쳤어. 그러니 내가 더 착한 딸이 되어야 해." 이 말은 애착 관계를 어떻게든 붙잡고자 했던 아이의 절박한 마음이다. '부모가 나에게 상처를 주는 존재'였다는 사실을 인정하는 것은 아이에게 너무 두렵고 고통스럽다. 그래서 아이는 차라리 "부족한 내가 문제였다"고 믿는 쪽을 선택한다. 그렇게 믿어야 '내가 더 노력하면, 다시 사랑받을 수 있다'라는 희망을 붙잡을 수 있기 때문이다.

이처럼 내면의 비판자 목소리는 겉으로는 매몰차고 가혹하게 들리지만, 그 안에는 연약한 나를 필사적으로 보호하려는 선한 의도가 담겨 있다. 더 상처받고 싶지 않은 마음, 더 이상 버림받지 않으려는 마음 그리고 누군가와 더 연결되고 싶은 마음. 이 간절한 마음들을 지키기 위해 내면의 비판자는 다소 왜곡된 방식으로 거칠게 그 모습을 드러내는 것이다. 그렇게 거칠게 센 척하는 내면의 비판자를 외면하려고만 하지 말고, 그 목소리가 무엇을 지키려 했는지, 무엇을 두려워하는지 조심스럽게 들여다보는 것이 치료의 출발점이다.

물론 처음엔 내면의 비판자라는 존재를 알아채고 그 선한 의도를 인지하기가 쉽지 않다. 너무 오랫동안 내면에서 반복되었기 때문에 비판자의 소리가 마치 절대적인 진실처럼 내면의 기준으로 각인되었기 때문이다. 그 결과 그 목소리는 자기 정체성의 중심에 자리 잡게 된다. 그래서 그 목소리가 '나 자신'의 일부일 뿐이고, 내 전체가 아니라는 사실을 깨닫기까지는 꽤 오랜 시간이 걸린다.

강력한 내면의 비판자 영향에서 서서히 벗어나 지금 이 순간에 어울리는 감정과 감각을 온전히 느끼고 싶다면, 비판자의 존재를 부정하거나 외면하지 말고 인정하는 것부터 시작해야 한다. 회피하면 할수록 그 목소리는 더 강하고 거친 소리를 내기 때문이다. 차라리 그 비판자가 무엇을 그토록 간절히 말하려고 하는지 조용히 들어보는 자세가 필요하다. 내면의 비판자는 어린 시절 당신을 보호하고 지키려 한 '어린 보호자'의 일부였다. 여전히 그 보호자는 당신이 상처받지 않도록 애쓰고 있는지도 모른다. 그러니 그 어린 보호자가 전하려는 말에 좀 더 귀 기울여야 한다. 그리고 그 보호자에게 "고마워. 네가 날 오랫동안 지켜주어 지금까지 버텨올 수 있었어"라고 진심 어린 말을 전해보자.

지금부터 한 사례를 들어 내면의 비판자가 어떻게 생겨나고 작동하는지 함께 살펴보자. A는 처음에 내면의 비판자라는 존재를 쉽게 인정하지 않았다. 그래서 내면의 비판자를 구체화하는 데 시간이 꽤 걸렸다. 다행히 그녀는 점점 내면의 비판자를 구체화하기 시작했고 그 비판자에게 '고슴도치공룡'이라는 이름을 지어주었다. 그리고 회피하지 않고 용기를 내 고슴도치공룡의 역사를 떠올리기 시작했다.

네 살 무렵 화장실에 가고 싶다고 말했다가 선생님에게 심하게 야단맞은 기억. 다섯 살에 그림을 그리기 싫었지만 대회에 나가야 한다며 강요당한 기억. 일곱 살에 영어유치원에서 친구들과 비교당할 때, 아무 말도 하지 못한 자신에게 수치심을 느낀 기억. 이 모든 경험은 그녀의 어린 마음속에 깊이 새겨졌고, 결국 내면의 비판자인 고슴도치공룡이 되어 속삭였다. "조심해. 실수하면 안 돼. 또 혼날 수 있어." "넌 부족하고 한심해. 결국 사랑받지 못할 거야."

그녀는 간혹 털어놓았다.

"뭔가 좋아하는 일을 시작하려고 하면 마음속에서 '반드시 완벽하게 해야 돼' '실수하면 큰일 날 거야' '어차피 제대로 안 될 거야!' 같은 소리가 먼저 들려와 긴장하게 돼요. 이런 반응이 너무 익숙하게 반복되다 보니, 정말 하고 싶은 것, 정말 좋아하는 것이 무엇인지도 헷갈려요."

처음에 그녀는 그 목소리를 단지 '자신의 성격'이라고 여겼다. 하지만 시간이 흐르면서 그 목소리가 어디서 시작되었고, 왜 반복해서 들려오는지 이해하게 되었다. 그 비판자 목소리가 진짜 원하는 것은 비난하고 몰아붙이는 것이 아니라, 어린 시절 자주 실수하는 자신을 보호하려는 것이었다는 사실도 알게 되었다. 그녀는 더 이상 그 비판자의 목소리를 무서워하지 않았고 피하거나 무시하지 않았다. 나중에는 내면의 비판자가 "그 정도로는 아직 한참 멀었어"라고 하면, "그래도 전에 비해 꽤 좋아졌잖아. 이제부터 조금 더 노력하면 되잖아"라고 말할 수 있게 되었다. 그러면서 그녀의 마음속에서는 실수에 관한 지나친 걱정과 염려가 서서히 옅어지기 시작했다.

만약 내면의 비판자 때문에 자꾸 위축되고 숨고 싶어진다면, 그 목소리로부터 도망가려 하기보다는 차분히 호기심을 갖고 다음과 같이 스스로에게 물어보는 것부터 시작하는 것이 좋다. "내 내면의 비판자는 도대체 언제부터 생겨난 걸까?" "그 목소리는 무엇을 지키기 위해 그렇게 단호하고 엄격했던 걸까?" "혹시 그 비판자는 자신이 비난을 멈추면 어떤 일이 일어날 걸 두려워하는 걸까?" 이런 질문을 자신에게 던지는 순간부터 그 목소리는 더 이상 윽박지르며 위협하는 '괴물'이 아니라, 실은 오래도록 나를 지키려 애써온 '어린 보호자'였음을 조금씩 인식하게 된다.

그 비판자 파트에게 이렇게 말해볼 수도 있다. "지금까지 네가 그렇게 말해줘서 내가 버텨낼 수 있었어. 그런데 이제는 현실에 맞는 방식으로 나를 도와줄 수 없을까?" "좀 더 적절한 말로 나를 보호하는 다른 방법은 없을까?” 이러한 질문은 그 비판자와 새로운 방식으로 관계를 맺고자 하는 협상의 시작이다.

물론 처음엔 내면의 비판자와 이렇게 대화하는 것이 낯설고 어색하다. 그러나 어색하고 서툴러도 그런 대화 시간을 조금씩 늘려가다 보면 어느새 새로운 가능성이 열릴 수 있다. 시간이 쌓일수록 내면의 비판자가 사실은 마음속에서 오랫동안 혼자 버텨온 자아의 일부였음을 점점 더 깊이 이해하게 된다. 그러다 보면 그 비판자를 억누르거나 지우려 하기보다 그 안에 감춰진 두려움과 상처를 알아차리고 받아들이는 순간이 찾아올 것이다.

◆

내면의 비판자와의 새로운 관계 맺기: 7단계 심리적 접근

1단계. 내면의 비판자의 역사 이해하기: 비판자는 언제 생겨났을까?

이 목소리는 어느 날 갑자기 생겨난 게 아니다. 대개는 아주 어린 시절, 두렵고 불안하고 외로운 순간에 처음 모습을 드러낸다. 그 고통스러운 환경에서 살아남기 위해 아이는 '생존을 위한 비상 규칙'을 만들어야 했기 때문이다. "실수하면 혼나니까 항상 조심해야 해." "감정을 말하면 오히려 비난받으니까 아무 말도 하지 말자." 이렇게 '내면의 비판자'는 스스로를 감시하고 통제하는 보호자로 자리 잡는다.

2단계. 자극 상황 알아채기: 비판자의 목소리는 언제 더 커질까?

비판자의 목소리가 언제나 들리는 건 아니다. 마음이 불안하거나 외로울 때 혹은 과거의 상처가 건드려질 때 한층 더 거세진다. 식사 규칙을 어겼을 때, 계획한 일을 제대로 해내지 못했을 때, 누군가에게 무시당했을 때…. 그런 순간마다 비판자의 목소리는 자동적으로 또렷하게 울려퍼진다. 마치 위험에 대응하라는 사이렌 소리와도 같다.

3단계. 내면의 비판자의 숨은 의도 찾기: 그 말에 숨겨진 마음은?

겉으로 보기엔 차갑고 거칠게만 느껴지는 내면의 비판자의 말에는 사실 그만의 방식으로 보호하려는 숨겨진 의도가 담겨 있다. "완벽해야 해"라는 말에는 자신의 무가치감을 숨기고 싶은 마음이, "난 어차피 나

빠질 거야”라는 말에는 또다시 상처받고 싶지 않은 마음이 숨어 있다. 위협이 크면 클수록 보호를 위한 비판자의 말투는 더 날카로워진다.

4단계. 비판자가 애써온 시간을 알아주는 말 건네기

내면의 비판자는 수년, 어쩌면 수십 년 동안 내가 무너지지 않게 나를 지켜왔을지도 모른다. 하지만 ‘나’는 단 한 번도 “고마워”라고 말해본 적이 없다. 늘 부담스럽고 무서운 존재였기에 외면하고 무시하고만 싶었기 때문이다. 그러나 이제 그 숨겨진 의도를 알아차렸다면 이렇게 말해보자. “그동안 날 지키려고 애써줘서 고마워. 혼자서 정말 많이 힘들었겠구나.” 이 말은 비판자에게 처음 전하는 진심 어린 위로일 수 있다. 날 보호하기 위해 애썼던 노고를 인정하는 순간 비판자와의 관계는 새로운 방향으로 열린다.

5단계. 비판자가 자신의 역할을 내려놓는 게 두려운 이유

비판자의 말은 때로는 거칠고 단호하지만, 그 이면에는 다음과 같은 두려움이 자리 잡고 있는 경우가 많다. “내가 이렇게라도 계속 몰아붙이지 않으면 완전히 무너질 거야.” “또 상처받게 될 거야.” “사람들에게 버림받을 것이 분명해!” 이런 두려움 때문에 비판자는 필사적으로 나를 몰아붙였던 것이다. 그 두려움에 귀를 기울일 때야 비로소 비판자의 말은 단순한 비난이 아니라 내가 실수하지 않게, 상처받지 않게 하려던 서툰 보호 방식이었다는 것을 알아차리게 된다.

6단계. 내면의 비판자 달래기

오랜 세월 나를 필사적으로 지키려 했던 방식이기에 “이제 그만해도 돼”

라는 말은 비판자의 존재 이유 자체가 흔들리는 위기처럼 느껴질 수 있다. 비판자는 지칠 대로 지쳤으나 그 역할을 내려놓으면 내가 완전히 무너질까 봐 안간힘을 다해 버티고 있는 것이다. 그런 비판자에게 가장 필요한 것은 '이제 혼자 애쓰지 않아도 된다'고 따뜻하게 말을 건네는 것이다. "지금까지 너 혼자 힘든 일을 다 떠맡느라 많이 힘들었지? 이제는 내게도 힘이 생겼으니 함께 해결해보자." 이는 비판자를 무시하고 밀어내려는 것이 아니라, 함께 협력하고 싶다는 진심을 전달하는 것이다.

7단계. 비판자에게 새로운 제안하기: 함께 실험해보자

이제 비판자에게 다음과 같이 말을 건네볼 수 있다. "네가 애써준 덕분에 내가 여기까지 버티며 살아올 수 있었어. 그때는 정말 위험했고 네가 필요했어. 하지만 지금은 예전만큼 위험하지 않아. 실수해도 무너지지 않고 감당할 수 있어." 이 말은 비판자가 더 이상 필요치 않다는 말이 아니다. 단지 지금 상황에 맞게 '역할을 조정하자'라는 제안이다. 이 진심 어린 제안을 건네는 순간 내면의 비판자와의 새로운 관계가 시작된다.

8

다시 일어서는 힘

미국 휴스턴대학교의 브레네 브라운 박사는 수치심에 대해 오 랜 시간 연구해온 심리학자다. 그녀는 수치심 회복을 위한 네 가 지 단계를 제시하였다. 첫 번째, 수치심을 있는 그대로 알아차리 고 받아들이는 단계. 두 번째, 그 감정의 기원이 외부 기준이나 평가, 비난에서 비롯된 것임을 알아차리는 단계. 세 번째, 신뢰할 수 있는 사람과 솔직한 마음을 나누며 수치심을 덜어내는 관계 경험을 쌓는 단계. 네 번째, 자기 자신과 타인을 따뜻한 시선으로 바라보는 연민을 회복하는 단계.

1단계. 수치심을 알아차리고 받아들이기

오랜 임상 경험 속에서 이 네 가지 단계를 거치면서 수치심 을 극복해낸 한 사람이 기억난다. A는 거식증으로 입원치료를 받

았던 환자였다. 퇴원 후에는 외래에서 식사 치료와 상담을 병행
하며 조금씩 체중을 회복해가고 있었다. A는 서서히 체중이 늘면
서 오히려 식사 후 반복하던 자책과 운동 강박이 점차 줄어들었
고 마음도 조금씩 평온해졌다. 그러던 중 개학을 앞두고 A는 다
시 불안정해지기 시작했다.

"친구들이 저를 보고 '살쪘다'고 할까 봐 무서워요."

"공부도 예전처럼 잘 못할 것 같고, 완벽하지 않은 저를 보면
친구들이나 선생님이 모두 실망하고 떠나갈 거예요."

A가 학교에 가는 것을 불안해한 이유는 단지 외모 평가나 성
적 부담감 때문이 아니었다. A를 짓누른 감정은 '지금 이 모습으
로는 누구에게도 사랑받을 수 없다'라는 두려움, 다른 사람의 평
가와 시선을 지나치게 의식하는 수치심이었다. 그러나 A는 자신
이 느끼는 그 감정을 '수치심'으로 인지하지 못했다.

이럴 때는 우선 A가 느끼는 감정을 함께 들여다보는 것이 중
요하다. 나는 그 감정이 수치심이라는 것을 A가 알아차리도록
도와주었다.

"너, 지금 굉장히 긴장하고 있구나. 혹시 친구들이 너를 한심
하게 볼까 봐 무서운 거니? 사실 그런 감정을 느끼는 건 자연스
러운 일이야. 그 감정을 '수치심'이라고 해. 선생님도 그렇고, 아
마 대부분의 사람이 자주 느끼는 감정일 거야. 그런데 너는 그걸
다른 사람보다 훨씬 더 크게 느끼는 것 같아."

A는 한참 생각하더니, 조용히 고개를 끄덕였다.

"그게 수치심이란 감정이었군요. 전 그냥 제가 이상하고 예민하다고만 생각했는데, 선생님 말을 듣고 보니 그동안 제가 힘들어했던 게 바로 수치심 때문이었네요. 친구들 눈치 살피고, 실수할까 봐 걱정하고, 항상 완벽해야 한다는 압박감 때문에 학교에 가는 것이 지겨웠는데 그게 모두 수치심 때문이었다니…."

우리는 그 감정에 이름을 붙였고 앞으로 그 감정과 친해지기로 약속했다. 이는 브레네 브라운이 말한 첫 번째 회복 단계, 즉 '수치심을 알아차리고 받아들이는' 순간이었다. 그날 이후 아이는 자신이 느끼는 감정을 예전보다 더 명확하게 표현하기 시작했다. 막연하던 불안과 공포가 '수치심'이라는 이름을 갖게 되자 그 감정은 더 이상 뿌연 안개처럼 느껴지지 않았고, 두려워하지 않고 차분히 마주할 수 있는 감정이 되었다.

2단계. 수치심의 기원 인식하기

그날 이후 A는 자신 안에 자리 잡은 수치심이 삶을 얼마나 깊게 흔드는지 조금씩 알아차리기 시작했다. 그리고 한 달쯤 지난 뒤부터는 그 수치심에 대해 직접 말로 표현할 수 있게 되었다.

"체중이 늘어난 걸 숨기고 싶어요. 망가진 제 모습을 누가 알아볼까 무서워요. 제가 공부도 잘하고, 운동도 잘하고, 게다가 많이 말랐으니까 친구들이 좋아했던 거잖아요. 그런데 이제 제가 그렇게 완벽한 아이가 아니라는 게 들통나면 친구들이 모두 실망하고 다 떠날 것 같아요."

A가 하는 말을 들으면서 나는 A가 오랫동안 참아왔던 수치심에 조금 더 다가가보고 싶었다.

"혹시 언제부터 그런 생각을 하기 시작했니?"

잠시 망설이던 A가 조용히 입을 열었다.

"사실 아주 오래전부터예요. 아마 초등학교에 들어가기 전부터일 거예요. 밤마다 아빠가 항상 언니와 저를 무릎 꿇어앉히고 늘 똑같은 말을 하셨어요. 반장도 해야 하고, 예의도 바르고, 성적도 잘 나와야 하고, 뚱뚱하면 안 되고…, 다 잘해야 한다고요. 특히 피곤한 모습으로 늦게 퇴근하신 날이거나 엄마와 말다툼을 한 날이면 더 엄격한 표정으로 같은 말을 반복하셨어요. 그런 말을 들을 때마다 숨이 턱 막히는 기분이었어요. 저는 늘 아빠 눈치를 봐야만 했어요. 아빠 걱정도 많이 했고요. 나중에 언니는 반항하기 시작했는데, 언니에게 실망하는 아빠 모습을 보고 저라도 아빠의 기대에 맞춰야겠다는 생각을 했어요."

"그래서 뭐든지 잘해야 한다고 생각하게 되었구나. 아버지가 했던 말이 네 마음에 반드시 지켜야 하는 원칙이 돼버린 거구나. 그런데 혹시 지금도 아빠가 그렇게 말씀하실 때가 있니?"

"아뇨. 지금은 아빠가 많이 달라졌어요. 그냥 내가 하고 싶은 대로 하며 살라고 해요. 그런데 저는 이상하게 아빠의 마음은 여전히 예전처럼 내가 완벽하길 바라는 것처럼 느껴져요."

A는 완벽하지 않으면 안 된다는 마음이 어디서부터 시작되었는지 어렴풋이 느끼고 있었다. 지금은 아빠가 더 이상 그런 말을 하지 않지만, 과거에 반복해서 들었던 말은 이미 A의 내면에서 자기 비난과 완벽주의라는 목소리로 바뀌어 뿌리 깊게 자리 잡고 있었다.

3단계. 신뢰할 수 있는 타인과의 연결

수치심에 대해 조금씩 이해해가고 있었지만, A의 마음은 여전히 흔들리고 있었다. 어떤 날엔 친구들과 자연스럽게 웃으며 이야기했지만, 또 어떤 날엔 점심도 먹지 않고 혼자 조용히 앉아 있었다. 수치심은 여전히 A의 일상 구석구석에 스며들어 있었고, A를 가끔 깊은 외로움과 무력감에 빠뜨렸다. 그런데 그런 A의 마음에 아주 작은 물결이 일기 시작했다. 어느 날 같은 반의 한 친구가 A에게 다가와 간식을 내밀었다.

"너, 이거 좋아하지? 우리 엄마가 싸줬는데, 같이 먹을까?"

그 말에 A는 어색하게 웃으며 그냥 고개를 저었지만, 그날 오후 A는 그 친구에게 조심스럽게 쪽지를 건넸다.

"아까 같이 먹자고 말해줘서 고마웠어. 그거 내가 진짜 좋아하는 거야."

처음으로 마음의 문을 열고 누군가에게 말을 건넨 순간이었다. A는 치료실에 와서 내게 조용히 말했다.

"그 친구는 제가 말랐든 살쪘든 그런 건 신경 쓰지 않는 것 같았어요. 그래서 좀 마음이 편해졌어요."

며칠 후엔 수업 시간에 같은 조가 된 친구가 A에게 다가와 조심스럽게 말했다.

"나, 다음 주 발표가 너무 떨리는데 너랑 같이 준비하면 안 될까?"

뜻밖의 제안에 A는 잠깐 당황했지만 조용히 고개를 끄덕였다. 그날부터 방과 후 둘은 도서관에서 함께 자료를 찾았고 집에도 같이 갔다.

'늘 남의 눈치를 보며 숨어 지냈는데 내가 누군가에게 도움이 되는 사람이 될 수도 있다니….' A는 믿기지 않았지만 마음 한쪽이 묘하게 따뜻해졌다. 친구와 함께 준비한 그 발표는 무사히 잘 마칠 수 있었다. 발표가 끝나고 A는 친구와 함께 김밥과 떡볶이를 먹으러 갔다. 칼로리에 대한 걱정 없이, 체중에 대한 걱정 없이 A는 친구와 편안하게 먹을 수 있었다.

편안한 친구가 2명이나 생기면서 A의 일상은 조금씩 달라졌다. 다른 사람의 시선과 평가에 보이던 예민함이 줄어들었고, 학교는 더 이상 두려운 곳이 아니라 하루를 기대하게 만드는 장소로 바뀌기 시작했다. 완벽하지 않아도 편하게 대할 수 있는 친구들 덕분에 A는 훨씬 덜 긴장하고 덜 두려워할 수 있었다.

4단계. 연민과 자기 수용 회복

어느 날 A가 상담실에 들어오자마자 말했다.

"어제 신기한 일이 있었어요. 저랑 늘 경쟁하던 친구가 발표하던 중 갑자기 울었어요. 사소한 실수 하나 한 것 때문에 당황해하더니, 점심도 먹지 않고 엎드려만 있었어요. 예전 같았으면…."

A는 뭔가 더 말하려 하다가 잠시 망설였다. 나는 A의 다음 말을 조용히 기다렸다.

"솔직히 속으로 좀 기뻐했을지도 몰라요. 친구가 무너지는 모습을 보며 나 혼자만 그런 게 아니란 생각에 안도했을 수도 있고요. 그런데 이번엔…, 마음이 너무 아팠어요. 그 친구가 얼마나 힘들까 하는 생각이 들었거든요. 나도 전에는 늘 그랬어요. 매번 실수할까 봐 두려워했던 제 모습이 떠오르니, 그 친구의 눈물이 너무 잘 이해가 되더라고요."

A는 타인의 아픔에 공감하며 자신이 겪은 수치심 기억도 함께 떠올렸다. 그날 이후 A는 늘 경쟁하던 그 친구에게 조금씩 다가가기 시작했다. 쉬는 시간에 먼저 말을 걸었고, 시험 전날엔 자기도 걱정되어 잠이 안 온다고 털어놓았다. 그리고 A는 그 친구에게 제법 어른스럽게 이런 말을 하기도 했다.

"실수해도 괜찮아. 나도 몇 번 틀렸었는데 아무 일도 일어나지 않더라고."

이건 그 친구를 위한 위로의 말이기도 했지만, 실은 자신에게 가장 해주고 싶은 말이기도 했다. 그 일을 계기로 아이는 매일 일기장에 이렇게 적었다.

"나는 이대로도 괜찮아. 실수해도 괜찮아!"

A는 그 말을 매일 적으며 완벽하지 않으면 안 된다는 오랜 믿음을 조금씩 내려놓기 시작했다. '다른 사람은 모두 괜찮은데 나만 괜찮지 않아Everybody OK, just I'm not OK'라는 수치심의 메시지 대신 '완벽하지 않아도 나도 괜찮고, 너도 괜찮고, 모두 괜찮아 I am OK, you are OK, everybody OK!'라는 말을 반복해서 자신에게 말해주었다.

이제 A는 자신을 비난하는 대신 따뜻하게 품어주는 법을 배우고 있다. 그 변화는 자신의 몸을 대하는 태도에서도 조금씩 드러나기 시작했다. 예전에는 체중계 위에 올라가 몸무게를 확인할 때마다 불안정해지던 A는 이젠 얼굴에 생긴 여드름을 보고 "아, 요즘 스트레스 엄청 받았나 보네. 오늘은 좀 쉬는 게 좋겠어"라고 말할 수 있게 된 것이다.

이는 자기 자신에게 보내는 따뜻한 배려이자 다정한 위로였다. 브레네 브라운이 말한 네 번째 단계는 자신과 타인을 따뜻하게 바라보고 품어주는 연민의 회복이다. 타인의 아픔에 공감하는 순간, 우리는 비로소 '나 역시 그런 아픔을 지닌 존재'임을 인정하게 된다. 그 인정은 자신에게 보내는 가장 깊고 진실한 수용의 시작이다.

9

수치심 해독제

지금까지 우리는 수치심이 어떻게 만들어지고 얼마나 오랜 시간 동안 우리 삶 깊숙이 영향을 미쳐왔는지 살펴보았다. 그리고 수치심은 무시하고 밀어낼 수 있는 것이 아니라는 것도 알았다. 이제 우리는 수치심을 있는 그대로 인정하고 품은 채 살아가는 방법을 찾아야 한다. 진정한 변화는 바로 그 지점에서 시작된다. 그러면 수치심을 인정하고 품고 살아간다는 것은 어떤 의미일까? 도망치지 않고 그 감정에 직면하며, 더 나아가 그 안에서 스스로를 잃지 않고 살아간다는 것은 과연 어떤 태도를 말하는 것일까?

수치심이 만드는 일상의 긴장

타인의 시선에 움츠러들고, 실수한 기억이 떠오르면 얼굴이 화끈거리고, 잘못을 끝없이 자책하며 작아지는 자신을 느끼는 순간이 있다. 그 하나하나의 순간들이 겹겹이 쌓여 만들어진 수치심은 우리의 삶을 짓누른다. 특히 독성 수치심이 예민하게 작동하는 삶에는 평범한 일상조차 두려움으로 가득 찬다. 거울을 볼 때, 체중계에 올라설 때, 친구를 만나러 갈 때, 누군가와 시선을 마주칠 때조차 마음 한구석에서 불현듯 긴장과 불안이 올라온다. 언제 어떤 위협이 들이닥칠지 몰라 늘 초긴장하며 사는 삶처럼 말이다. 수치심에 압도당한 머릿속 시나리오는 단호하다.

"나는 부족한 사람이니까 남 앞에 나서면 안 돼. 완벽하지 않으면 나는 끝장이야."

생존이 걸린 절박한 시나리오 속에서 살아가는 삶은 늘 위기의 순간이다.

독성 수치심의 강렬함

수치심의 강도는 사람마다 다르다. 보통 사람이 수치심을 1만큼 느낀다면 어떤 이들은 그 10배, 20배 이상의 강도로 수치심을 경험한다. 강렬한 독성 수치심은 몸과 마음을 경직시키고, 일상의 생기를 앗아가며, 삶 전체를 불안과 긴장 속에 몰아넣는다. 결국 독성 수치심이 주는 고통을 견디기 위한 수단으로 다이어트에 집착하거나 폭식을 반복하게 되는 경우가 많다. 그러나 수치심은 잠시 피하거나 외면할 수는 있어도 절대 사라지진 않는다. 아무리 체중이 줄어들고, 폭식과 구토를 반복해도 수치심은 더 집요하게 삶 전체를 옭아맨다.

수치심을 마주하는 힘, 용기

수치심을 애써 무시하며 살아가는 것은 눈을 감고 낭떠러지 끝을 걷는 것과 같다. 무서워서 눈을 감는다고 두려움이 사라지는 것은 아니다. 오히려 어디에 발을 디뎌야 하는지조차 알 수 없다. 그러니 먼저 눈을 뜨고 내가 지금 어디에 서 있는지 있는 그대로 바라봐야 한다. 그래야 낭떠러지 끝이 얼마나 위험한지, 어느 길로 돌아가야 안전한지 판단할 수 있다. 수치심도 마찬가지다. 수치심이 고통스러워 외면하고 숨고만 싶은 순간, 자기 내면에서 일어나는 반응을 조용히 들여다봐야 한다. 지금 내가 무엇을 수치스러워하는지, 어떤 생각과 감정이 일어나고 있는지, 몸에서 어떤 반응이 얼마나 강렬하게 일어나는지 세심히 들여다봐야 한다. 물론 그 과정이 더 불안하고 두려울 수도 있다. 그래서 수치심을 피하지 않고 정면으로 마주할 용기가 필요하다.

용기의 진정한 의미

'용기courage'라는 말은 라틴어 'cor', 즉 '심장'에서 유래했다. 고대에 '심장을 드러낸다'는 표현은 곧 마음을 있는 그대로 드러내는 행위를 의미했다. 다시 말해 용기는 단지 대담한 행동이 아니라 마음 깊은 진실을 드러내려는 태도를 말한다. 그런 용기 있는 태도는 다음과 같은 모습으로 나타난다.

불완전하고 부족한 내 모습이 드러날지도 모른다는 두려움 속에서도 물러서지 않으려는 태도. 수치심을 느낄 때 떠오르는 생각과 감정, 신체 감각을 호기심과 연민으로 바라보며 그 곁에 머무르려는 태도. 그것은 마치 누군가의 비난에 숨이 턱 막히는 순간, 그 자리를 피하지 않고 자기 가슴에 남은 울림을 바라보는 것과 같다. 이러한 태도가 바로 여기서 말하는 '용기'다.

대개 많은 사람이 용기를 '역경을 이겨내는 행동'이나 '강한 상대를 이기는 힘'으로 생각한다. 그러나 진정한 용기는 눈앞의 상황을 통제하고 해결하려는 과감한 행동보다 자기 내면에서 올라오는 두려움과 고통스러운 기억을 피하지 않고 마주하며 그 자리에 머무르려는 태도에 더 가깝다. 자신의 삶의 가장 연약한 부분을 외면하지 않고 그것을 끌어안겠다는 결단, 그것이 용기의 본질이다.

용기 실천하기: 구체적인 방법

1단계: 멈춤과 인식

막상 수치심으로 마음과 몸이 위축되면 자신을 있는 그대로 마주하는 일이 절대 쉽지 않다. 수치심을 느끼는 순간 몸이 움츠러들고 도망치고 싶은 것은 아주 자연스러운 반응이다. 그러나 진정 변화하길 원한다면, 수치심이 스멀스멀 밀려오는 순간, 먼저 그 감정을 눈치채야 한다. 반사적으로 움츠러들기 전에 천천히 심호흡하면서 회피하고 싶은 충동을 잠시 멈춰보자. 가슴이 철렁 내려앉고 숨 막히는 느낌이 들 때도 자동적으로 피하고 싶은 그 마음을 조용히 지켜보며 스스로에게 말을 건네보자. "지금 무슨 감정이 올라왔지? 그래, 또 수치심이네. 늘 나를 움츠리게 만들던 그 감정이잖아." 이렇게 수치심의 반응을 피하지 않고 말을 건네는 것 자체가 이미 용기 있는 태도이다.

2단계: 신체 감각 수용하기

수치심의 반응을 피하지 않고 말을 건네다 보면 자신을 그토록 당황하게 만드는 감정이 수치심이라는 사실이 한층 명확해진다. "아, 지금 내가 또 수치심 때문에 당황하고 있구나." 이렇게 알아차렸다면 몸과 마음에서 일어나는 반응을 억누르지 말고 그냥 천천히 느껴보자. 그 반응은 지금 이 순간, 수치심이 당신에게 전하려는 중요한 메시지다. 평소 같으면 당황해서 급히 외면했겠지만, 단 몇 초라도 멈춰 서서 몸에서 일어나는 반응에 조용히 주의를 기울여보자. 가슴이 두근거리고 얼굴이 화끈거리고 그저 숨고 싶어지는가. 바로 그 순간, 그런 반응을 억누르지 말고 있는 그대로 느껴보는 것이다. 감정은 언제나 몸을 통해 가장 먼저 드러난다. 그 몸의 신호를 밀어내지 않고 받아들이는 순간, 우리는 비로소 수치심을 견딜 수 있는 지금의 자신과 연결되기 시작한다.

3단계: 자기 비난과 새로운 관계 형성하기

자기 비난의 목소리를 알아차리는 것도 용기를 실천하는 중요한 시도다. "나는 부족해" "나는 한심한 사람이야" 같은 자기 비난 목소리가 머릿속을 맴돌 때, 그걸 애써 밀어내려 하지 말고 천천히 심호흡하면서 이렇게 말해보자. "지금 이것은 아주 오래된 자기 비난의 목소리야. 이것은 지금의 내 목소리가 아니야." 이렇게 자신에게 말해보는 순간 압도적인 자기 비난의 목소리에서 물어설 수 있는 작은 틈이 생긴다. 그 틈은 비난의 목소리에 휘둘리지 않고 대화할 수 있는 공간이 될 수 있다. 그 작은 틈이 생겨나면 비난의 목소리를 더 이상 두려워만 하지 않고, 새로운 시선으로 바라보며 대화할 수 있게 된다.

그 목소리와 대화할 때는 가끔 유머 감각을 발휘하는 것도 좋다. 늘 두려움과 수치심을 일으키는 소리지만 항상 심각하고 진지하게만 다뤄야 하는 건 아니다. 예를 들면 "또 시작이네. 오늘도 내 안의 잔소리 대장이 어김없이 등장했군" 또는 "아, 또 익숙한 레퍼토리를 반복하는구먼. 혹시 오늘은 새로운 이야기가 없을까?"라고 자기 비난의 목소리에게 말해보는 것이다. 수치심

을 느낄 때 유머를 살짝 섞어 이렇게 말을 건넨다면, 이미 그 감
정을 적당한 거리에서 바라볼 수 있게 된 것이다.

4단계: 자기 연민Self-compassion, 가장 깊은 용기

비판자의 목소리와 새로운 대화를 하게 된다면, 어느 순간
더 이상 그 목소리에 휘둘리지 않는 순간이 찾아온다. 이제 그
목소리를 들어도 예전처럼 그대로 받아들이지 않게 된다. "내가
정말 그렇게 부족하고 한심한가?" "실수하면 정말 큰일이 나나?"
하는 의문이 들기 시작하면 처음으로 자신에게 다른 말을 걸어
보고 싶은 마음이 고개를 든다.

"나는 이대로도 괜찮아."

"나는 실수해도 괜찮은 사람이야."

하지만 이런 말들이 처음에는 낯설고 어색할 수 있다. 특히
독성 수치심이 강한 사람에게는 더욱 그렇다. 비난과 무시가 일
상인 환경에서 자라오면서 따뜻한 위로와 격려의 말을 들어본
경험이 거의 없기 때문이다. 그래서 타인을 배려하는 데는 익숙
해도, 그 배려를 자신에게 적용하는 데는 몹시 서툴다. 어쩌면 자
신을 위로하고 품어주는 자기 연민은 의식적인 연습이 필요한
마음의 태도인지도 모른다.

우리는 자신에게 따뜻한 말을 건네는 연습부터 시작해야 한
다. 비록 실수하고 부족하지만 그런 자신을 다독이고 격려하는

작은 말 한마디가 내면의 거센 비난의 목소리 앞에서도 견딜 수 있게 해준다. 결국 내면의 비판자를 내 편으로 만드는 길이다. 연민Compasion의 어원에는 '함께 느끼다', 그리고 '그 고통을 함께 견디다'라는 의미가 담겨 있다. 즉, 자기연민Self-compassion은 고통 속에 있는 자신을 비판 없이 수용하고 따뜻하게 바라봐주는 마음의 태도이다. 그것은 수치심으로 삶이 흔들리는 순간에도 나를 끝까지 붙들어주는 단단한 힘이다. 또한 가장 고요하면서도 깊은 내면에서 생겨나는 용기의 언어다. 결국 자기연민은 내가 어떤 사람이 되고 싶은지를 잊지 않게 해주는 마음의 나침반이다.

4장

식이장애 가족을 위한 가이드

1

단순한 식사 습관 문제가 아니다
– 정신의학적 접근이 필요한 이유

이상하지만 설명할 수 없는 변화

"처음 다이어트를 한다고 했을 땐 기특하다고만 생각했어요. 요즘 애들 다 그런 줄 알고 대수롭지 않게 넘겼죠. 근데 조금씩 뭔가 이상하더라고요. 음식 칼로리를 하나하나 따지고, 먹는 양이 눈에 띄게 줄고, 물도 일부러 안 마시고, 하루에도 몇 번씩 체중계에 올라가고. 그제야 뭔가 크게 잘못됐다는 생각이 들었어요."

진료실에서 자주 듣는 이야기다. 부모는 대부분 처음에 아이 '몸'을 걱정하며 병원을 찾는다. 갑자기 눈에 띄게 말라가고, 생리가 끊기고, 폭식 후 구토하고, 아침마다 어지럽다며 쓰러지는 모습을 보면 일단 내과 문제부터 떠올릴 수밖에 없다. "혹시 갑상선에 문제가 생긴 건가? 여성 호르몬에 이상이 있나? 위장에 탈이라도 난 걸까?"

그래서 이 병원 저 병원 다니며 할 수 있는 검사는 다 해보지만, 돌아오는 말은 대개 비슷하다.

"검사 결과로는 딱히 이상이 없네요."

이 말을 듣는 순간 부모는 더 깊은 막막함에 빠진다. 병원에서는 문제가 없다고 하는데 아이는 점점 더 음식을 거부하고, 점점 더 말라가고, 친구들과도 멀어지고, 방 안에 틀어박혀 지낸다. 어떤 날엔 엄청나게 많은 음식을 한꺼번에 먹더니 곧바로 화장실로 달려가 급하게 구토한다. 뭔가가 분명 잘못되고 있는데 어디서부터 어떻게 손을 대야 할지 몰라 부모는 혼란스럽기만 하다.

마음의 병이라고 인정하기

이런 상황에서도 많은 부모가 아이 문제를 정신의학 문제로 잘 받아들이지 못한다. 사실 '정신의학과'라는 말은 아직도 낯설고 꺼려지고 왠지 두려운 느낌을 준다. '저렇게 말랐는데도 안 먹고 버티는 게 정말 마음의 병인가?' '정신과에 데려가면 애가 더 상처받는 거 아닐까?' '아직 그렇게 심각한 건 아니잖아?' 머릿속에서 이러한 생각이 계속 맴돈다.

그렇지만 식이장애의 본질을 제대로 이해하면 그다음은 비교적 명확해진다. 지금 아이에게 정말 필요한 건 정신의학과적인 진료와 치료, 그리고 전문적인 심리상담이다. 식이장애는 겉으로는 몸에 나타나는 문제로 보이지만, 실제로는 마음에서 비롯된 병이기 때문이다.

거식, 폭식, 운동 강박, 구토. 이 모든 행동의 이면에는 아이들이 말로 다 표현하지 못하는 깊은 마음의 고통이 숨어 있다. 그 고통은 대개 자신을 향한 왜곡된 믿음, 부정적 자기 인식에서 기인한다. '나는 쓸모없는 사람이야' '완벽하지 않으면 큰일 나!' '내 인생은 내가 통제할 수 없어' '난 사랑받을 가치가 없는 역겨운 존재야' '사람들이 좋아하는 건 진짜 내가 아니라 꾸며낸 모습이야' 등이 대표적이다.

이런 생각이 마음 깊은 곳에 뿌리내리면 아이는 '음식'과 '몸'만 자기 뜻대로 통제할 수 있는 유일한 영역이라고 믿게 된다. 체중을 줄이고, 구토하고, 체중계 위에 반복해서 올라가고, 쓰러지기 직전까지 운동하는 행동들은 모두 무너진 자기 가치를 마지막까지 지키려는 필사적인 몸부림이다.

정신의학적 개입이 꼭 필요한 이유

왜 식이장애에 정신의학적 접근이 필요한 걸까? 그 핵심 이유는 크게 네 가지로 정리할 수 있다.

첫 번째, 식이장애는 단순한 행동 문제가 아니라, 자기 자신을 어떻게 믿고 받아들이느냐의 문제이기 때문이다. 식이장애 증상의 이면에 자리 잡고 있는 '나는 사랑받을 자격이 없어' '나는 무가치한 존재야' 같은 왜곡된 신념은 따뜻한 위로나 논리적 설득만으로는 쉽게 바뀌지 않는다. 이 신념을 변화시키려면 그 바탕이 되는 왜곡된 생각과 행동을 반복해서 점검하고 다시 해석하는 작업이 필요하다. 동시에 치료자와의 신뢰 관계 속에서 자기 감정을 인식하고 표현하는 연습도 함께 이루어져야 한다.

두 번째, 식이장애 증상은 감정을 어떻게 표현하고 다뤄야 할지 모를 때 나타나는 경우가 많기 때문이다. 폭식은 억눌린 분노나 외로움을 표현한 것일 수 있고, 거식은 수치스러운 자신을 필사적으로 숨기기 위한 방식일 수 있다. 분노, 외로움, 수치심과 같은 강렬한 감정을 안전하게 다루려면 신뢰할 수 있는 안전한 관계와 공간이 필요하다. 그리고 그 중심에는 그 감정을 함께 견디는 치료자라는 존재가 있어야 한다.

세 번째, 식이장애가 관계의 문제이기도 하기 때문이다. 과잉 통제, 반복적 비난, 방임, 형제자매와의 비교 같은 가족 내 상호작용은 식이장애 증상에 큰 영향을 준다. 그래서 식이장애 치료에는 아이 개인의 문제뿐 아니라 가족 전체의 관계를 함께 들여다보고 조율하는 작업이 꼭 필요하다. 정신과 치료에서는 이 과정을 돕기 위해 가족 상담을 병행하여 가족 내 역할과 경계를 다시 설정하는 작업을 함께 진행한다. 이러한 개입은 아이의 회복은 물론 가족 전체의 회복에도 중요한 발판이 된다.

마지막으로, 식이장애는 매우 복잡하고 미묘하게 증상을 바꿔가며 진행되는 경우가 많기 때문이다. 처음엔 거식으로 시작했다가 어느 순간 폭식으로 바뀌고, 다시 과도한 운동이나 구토로 이어지는 등 증상이 시시각각 다른 모습으로 나타난다. 겉으로 드러난 이런 요란한 증상만 쫓다 보면 정작 중요한 흐름을 놓치기 쉽다. 이처럼 증상이 상황에 따라 계속 달라지는 식이장애의 특성을 제대로 이해하고 그 흐름을 읽고 적절한 개입을 하려면 증상을 없애려고만 하는 단편적인 접근만으로는 부족하다. 이런 복잡한 변화의 흐름을 포착하고 적절한 개입을 하려면 정신 건강에 대한 깊은 이해와 임상적 경험이 필요하다.

이 모든 점을 종합하면 식이장애를 의심하는 순간, 가장 먼저 고려해야 할 것은 정신의학적 개입과 심리치료가 함께 이루어지는 통합적인 접근이다. 중요한 것은 단지 증상을 없애는 것이 아니며 아이의 삶 전체를 있는 그대로 이해하는 것이다. 왜 그런 방식으로 먹고, 왜 그토록 몸을 통제하려 하는지 함께 이해하며, 아이가 다시 자기 자신을 회복하는 방향을 찾아가는 곳. 그런 회복의 출발점이 될 수 있는 공간 중 하나가 바로 정신과다.

그렇다면 이제 부모가 가장 먼저 해야 할 일은 분명하다. 아이를 정신건강의학과 전문가에게 가능한 한 빨리 데려가는 것이다. 식이장애 치료에서 가족의 역할은 매우 중요하다. 회복의 시작은 부모가 아이의 문제를 정확히 이해하고, 올바른 곳에 도움을 요청하는 것에서 출발한다.

$$\blacklozenge$$

아이에게 정신과 상담을 제안하는 대화법

1단계: 조심스럽게 이야기 건네기

"엄마가 보기에 요즘 네가 많이 지친 것 같아 걱정돼. 먹는 것도 예전 같지 않고, 잠도 못 자는 것 같고…, 많이 힘들진 않아?"

2단계: 공감하며 접근하기

"네가 얼마나 힘든 상태인지 엄마도 조금은 짐작이 가. 혼자 감당하기 벅차다면 누군가의 도움을 받아보는 게 어때?"

3단계: 함께 가자고 제안하기

"사실 엄마도 널 어떻게 도와야 할지 잘 모르겠어. 그래서 전문가에게 조언을 구해보는 게 좋지 않을까 생각했어. 같이 가볼까?"

아이가 치료를 거부할 때 대응법

"정신과는 이상한 사람이나 가는 곳이잖아!"

"그렇게 생각할 수도 있어. 사실 예전에는 많은 사람들이 그렇게 생각했지. 근데 요즘은 마음이 힘들 때, 혼자 감당하기 어려울 때 찾아가는 곳이 정신건강의학과야. 몸이 아프면 병원 가는 것처럼, 마음이 아플 때도 도움이 필요하거든. 네가 이상해서가 아니라, 지금 네가 겪고 있는 상황이 많이 힘들어 보여서 한번 가보자고 하는 거야.”

“나는 괜찮아, 문제없어!”

“그래, 그렇다면 다행인데 엄마 눈엔 네가 예전보다 많이 지쳐 보이고 예민해진 것 같기도 해서 자꾸 마음이 쓰여. 괜한 걱정일 수도 있지만 전문가한테 한번 확인받아 보면 더 안심이 되지 않을까?”

설득 과정에서 절대 하지 말아야 할 말

“병원에 안 가면 입원해야 돼.”

이 말은 아이에게 설득이나 제안이 아니라 협박처럼 느껴질 수 있다. ‘난 지금도 벼랑 끝에 서 있는 기분인데, 엄마는 나를 더 무서운 곳으로 몰아넣으려고 하네.’ 아이는 병원에 강제로 끌려갈 수도 있다는 불안과 모든 결정권을 빼앗길지도 모른다는 두려움에 휩싸이고, 부모와의 신뢰는 완전히 무너진다. 또 병원이나 치료를 더 나쁘게 인식해 치료에 대한 저항감이 더 심해진다.

“네가 병원에 안 간다고 고집부리니까 가족이 다 힘들어.”

이건 가뜩이나 힘든 아이에게 죄책감까지 더 얹어놓는 말이다. 식이장애는 본인도 통제하기 힘들어 고통받는 병인데, 이런 말은 아이에게 ‘네가 잘못해서 가족이 고통받고 있다’라는 메시지로 전해질 수 있다. 아이는 ‘역시 난 모두에게 짐만 되는 한심한 아이야. 차라리 없어지는 게 낫겠어'라는 심한 자기혐오감에 빠질 수 있다. 이미 자존감이 낮고 자기 비난이 강한 아이에게 이런 말은 깊은 상처로 남는다.

아이가 계속 치료를 거부할 때는 부모가 먼저 상담을 받는다

아이가 단호하게 치료를 거부할 때, 아이와 실랑이하며 억지로 병원에 끌고 가려 하면 오히려 역효과만 난다. 이럴 땐 다른 방식으로 접근해야 한다. 부모가 먼저 전문가를 찾아가 상담을 받는 것도 좋은 방법 중 하나이다. 부모가 먼저 아이의 상태와 마음을 잘 이해하고 어떻게 도울 수 있을지에 대해 상담을 하는 것이다.

1. 부모가 먼저 병원을 예약한다

아이가 분명 힘들어하는 것 같은데 한사코 치료를 거부하면 부모가 결국 지치고, 어떻게 해야 할지 혼란스러워진다. 이럴 때 그 혼란스러운 마음을 가라앉히기 위해서라도 부모가 먼저 정신건강의학과나 상담센터에 예약을 잡는다. 불안하고 혼란스러운 마음으로는 아이의 고통에 제대로 반응할 수 없다. 전문가와 상담하면서 부모가 먼저 아이가 지금 어떤 상태인지, 부모 자신의 불안과 혼란이 어디서 오는 건지 알게 되면 그 변화는 아이에게 그대로 전달된다. '엄마가 이번에 진짜 나를 이해하려 하는구나'라고 아이는 단번에 눈치챈다.

2. 아이에게 미리 알린다

상담 날짜가 잡히면 조용히 담담하게 아이에게 알려준다. "○월 ○일에 엄마가 먼저 상담받으러 갈 거야. 네 마음을 좀 더 잘 이해하고 제대로 돕기 위해서 엄마가 먼저 노력해볼게.” 이 말은 '네 행동을 억지로 바꾸겠다'는 의미가 아니라 '엄마는 너를 위해 최선을 다하겠다'라는 마음을 전달하는 것이다.

3. 상담 전날 다시 제안한다

상담 전날 아이에게 조심스럽게 물어본다. “내일 엄마 상담받으러 가는데 혹시 같이 가고 싶은 마음이 들면 말해줘. 아니면 이번에는 엄마 혼자 다녀올게. 혹시 선생님께 궁금한 것이나 전하고 싶은 말이 있으면 말해줘. 대신 전해줄게.” 이렇게 말하면 아이는 자신이 끌려가는 것이 아니라 스스로 선택할 수 있다고 느낀다. 아이가 “난 싫어. 가고 싶으면 엄마나 가”라고 하면, 흔쾌히 “그래, 엄마가 먼저 가서 궁금한 것을 많이 배워올게”라고 답한다.

4. 상담 후 내용을 아이와 공유한다

“오늘 상담에서 많은 이야기가 나왔어. 덕분에 엄마가 너를 더 많이 이해할 수 있었고 막연한 불안이 좀 줄었어. 다음 주에도 선생님과 한 번 더 만나기로 했어.” 요점을 짧고 담담하게 전달하되 상담이 특별히 부담 가는 일이 아니라는 느낌을 주는 게 중요하다. 아이가 별다른 반응을 보이지 않아도 조급해하지 않아도 된다. 아이를 이해하고 도우려는 엄마의 진심은 조금씩 아이에게 전달된다.

5. 이 과정을 반복한다(5~10회)

부모가 먼저 상담을 받고, 그 내용을 아이와 나누고, 다시 상담을 하고….

이 흐름을 반복하면서 부모가 아이를 대하는 태도가 서서히 변하면, 아이는 '엄마, 아빠가 뭔가 달라졌다'라는 느낌을 받는다. 달라진 부모의 모습에 아이는 굳게 닫은 마음의 문을 조심스럽게 열고 자신도 혹시 도움을 받아볼 수 있을까 하는 생각을 할 수 있다. 이는 아이가 치료의 문턱을 넘어서는 계기가 된다.

2

"왜 나만 애쓰는 것 같지?"
- 부모의 혼란과 자책

새벽 3시 또다시 눈이 떠진다. 혹시 아이 방에서 무슨 소리라도 들릴까 싶어 귀를 기울인다. 조용하다. 그런데 걱정은 좀처럼 가라앉지 않는다. '어제는 뭘 좀 먹었을까?' '오늘도 점심을 굶진 않았을까?' 생각이 꼬리를 물고 이어지면서 잠은 멀어져만 간다. 그리고 아침이면 또다시 전쟁이 시작된다. 식탁에 둘러앉은 가족 사이에서 아이 접시만 그대로다. 참다못해 한마디하게 된다. "한 입만 먹어봐." 이 말이 채 끝나기도 전에 아이가 고개를 홱 돌리며 말한다. "하나도 배고프지 않아." 그 말에 다시 가슴이 철렁 내려앉는다.

직장에 출근해서도 머릿속은 온통 아이 걱정뿐이다. 점심시간이면 어김없이 메시지를 보낸다. "점심은 먹었어?" 아이의 답이 없으면 자꾸만 휴대전화를 들여다본다. 한참 뒤 겨우 도착한

답은 "응"이나 "조금"이 끝이다. 그 짧은 대답만으로는 아이 상태를 예측할 수 없어 종일 마음이 조마조마하다.

퇴근해 집에 돌아오면 오늘따라 아이가 더 야위어 보인다. 가는 팔다리, 헐렁해진 옷, 날카로워진 턱선, 쑥 들어간 볼살…. 애써 눈길을 돌리려 해도 시선은 이미 아이 몸을 따라가고 있다.

잠자리에 누우면 늦게 들어온 배우자에게 또 아이 이야기를 꺼내게 된다. "오늘도 거의 음식을 먹지 않은 것 같아." "진짜 어떻게 해야 할지 모르겠어. 너무 막막해." 답을 찾지 못하는 대화만 공허하게 이어지면 둘 다 점점 지쳐간다. 그러다 "너무 신경 쓰지 마" "좀 기다려보자" 같은 말을 들으면 더는 배우자와 이야기하고 싶은 마음이 사라진다. 맥이 풀리면서 서운함과 짜증이 밀려온다. "왜 나만 애쓰는 것 같지?" "왜 이 고통을 나 혼자 끌어안고 있는 것 같지?"

부모의 혼란과 자책

식이장애를 앓는 자녀를 둔 부모가 겪는 복잡한 감정, 특히 불안과 걱정은 지극히 자연스러운 반응이다. 아이 상태가 정말 위태로워 보이고 앞으로 어떻게 될지 전혀 예측할 수 없기 때문이다. '저렇게 먹지 않으면 결국 쓰러지지 않을까?' '겨우 조금씩 먹기 시작했는데, 저러다가 폭식으로 연결되는 건 아닐까?' '병원에 가자고 해도 계속 거부하면 이제 뭘 어떻게 해야 하지?' 끝임없는 이런저런 걱정이 부모를 긴장하게 만든다. 팽팽한 긴장 감이 오래 이어지면 부모는 서서히 무력감을 느낀다. 화를 내보고, 달래보고, 애원하듯 사정해도 아무 반응이 없을 때 결국 부모는 '내가 할 수 있는 게 아무것도 없구나' 하는 무력감을 느낀다. 그리고 그 무력감은 곧 자책으로 이어진다. '그동안 내가 뭘 잘못했지?' '내가 아이에게 너무 크게 기대했나?' '아이가 힘들어하는 것을 외면했나?' '내가 인생을 잘못 살았나?'

더 혼란스러운 건 도대체 누구 말을 믿어야 할지 모르겠다는 것이다. 주변 사람들은 저마다 다른 얘기를 한다. 누구는 "이럴수록 부모가 더 단호하게 나가야 한다"라고 하고 또 누구는 "건드리지 말고 그냥 모른 척 내버려두라"고 한다. 때로는 전문가들조차 의견이 다르다. 어떤 전문가는 아이에게 적극 개입하라고 하고, 다른 전문가는 아이의 자율성을 존중해 한발 물러서라고 한다.

이처럼 주변 말이 다 다르다 보니 부모의 마음도 갈팡질팡이다. 어떻게 하는 게 맞는 건지 도무지 감이 안 잡힌다. 아이 상태는 하루에도 몇 번씩 요동치고, 식이장애 증상은 좋아지는 듯하다가 다시 나빠지고 주변 사람들은 각기 다른 의견을 너무 쉽게 말한다. 그런 상황이 계속되면서 부모의 혼란과 자책은 점점 심해진다.

아이 마음을 읽는 능력

부모가 불안과 걱정, 혼란과 자책 같은 감정의 소용돌이에 휘말리게 되면 정작 아이에게 지금 정말 필요한 것이 무언지 잘 보이지 않는다. 아이를 제대로 이해하고 돕기 위해서는 아이의 마음을 읽어내는 능력이 필요한데, 심리학에서는 이를 멘탈라이제이션mentalization이라 부른다. 멘탈라이제이션이란 아이의 행동 뒤에 어떤 감정과 생각이 있는지, 왜 그런 반응을 보이는지, 그 마음의 흐름을 짐작하고 헤아리는 능력을 말한다.

예를 들어 아이가 식탁 앞에 앉아 숟가락을 들고도 밥을 전혀 못 먹고 있을 때, 그 모습을 본 부모는 불안한 마음에 "빨리 먹어!"라고 재촉하게 된다. 하지만 멘탈라이제이션으로 아이의 마음을 헤아리면 전혀 다른 방식으로 다가갈 수 있다. '지금 아이가 뭔가를 두려워하고 있구나. 음식 앞에 앉아 있지만 어떻게 해야 할지 막막하고 혼란스러운 상태구나'라고 아이의 마음을 읽게 되면 좀 더 차분한 반응을 보일 수 있다. 아이가 갑자기 화를 내며 방문을 쾅 닫고 들어가는 상황도 마찬가지다. "또 뭐가 문제야?"라고 반사적인 반응을 보이는 대신, '뭔가 힘든 일이 있었겠지. 지금은 그냥 혼자 있고 싶은가 보다'라고 생각하며 그냥 넘어갈 수 있다. 이처럼 아이의 겉모습 이면에 있는 감정과 생각을 짐작해보는 것이 바로 멘탈라이제이션이다.

겉으로 드러나는 행동에 따라 반응하는 것과 그 행동 이면에 있는 아이 마음을 이해하려 하는 것에는 커다란 차이가 있다. 아이의 증상 행동만 보고 바로 대응하면 갈등은 더 커질 수밖에 없다. 이는 마치 꽃가루 알레르기 때문에 재채기하는 아이에게 "재채기 좀 그만해!"라고 말하는 것과 비슷하다. 생리적인 알레르기 반응을 못하게 한다면 아마 아이의 재채기는 더 심해질 것이다. 반대로 아이의 행동 뒤에 어떤 감정과 생각이 있는지 이해하려 하면, 아이에게 지금 진짜로 필요한 것이 무엇인지 보이기 시작한다.

물론 멘탈라이제이션이 늘 쉬운 건 아니다. 특히 부모 자신이 불안하고 혼란스러울 때는 아이의 마음을 헤아릴 여유가 사라진다. 그래서 부모가 먼저 숨을 고르고 감정을 가라앉혀야 아이 마음을 들여다볼 여유가 생긴다.

이해받는 경험

식이장애를 겪는 아이에게 가장 필요한 건 '있는 그대로의 자신을 이해받는 경험'이다. "아, 네가 지금 이런 마음 때문에 그랬던 거구나"라고 부모가 아이 마음을 이해하는 순간, 아이는 아주 조심스럽게 마음의 문을 열기 시작한다. 아이 마음을 헤아린다는 건 단순한 추측이나 짐작과는 다르다. 그것은 표정, 말투, 몸의 긴장감 하나하나를 세심하게 살펴보는 과정이다. 그러면 아이가 음식 앞에서 느끼는 두려움, 무언가를 끝까지 통제하려는 이유, 그 이면에 숨어 있는 복잡한 감정이 조금씩 보이기 시작한다. 그런데 이 과정을 제대로 해내려면 무엇보다 부모가 먼저 자신의 감정과 불안을 조절할 수 있어야 한다.

물론 아이가 아슬아슬하리만치 불안정한 상황에서 부모가 자기 감정을 가라앉히는 게 결코 쉬운 일은 아니다. 우선 숨을 깊이 들이마시며 자신에게 물어보는 것부터 시작하는 것이 좋다. "지금 내가 느끼는 감정은 뭐지?" 부모가 자기 안의 감정이 불안함인지, 조급함인지, 아니면 자책감인지 알아차리면 아이를 바라보는 시선에 조금씩 여유가 생기기 시작한다.

아이는 완벽한 부모를 바라는 게 아니다. 그냥 자신을 진심으로 이해해주는 그 마음을 느끼고 싶은 것이다. 처음부터 아이 마음을 완벽하게 이해하지 못해도 괜찮다. 중요한 것은, 혼란과 자책에 빠지지 않고 다시 아이의 마음을 헤아려보려는 마음이다.

3

직선이 아닌 나선형으로
― 회복의 습성

증상 반복도 회복 과정의 일부다

식이장애를 겪는 자녀가 조금씩 나아지는 듯하다가 며칠 사이 다시 밥을 거부하거나 체중에 집착하면, 혹은 갑자기 폭식과 구토를 반복하면 가족은 대개 당황하고 실망한다. '다시 처음으로 돌아간 건가?' '이번엔 또 무슨 일이지?' '그동안 치료받은 건 다 소용없는 건가?' 이런 생각이 머릿속을 스치며 깊은 좌절감과 실망감에 빠진다. 아이 역시 스스로에게 실망하고 그동안 애써 왔던 모든 회복 시도를 내려놓는다.

이럴 때 꼭 기억해야 할 것이 하나 있다. 회복은 계속해서 앞으로만 나아가는 과정이 아니라는 것이다. 식이장애의 회복은 호전되었다가도 악화되는 과정을 반복하며, 언뜻 보면 같은 자리를 계속 맴도는 것처럼 보인다. 그러나 그런 흔들림 속에서도 내면에서 조금씩 자신을 더 깊이 이해하고 전과는 다른 방식으로 반응하려는 힘이 자라고 있다면, 회복은 이미 진행되고 있는 것이다. 이전에는 불안하거나 스트레스를 받을 때 곧바로 음식으로 반응했는데, 지금은 불편한 그 감정을 알아차리고 잠깐 반응을 멈추거나 조금 다른 방식으로 대처하려는 모습을 보인다. 이전에는 방에서 전혀 나오지 않았는데 지금은 가끔 방에서 나와 같이 TV를 보며 웃는다. 이런 미세한 변화를 알아차리는 것이 중요하다. 회복은 단순히 증상이 사라지는 게 아니라, 힘든 상황에서 조금씩 다른 선택을 해보는 힘이 자라는 과정이다.

후퇴처럼 보이는 순간이 오히려 회복의 전환점일 수 있다

식이장애 증상이 다시 나타날 때, 부모가 어떻게 반응하느냐는 회복의 흐름에 큰 영향을 미친다. 아이가 흔들릴 때, 부모가 낙담하지 않고 든든히 곁에 있어 주는 것, 아이가 다시 중심을 잡을 수 있도록 그 자리를 지켜주는 것, 그것이 진짜 회복을 돕는 힘이다.

증상이 다시 나타나는 데는 다양한 이유가 있다. 스트레스가 오래 쌓였거나, 갑작스러운 환경 변화가 있었거나, 감정적으로 감당하기 어려운 일이 생겼을 수도 있다. 중요한 건 아이가 지금 그 상황을 어떻게 받아들이고 반응하고 있는가다. 불편한 감정이 올라올 때 예전 같으면 곧바로 증상 행동으로 이어졌겠지만,

지금은 잠시 멈추고 전과 다른 방식으로 그 감정을 다뤄보려 한다면 그건 변화가 일어나고 있다는 것을 의미한다.

부모는 그 변화를 민감하게 알아차리고 '왜 또 이러지?'가 아니라 '이번엔 무엇이 다르지?'라는 호기심 어린 시선으로 아이를 바라봐야 한다. 부모가 아이를 바라보는 관점을 바꾸고 자신의 감정에 휩쓸리지 않으려 애쓰면서 아이 곁에 묵묵히 머물면, 서서히 진정한 회복이 싹트기 시작한다.

조급한 기대가 오히려 회복을 늦춘다

아이의 증상이 조금씩 나아지기 시작하면 부모는 안도하면서 곧 또 다른 기대를 갖는다. '이제 학교생활도 다시 잘해야지.' '체중도 조금 더 늘어야 해.' 그러나 이런 조급한 기대는 아이에게 또 다른 부담을 줄 뿐이다. 좋아진 모습을 계속 유지해야 한다는 압박감, 기대에 미치지 못했을 때 부모가 실망할지도 모른다는 두려움이 아이를 조용히 짓누른다. 식이장애 회복 전문가 캐롤린 코스틴Carolyn Costin은 이렇게 말했다.

"회복은 단순히 증상이 사라지는 게 아니라 삶의 균형을 서서히 되찾아가는 과정이다. 그 과정에서 조급함은 오히려 회복을 방해할 수 있다."

식이장애의 회복은 잠시도 멈추지 않고 질주하는 단거리 경주가 아니다. 때로는 속도를 늦추고 잠시 멈춰, 호흡을 고르는 시간이 필요한 장거리 경주와도 같다. 가족이 해야 할 일은 '지금처럼 조금씩 나아가도 괜찮아' '천천히 좋아질 거야' '힘들면 좀 쉬어도 돼' 같은 마음을 전달하는 것이다. 그런 마음을 전달할 때, 아이는 다시 회복의 길을 걸어갈 용기를 얻는다.

회복의 리듬을 이해하면 부모도 지치지 않는다

회복은 어느 날 갑자기 완벽하게 좋아지는 것이 아니다. 나아지는 것 같다가 다시 무너지고 흔들리는 건 지극히 자연스러운 과정이다. 이 흐름을 모두 '실패'로 받아들이면 부모는 쉽게 지치고 아이는 더 위축된다. 중요한 건 그런 흔들림을 겪으면서도 아이가 일상의 어려움을 견뎌낼 힘을 점차 키워가느냐이다. 증상이 다시 나타날지언정 전보다 조금 더 오래 버티고, 감정에 쉽게 휘둘리지 않고, 주변 사람과의 관계를 이어가려는 모습을 보인다면 그것은 분명 아이에게 변화가 일어나고 있음을 의미한다. 그 흐름을 이해하고 받아들일 때, 부모도 덜 지치고 아이도 스스로 회복의 길을 찾아갈 힘을 낼 것이다.

회복은 흔들림 속에서 다시 중심을 잡아가는 하나의 리듬이다. 그 리듬에 발맞춰 부모와 아이가 함께 걸어가는 과정이 바로 회복을 지속 가능하게 만드는 힘이다. 결국 중요한 건 얼마나 흔들렸느냐가 아니라, 그 흔들림 속에서도 부모와 아이가 서로의 손을 놓지 않았다는 사실이다.

4

혼자 싸우지 마라
– 연결의 중요성

식이장애 자녀를 둔 부모는 어느 순간 깨닫는다. 자신이 보이지 않는 전쟁터 한가운데에 홀로 서 있다는 사실을. 한 끼 식사, 미세한 체중 변화, 아이의 작은 감정 기복 하나하나가 모두 '놓쳐선 안 되는 신호'처럼 느껴져 부모는 하루 종일 팽팽하게 긴장한 상태로 버텨야 한다.

그렇게 긴장하며 살아가다 어느 날 예고 없이 찾아온 폭식, 구토, 자해 그리고 갑작스러운 어지럼증으로 쓰러지는 아이 앞에서 부모는 속수무책으로 무너진다. 그런 날이 이어지다 보면 부모는 점점 자신이 외딴섬에 혼자 고립된 것처럼 느낀다.

이 전쟁은 혼자 감당하는 것이 아니다

이 전쟁은 애초에 혼자 감당할 수 있는 일이 아니다. 식이장애는 단지 아이만의 문제가 아니라, 가족 전체의 정서적 균형을 송두리째 흔들어놓는다. 아이에게 전문적인 치료가 필요하듯 부모 역시 자신이 겪는 고통과 불안, 무력감을 누군가에게 털어놓고 도움을 받을 필요가 있다.

고립감과 끊이지 않는 스트레스 속에서 부모가 이미 지쳐 있는 상태라면 아무리 좋은 치료를 시작하더라도 그 여정을 안정적으로 이어가기 어렵다. 아이가 회복하길 진심으로 바란다면 부모 역시 자신만의 회복 여정을 시작해야 한다. 그래야 아이가 걷는 그 험한 길을 끝까지 함께 걸을 수 있다.

배우자는 가장 가까운 동반자다

가장 먼저 손을 내밀어야 할 사람은 곁에 있는 배우자다. 현실에서 보면 양육 부담이 어머니 쪽으로 기울어진 경우가 많지만, 아이의 증상이 깊을수록 아버지의 개입은 필수다. 밤늦게 귀가해 "별일 없었어?" "힘들었지?" 하고 몇 마디 건네는 것으로 끝낼 게 아니라, 고통과 책임을 함께 나누는 정서적 동반자로 참여해야 한다. 적어도 배우자의 말을 진심으로 듣고 강력하게 지지하는 존재여야 한다.

만약 부부 사이에 정서 갈등이 깊어 서로를 탓하거나 피하고 있다면, 우선 '아이를 위한 공동 목표'를 중심에 두고 대화 방향을 잡아보자. 당장 두 사람 사이의 갈등을 해결하려 들기보다